Über dieses Buch

Die wichtigsten Institutionen der Sozialisation in unserer Gesellschaft sind die Familie und die Schule. In der Familie findet die ›primäre Sozialisation‹ statt: Hier lernt das Kind seine ersten Rollen, in deren Systeme es Schritt für Schritt integriert wird; hier erwirbt es die bestimmenden Züge seines moralischen Bewußtseins und seiner Leistungsmotivationen. Die Schule ist das Vollzugsorgan der ›sekundären Sozialisation‹; hier lernt das Kind außerfamiliale Rollen.
In diesem Band befassen sich die Autoren vor allem mit den soziologischen Aspekten der Sozialisationsforschung. Ausgehend vom rollentheoretischen Ansatz untersuchen sie den Prozeß des Rollenlernens, den sie gleichzeitig auf seine sozialhistorischen und psychoanalytischen Zusammenhänge hin reflektieren.
Im Hinblick auf das westdeutsche Gesellschaftssystem gilt dabei die besondere Aufmerksamkeit den klassen- und schichtspezifischen Unterschieden der Sozialisationsvorgänge, die am Ende nur aus dem antagonistischen Charakter unserer Klassengesellschaft zu erklären sind: »Die gegenwärtig intensive Beschäftigung mit Problemen der kompensatorischen Erziehung hat schichtspezifische Unterschiede in den Persönlichkeitsstrukturen aufgezeigt, die weitgehend aus primären Sozialisationsprozessen resultieren. Diese Unterschiede können jedoch als die Ausbildung der zum Überleben in einer Klasse notwendigen Fähigkeiten interpretiert werden und müssen im Zusammenhang mit der Zugehörigkeit der Eltern zu einer durch Klasse und Schicht bestimmten Lebenswelt gesehen werden. Die Intensivierung dieser Forschungen ist allerdings nicht auf ein emanzipatorisches Interesse zurückzuführen, sondern primär auf den Zwang zur Kapitalakkumulation.«

Die Autoren

Wilfried Gottschalch, geb. 1929, Dr. rer. pol., Professor für Erziehungswissenschaft mit dem Schwerpunkt Sozialisationsforschung an der Universität Bremen.
Andere Schriften zu diesem Thema: Soziales Lernen und politische Bildung, Frankfurt/Main 1969; Zur Soziologie der politischen Bildung, Frankfurt/Main 1970.
Marina Neumann-Schönwetter, geb. 1941, Diplomsoziologin, zur Zeit Assistentin an der Pädagogischen Hochschule Berlin am Lehrstuhl für Didaktik der Politik und Soziologie.
Gunther Soukup, geb. 1930, Assistent am Lehrstuhl für Sozialpädagogik der Pädagogischen Hochschule Berlin, seit 1968 an Forschungsprojekten im Märkischen Viertel beteiligt.

Texte zur politischen
Theorie und Praxis

Herausgegeben von:

Elmar Altvater
Hans-Eckehard Bahr
Wilfried Gottschalch
Klaus Holzkamp
Urs Jaeggi
Rudolf Wiethölter

Redaktion:
Klaus Kamberger

Fischer
Taschenbuch
Verlag

Wilfried Gottschalch
Marina Neumann-Schönwetter
Gunther Soukup

Sozialisationsforschung

Materialien, Probleme, Kritik

Fischer
Taschenbuch
Verlag

Originalausgabe

Fischer Taschenbuch Verlag
1.– 22. Tausend: Oktober 1971
23.– 32. Tausend: Dezember 1971
33.– 47. Tausend: Dezember 1971
48.– 60. Tausend: Juli 1972
61.– 80. Tausend: August 1972
81.–100. Tausend: März 1973
101.–117. Tausend: Februar 1974
Ergänzte und erweiterte Ausgabe
118.–135. Tausend: Januar 1975
136.–150. Tausend: August 1975
151.–165. Tausend: Juli 1976
166.–180. Tausend: Januar 1978

Umschlagentwurf: Jan Buchholz/Reni Hinsch

Fischer Taschenbuch Verlag GmbH, Frankfurt am Main

Gesamtherstellung: Hanseatische Druckanstalt GmbH, Hamburg
Printed in Germany
380-ISBN-3-596-26503-7

Inhalt

Vorbemerkung

Die vorliegende Arbeit ist das Ergebnis einer von den Autoren gemeinsam gehaltenen Vorlesung.
Wilfried Gottschalch schrieb folgende Kapitel: Allgemeiner Überblick; Das psychoanalytische Phasenmodell; Soziale Determinanten kognitiver und sprachlicher Entwicklung; Krankheit, Neurosen und Psychosen;
Gunther Soukup: Das individuelle Gewissen; Delinquentes Verhalten;
Marina Neumann-Schönwetter: Historische Skizze vom Geschlechtsverband ›Familie‹; Zur Vergesellschaftung der Erziehung; Die Beziehung Organismus–Umwelt; Das rollentheoretische Modell; Schichtspezifische Familienstrukturen; Schichtspezifische Elterneinstellungen und Erziehungspraktiken; Soziale Determinanten der Leistungsmotivation; Zur Geschlechtsrollenidentifikation.
In diesem Zusammenhang ist besonders auf die 1968 von *Beatrice Caesar* vorgelegte Diplomarbeit ›Autoritätsausübung in der Familie‹ hinzuweisen, in der die Ergebnisse empirischer Untersuchungen zum Problem schichtspezifischer Sozialisation in einen theoretischen Zusammenhang gebracht und systematisch dargestellt worden sind. In den Kapiteln 5 und 8 bis 11 des vorliegenden Bandes hat sich die Autorin bei der Aufarbeitung und Gliederung des empirischen Materials zur schichtspezifischen Sozialisationsforschung insbesondere auf diese Diplomarbeit gestützt. Bisher wurde auf diesen Sachverhalt nicht hingewiesen, da die vorangegangenen Neuauflagen nicht redigiert werden konnten.
Die zitierte Diplomarbeit ist inzwischen unter dem Titel ›Autorität in der Familie‹ bei Rowohlt 1972 erschienen.

Vorwort zur 1. Auflage (1971)

Dieses Buch ist die überarbeitete Fassung unserer Vorlesung, die wir gemeinsam an der Pädagogischen Hochschule Berlin im Sommersemester 1970 hielten. Jedes Kapitel wurde, nachdem wir über die Konzeption des Buches Übereinstimmung erreicht hatten, von seinem Bearbeiter entworfen, dann einer gemeinsamen kritischen Diskussion unterworfen und schließlich von seinem Urheber in die Endfassung gebracht.
In Vorlesung und Buch ging und geht es uns darum, die uns bekannten Resultate der Sozialisationsforschung zu referieren und unter marxistischem Aspekt aufzuarbeiten. Das ist uns freilich nur in einigen Ansätzen gelungen.
Mit guten Gründen zweifeln wir am Wert der traditionellen Vorlesung. Sie befriedigt oft nur den Narzißmus der Hochschullehrer und das Bedürfnis der Studenten, sich relativ bequem an professoralen Autoritäten und ihren Kanzelabkündigungen zu orientieren. Auch der lernpsychologische Wert der Vorlesung ist gering, handelt es sich hierbei doch in der Regel um reine Ein-Weg-Kommunikation. Dennoch scheinen Vorlesungen im Massenbetrieb der Hochschulen des formierten Kapitalismus noch notwendig zu sein. Es kam also darauf an, einen Weg zu finden, der ein Mindestmaß an Lernwirksamkeit für die Studenten sicherte.
Wir entschlossen uns, den Vortrag der Vorlesung jeweils auf etwa 30 Minuten zu begrenzen. Um den Studenten die Mitarbeit zu erleichtern, bekamen sie bereits eine Woche vor der jeweiligen Sitzung den Vorlesungstext. Sie konnten sich auf die der Vorlesung folgende einstündige Diskussion vorbereiten. Darüber hinaus versuchten wir, die Studenten am Thema der Vorlesung stärker zu interessieren, indem wir ihnen in der ersten Sitzung einen ausführlichen Fragebogen zur Selbstanamnese vorlegten. Dieser Fragebogen sollte sie anregen, über den Verlauf ihrer individuellen Sozialisation nachzudenken. Er wurde nicht eingesammelt, sollte vielmehr in kleinen, sich spontan bildenden Gruppen diskutiert werden. Schließlich wurden innerhalb der Vorlesung Filme bzw. Filmausschnitte zu Sozialisationsproblemen gezeigt und kritisch erörtert: Je ein Interview mit einer weiblichen und einem männlichen Jugendlichen aus dem Märkischen Viertel, der Fernsehfilm über die antiautoritären Kinderläden und Sequenzen dieses Filmes, die im Fernsehen nicht gezeigt wurden. Mit Hilfe dieser Vorführungen konnten einige der in der Vorlesung vorgetragenen Thesen nicht nur illustriert, sondern auch problematisiert werden.

Neben diesen wöchentlichen Plenumsveranstaltungen sollten Arbeitsgruppen das in der Vorlesung gebotene Material durcharbeiten. Hier erwies sich die sehr unterschiedliche, uns vorher nicht bekannte Zusammensetzung des Hörerkreises als Hindernis. Wir hatten die Arbeitsgruppen lediglich für Diplomanden vorgesehen und konnten keine Arbeitspläne für die auf dem Wege ungeplanter Selbstorganisation gebildeten Gruppen vorlegen. Daher verselbständigten sich die Arbeitsgruppen. Sie konnten im Plenum nicht ausreichend integriert werden.

Immer wieder wurde gefragt, wieweit von der Arbeit im Sozialisationssektor emanzipierende Wirkung ausgehen kann. Unsere Erwartungen sind in dieser Hinsicht nicht allzu groß. Arbeit im Sozialisationssektor, Erziehung kann politische Aktion nicht ersetzen.

Im Jahre 1777 schrieb der bürgerliche Philosoph Kant in der *Königsberger Zeitung:* »Wir würden in kurzem ganz andere Menschen um uns sehen, wenn diejenige Erziehungsmethode allgemein in Schwung käme, die aus der Natur selbst gezogen, nicht von der alten Gewohnheit roher und unerfahrener Zeiten sklavisch nachgeahmt wäre, aber vergeblich ist es, dieses Heil des Menschengeschlechts von einer allmählichen Schulverbesserung zu erwarten. Nicht eine langsame Reform, sondern eine schnelle Revolution kann dies bewirken.« Im wesentlichen gilt das noch heute — nicht nur für die Schule, sondern für alle Institutionen des Sozialisationssektors. Dennoch darf die Arbeit im Sozialisationssektor nicht unterschätzt werden. Progressive Erzieher können Kindern und Heranwachsenden das Leben in den allzu repressiven Institutionen unseres Bildungssystems leichter machen. Sie können Freiräume erobern, erweitern und verteidigen, sie können sich mit den Schwachen solidarisieren, wo andere zusätzliche Unterdrückung üben, sie können schützen, wo andere terrorisieren, heilen, wo andere kränken, sie können mit Hilfe subversiver Didaktik der List der Vernunft zum Durchbruch verhelfen, wo diese geknebelt wird.

Das ist eine ganze Menge. Umwälzende Praxis, mit dem Ziel, unsere Gesellschaft vom Kapitalismus zum Sozialismus zu transformieren, vermögen sie jedoch nur zu leisten in Zusammenarbeit mit einer organisierten klassenbewußten proletarischen Linken. So wenig eine durchgreifende Emanzipation der Gesellschaft allein durch Erziehung und Bildung erreicht werden kann, so sicher führt der bloße Umbau der Institutionen unserer Gesellschaft ohne Änderung der Charakterstruktur und des gesellschaftlichen Bewußtseins der Menschen lediglich zu neuen, möglicherweise perfekteren Formen der Unterdrückung. Auch deswegen sind progressive Erzieher und proletarische Linke aufeinander angewiesen.

Die Verfasser

Vorwort zur 8. Auflage (1974)

Die hier wiedergegebene Einführungsvorlesung sollte zu näherer Auseinandersetzung mit den damals vorliegenden Ergebnissen der Sozialisationsforschung anregen. Die weite Verbreitung des Bandes zeigt, daß offensichtlich großes Interesse an den in ihm diskutierten Problemen besteht. So wird ein Vorwort nötig, das unsere damalige Vorlesung relativiert. Leider ermöglicht uns die stets wachsende Arbeitslast an deutschen Hochschulen erst jetzt dessen Niederschrift.

Aus dem Versuch in unserer Vorlesung, Einsichten, die mit der Methode der dialektisch-ökonomischen Geschichtsauffassung gewonnen wurden, mit wichtigen Resultaten bisheriger Sozialisationsforschung zu vermitteln, ergaben sich inhaltlich Widersprüche, die ihre Ursache u. a. darin haben, daß kritische materialistische Forschung an deutschen Hochschulen eben erst ihre ersten Schritte unternahm. So kritisierten wir – überdies unzulänglich, da unsere Kritik ebenso wie die bürgerliche und eine um die historische Dimension verkürzte marxistische Analyse die kollektiven geschichtlichen Erfahrungen und Zukunftsperspektiven der sozialen Klassen, Schichten und Gruppen außer acht ließ – das bürgerliche Schichtmodell und teilten dennoch Ergebnisse mit, die, wie z. B. die über Leistungsmotivation, durch an ihm orientierte Untersuchungen gewonnen wurden. In diesem Widerspruch konnte immerhin die Notwendigkeit deutlich werden, eine historisch-materialistisch orientierte Sozialisationsforschung voranzutreiben. Dazu liegt inzwischen eine Anzahl von beachtenswerten Beiträgen vor. Der zumeist programmatische und hypothetische Charakter dieser Beiträge würde bei ihrer Einarbeitung in den vorliegenden Text freilich nur zu einer Scheinlösung führen, die ablenken könnte von der Notwendigkeit, diese Ansätze im einzelnen intensiver zu diskutieren. Aus diesem Grund wird unsere Vorlesung wieder in ihrer alten Fassung erscheinen, nur erweitert um einzelne Literaturhinweise.
Eindringlich möchten wir an dieser Stelle auf folgende Arbeiten zur Weiterentwicklung der Sozialisationsforschung mit historisch-materialistischer Erkenntnisabsicht aufmerksam machen:
– der Beitrag der Psychoanalyse zu einer materialistischen Sozialisationstheorie (vgl. insbes. Lorenzer 1972, 1973; vgl. auch Literaturergänzung zu Kap. 6);
– der Ansatz, eine kritische Psychologie in der Tradition von Leontjew und anderen Autoren der kulturhistorischen Schule

der sowjetischen Psychologie in Deutschland zu begründen (vgl. Holzkamp 1973);

— eine politisch-ökonomisch begründete Kritik an vorliegenden Schichtmodellen und Ansätze zur Analyse der Klassenstruktur in der BRD (vgl. insbes. Projekt Klassenanalyse 1973 — in diesem Band findet sich ebenfalls eine Kritik an dem von uns dargestellten materialistischen Schichtmodell von Jung —; vgl. ebenso IMSF 1973, 1974; u. auch Literaturergänzungen zu Kap. 8);
  in diesem Zusammenhang soll auch auf eine empirische Untersuchung hingewiesen werden, die ausgehend von politisch-ökonomisch bestimmten Schichtkriterien Sozialisationsprozesse analysiert (vgl. PZ Projekt 1974);

— Ansätze zu einer politisch-ökonomischen Analyse des Ausbildungssektors (vgl. Altvater u. a. 1971, Hiusken 1972; vgl. auch Literaturergänzung zu Kap. 3 und 8)

Die Entfaltung gesellschaftskritischer Ansätze in der Sozialisationsforschung stellt nur eine Tendenz der widersprüchlichen Veränderungen im Bildungssystem der BRD dar. Sie wird bereits heute durch gegenläufige politische Entwicklungen behindert: Verschärfter Numerus clausus, Bafög, am Rentabilitätsprinzip orientierte Studien- und Prüfungsreformen, praktizierte und angedrohte Berufsverbote vermögen ebenso zu politischer Normierung zu führen, wie andere unmittelbare und mittelbare staatliche Eingriffe in die pädagogische Praxis. Die Hoffnung auf erweiterte Freiräume für emanzipatorische Erziehung, die wir zur Zeit unserer Vorlesung noch hatten, ist uns inzwischen weitgehend verlorengegangen.

Die Verfasser

Einführung in den Problemkreis

1. Allgemeiner Überblick

Die Sozialisationsforschung bezeichnet die Versuche einiger Wissenschaften – wie Soziologie, Psychologie, Ökonomie, Anthropologie, Erziehungswissenschaft – »Voraussetzungen und Verlauf jenes Prozesses zu klären, währenddessen der nur mit rudimentären Instinkten geborene Mensch allmählich die Verhaltenssicherheit eines Erwachsenen erwirbt und dabei psychisch wie sozial die Fähigkeit gewinnt, als Individuum zum arbeitsteiligten Reproduktionsprozeß der Gesellschaft beizutragen« (Pressel, S. 124).

Begreift man Erziehung als »intentionale, institutionalisierte (und professionalisierte) Planung und Vermittlung von Lernprozessen« (Pressel, S. 124), so stellt sie nur einen Spezialfall von Sozialisation dar.

Wir werden uns in diesem Buch vor allem mit den soziologischen Aspekten der Sozialisationsforschung befassen. Hierbei gehen wir von dem rollentheoretischen Ansatz aus, d. h. wir versuchen, den Prozeß des Rollenlernens zu verstehen. Wir meinen aber, daß die Rollentheorie bei weitem nicht ausreicht, um gesellschaftliche Verhältnisse zu erklären. Hierzu bedarf es vielmehr der Vertiefung durch sozialhistorische Forschungen, wie sie mit Hilfe der dialektisch-ökonomischen Geschichtsauffassung gewonnen werden können, und durch psychoanalytische Untersuchungen. Es geht uns also um eine Theorie der Sozialisation, die mit Hilfe sozialgeschichtlicher, soziologischer und psychologischer Methoden erarbeitet wird. Diese Theorie gibt es noch nicht. Sie kann hier vorerst nur postuliert werden.

1

Vor allem ist das Verhältnis zwischen Soziologie und Psychoanalyse noch problematisch. Für Freud gab es strenggenommen nur zwei Wissenschaften: Psychologie und Naturkunde (Freud, Bd. 15, S. 179). Andererseits neigen bürgerliche Soziologen wie Parsons, aber auch orthodoxe Marxisten dazu, die Psychoanalyse in Soziologie aufzulösen. Das historische Verdienst der Psychoanalyse besteht aber gerade darin, »den prinzipiellen Widerspruch zwischen den Sinnsystemen des Individuums und dem der Gesellschaft aus der Perspektive der Individuen erschlossen zu haben« (Horn, 1970, S. 169). Diese Erkenntnis verschütten jene Psychoanalytiker, die sich in einem unreflektierten Verhältnis zu unserer Gesellschaft befinden und meinen, ihre therapeutische Aufgabe sei gelöst, wenn sie die Klienten den Normen der bestehenden Gesellschaft möglichst reibungslos angepaßt hätten. Sie stimmen in dieser Auffassung mit jenen Soziologen überein, denen der Mensch als ein »Gummimännchen« erscheint, »das sich in die Konturen einer Gesellschaft einpassen soll« (Lorenzer, 1970, S. 165).

»Das Verhältnis von Psychoanalyse und Soziologie ist ja nicht nur ein begriffliches, sondern ihm entspricht ein real antagonistisches Verhältnis von Individuum und Gesellschaft; eine begriffliche Harmonisierung beider Wissenschaften liefe auf den Versuch einer Subsumtion des Gegenstandes der einen unter den anderen, realiter: der des Individuums unter die Normen der bestehenden Gesellschaft hinaus. Das gerade aber ist niemals das Ziel der orthodoxen Psychoanalyse noch der Ich-Psychologie gewesen; ja, man muß das dynamische Moment, welches eine Triebpsychologie ins Spiel bringt, gegenüber jeder selbstgenügsam-soziologischen Argumentation als anarchisches Element betrachten, das — insofern es der psychologische Motor gesellschaftlicher Veränderung ist — zwar kurzfristig soziofunktional wirken, aber niemals langfristig auf spezifische gesellschaftliche Verhältnisse eingeschworen werden kann« (Horn, 1970, S. 168).

Die Hindernisse, die es vereiteln, daß Psychologie und Soziologie miteinander verschmolzen werden können, sind also sachlicher, nicht methodischer Art. Das gilt auch für Psychoanalyse und marxistisch orientierte Soziologie. Letztere »sagt die Wahrheit über Verhältnisse, unter denen es auf die einzelnen Menschen, ihre Bedürfnisse, ihr Leiden und ihr Bewußtsein noch nicht (Unterstreichung im Original) ankommt.

Die Psychoanalyse sagt die Wahrheit über das menschliche Subjekt, das zum Objekt gemacht wird und sich dagegen sträubt. Die gegenseitige Fremdheit beider Theorien drückt den Bruch zwischen den handelnden Menschen und ihren kollektiv gebildeten Institutionen aus, die ihnen unvermittelt als übermächtige zweite Natur erscheinen müssen; er ist durch historische Praxis, nicht durch methodologische Kunstgriffe zu heilen« (Dahmer, 1970, S. 172).

Indem die Psychoanalyse gezeigt hat, »daß die Vergesellschaftung der Menschen nicht gleichbedeutend ist mit der Vermenschlichung der Gesellschaft« (Horn, 1970, S. 172), muß sie als ständige Herausforderung überall dort wirken, wo die Bedürfnisse der einzelnen unkritisch den Bedürfnissen der Gesellschaft unterworfen werden. Umgekehrt kann »einzig die Existenz einer sozialen Emanzipationsbewegung, deren Praxis und Theorie eine reale Alternative (Änderung der gesellschaftlichen Wirklichkeit) zu Anpassung (›Normalität‹) und Anomie darstellt, [...] die Analyse davor bewahren, ihre Patienten zu bloßer resignativer ›Autoplastik‹ (Ferenczi) anzuhalten – sich in Psychotechnik zu erschöpfen« (Dahmer, 1970, S. 173). Soviel zum Verhältnis zwischen Psychoanalyse, Soziologie und Politik.

2

Wenn man vom historischen Charakter der Gesellschaft absieht, erscheint sie als ein System von Positionen und Rollen. Unter Positionen verstehen wir die Stellung, die ein Mensch im sozialen Gefüge einnimmt. Dem Inhaber einer bestimmten Position werden von der Gesellschaft bestimmte Rollen zugemutet. Man kann sagen: »Die Rolle ist die Grundeinheit sozialer Interaktionen. Sie umfaßt nur einen Ausschnitt des Gesamtverhaltens eines Individuums. Jedes Individuum nimmt eine Vielzahl von Rollen in der Gesellschaft ein: die eines Sohnes, Vaters, Arbeiters, Vereinsmitgliedes usw. Die Bedeutung der Rollen liegt darin, daß sie das Verhalten des einzelnen gegenüber anderen in deutlichen Mustern festlegen. Jede Rolle bedeutet eine Interaktion«, ein Handeln »zwischen mindestens zwei Individuen. In einer jeden solchen Interaktion und in jeder Rolle liegen mehrere [...] Verhaltensmöglichkeiten, mehrere Handlungsalternativen, zwischen denen das Individuum wählen muß. Daraus ergeben sich die [...] Wertorientierungen, welche diese Wahlmöglichkeiten bestimmten« (Eisenstadt, 1966).
Unter ›Werten‹ verstehen wir hinter kulturellen Normen stehende Gebote, ausdrücklich oder stillschweigend inbegriffene Auffassungen »des Wünschenswerten, eigentümlich einem Individuum oder charakteristisch für eine Gruppe, die die Auswahl unter verfügbaren Handlungsweisen, -mitteln und -zielen beeinflußt« (Rudolph, 1959, S. 62).
Unter ›Wertsystem‹ kann man das Gefüge der von einer Gesellschaft anerkannten Werte verstehen, das den Menschen hilft, sich in ihrer Gesellschaft zurechtzufinden. Es übt insofern die Funktion eines die Handlungen der Menschen dirigierenden Zentralsystems aus. »Wertsysteme sind also kulturspezifisch. Sie befähigen die in ihnen erfaßten und an ihnen orientierten Menschen dazu, in dieser distinktiven Kultur sich ›richtig‹ zu verhalten, ›richtig‹ zu erleben, ›richtig‹ zu fühlen. Der Zugang zu anderen, mindestens zu der Vielzahl der stark in ihren Wertsystemen divergierenden Kulturen wird ihnen allerdings dadurch erschwert, wenn nicht ganz unmöglich gemacht« (Rudolph, 1959, S. 164).

Freilich darf man nicht annehmen, daß solche Wertsysteme in sich geschlossen und widerspruchsfrei seien. Vor allem den hochorganisierten dynamischen Gesellschaften des Industriezeitalters entsprechen in sich antagonistische, dissonanzenreiche Wertsysteme, die keineswegs ohne weiteres die Brüchigkeit kapitalistischer Herrschaft steigern müssen, sondern wegen ihrer desorientierenden Wirkungen durchaus domestizierende und damit konservierende Funktionen haben können.

Die Frage, warum es in keiner Gesellschaft ein auch nur annähernd harmonisches, bruchloses Wertsystem gibt, beantwortet Claessens folgendermaßen:

»1. Kulturelle Werte werden in ihrer gegenseitigen Bezogenheit, ihrem Rang und ihrer Geltung nicht rational aufeinander zu geplant, sondern sind historisch entstandene Kategorien [...]

2. Werte als indirekte Handlungsdirektiven, die auf dem Wege über Normen, Verhaltensregeln wirksam werden, sind in der Realität stets mit Persönlichkeiten verbunden, die in oder an der Spitze der gesellschaftlichen Hierarchie stehen und als ›Agenten‹ der Werte wirken. Die in und zwischen solchen Persönlichkeiten sich abspielenden Prozesse [...] bewirken, daß im Bewahren und Tradieren von Werten in der Regel auch ein ›Manipulieren‹ mitwirkt. Damit werden aber die tradierten Wertsysteme selbst oder die Rangordnungen zwischen Werten beeinflußt.

3. Ferner stehen Wertsysteme in einem gegenseitigen Abhängigkeitsverhältnis zu den ökonomischen Grundlagen einer Gesellschaft. Dieses Abhängigkeitsverhältnis ist besonders komplizierter Art« (Claessens, 1962, S. 30 f.).

Wenn wir uns Sartres Definition der Moral anschließen, dann können wir die Begriffe ›gesellschaftliche Moral‹ und ›gesellschaftliches Wertsystem‹ miteinander gleichsetzen. Sartre schreibt: »Wir werden als Moral die Gesamtheit der Imperative, Werte und Werturteile bezeichnen, welche die Gemeinplätze einer Klasse, eines sozialen Milieus oder einer ganzen Gesellschaft darstellen« (Sartre, 1968, S. 23). Zu beachten ist freilich, daß moralische Werte »weder objektiv noch subjektiv im absoluten Sinn dieser Begriffe« sind. Zutreffend meint der jugoslawische Philosoph Mihailo Marković hierzu:

»Sie hängen vom Menschen ab, denn ohne den Menschen wäre nichts auf der Welt gut oder schlecht. Das gilt auch für die anderen Werte. Auf der anderen Seite sind die moralischen Werte auch nicht rein subjektiv und willkürlich, sie variieren von Mensch zu Mensch: in dem Maße, wie sie einige tiefe gesellschaftliche Bedürfnisse befriedigen, sind sie interpersonal, objektiv« (Marković, 1968, S. 61).

3

In Übereinstimmung mit Karl Marx kann man im ökonomischen Produktionsprozeß die »bewegende Grundkraft« der Geschichte sehen. Verändern die Menschen die Art ihres Wirtschaftens, ihrer materiellen Lebensfürsorge, dann wandeln sich ihre Gesellschaftsformen, Rechtsinstitutionen, politischen Grundsätze, Denksysteme, Moralbegriffe, Kunstideale.
Einfacher gesagt: auf dem ökonomischen Unterbau erhebt sich der soziale und ideologische Überbau der jeweiligen Epoche (Marx, MEW, Bd. 13, S. 8 f.).
Die Unterbau-Überbau-Beziehung darf jedoch nicht so verstanden werden, als ob der ökonomische Unterbau den Überbau einseitig determiniert. Die Vollstrecker des geschichtlichen Prozesses, der von dem dialektischen Verhältnis zwischen Unterbau und Überbau bestimmt wird, sind die Menschen. Deren Bewußtsein wird zwar nach Marx von der Produktionsweise des materiellen Lebens bedingt, doch ist das nicht so zu verstehen, als ob das Bewußtsein der bloße Reflex des ökonomischen Unterbaus ist. Das Bewußtsein orientiert sich vielmehr auch an den tradierten religiösen, künstlerischen und sonstigen Formen des geistigen Lebens der Vergangenheit. Der ökonomische Unterbau und die kulturellen Überlieferungen sind gewissermaßen als das »Material« aufzufassen, »das jeder neuen Generation in anderer geschichtlicher Form zur Gestaltung aufgegeben ist« (Heller, 1937, S. 70).
In einem Brief an J. Bloch erläuterte Engels seine und Marx' Auffassung folgendermaßen: Die Produktion und Reproduktion des »wirklichen Lebens« seien zwar das in letzter Instanz bestimmende Moment in der Geschichte der Produktion. Wer das aber dahin verdrehe, daß das ökonomische Moment das einzige bestimmende sei, verwandele jenen Satz in eine nichtssagende, abstrakte, absurde Phrase. Die ökonomische Lage sei die Basis des Überbaus. Doch die verschiedenen Momente des Überbaus übten auch ihre Einwirkung auf den Verlauf der geschichtlichen Kämpfe aus und bestimmten in vielen Fällen vorwiegend deren Form. »Es ist eine Wechselwirkung aller dieser Momente, worin schließlich durch alle die unendliche Menge von Zufälligkeiten [...] als Notwendiges die ökonomische Bewegung sich durchsetzt. Sonst wäre die Anwendung der Theorie auf eine beliebige Geschichtsperiode ja leichter als die Lösung einer einfachen Gleichung ersten Grades« (Engels, MEW, Bd. 37, S. 463).
Wie Engels erläuterte, machen die Menschen die Geschichte so, »daß das Endresultat stets aus den Konflikten vieler Einzelwillen hervorgeht, wovon jeder wieder durch eine Menge besonderer Lebensbedingungen zu dem gemacht wird, was er ist; es sind also unzählige einander durchkreuzende Kräfte, eine unend-

liche Gruppe von Kräfteparallelogrammen, die selbst wieder als das Produkt einer, als Ganzes, bewußtlos und willenlos wirkenden Macht angesehen werden kann. Denn was jeder einzelne will, wird von jedem anderen verhindert, und was herauskommt, ist etwas, das keiner gewollt hat.
So verläuft die bisherige Geschichte nach Art eines Naturprozesses und ist auch wesentlich denselben Bewegungsgesetzen unterworfen. Aber daraus, daß die einzelnen Willen – von denen jeder das will, wozu ihn Körperkonstitution und äußere, in letzter Instanz ökonomische Umstände (entweder seine eigenen persönlichen oder allgemein-gesellschaftliche) treiben – nicht das erreichen, was sie wollen, sondern zu einem Gesamtdurchschnitt, einer gemeinsamen Resultante verschmelzen, daraus darf noch nicht geschlossen werden, daß sie = 0 zu setzen sind. Im Gegenteil, jeder trägt zur Resultante bei und ist insofern in ihr einbegriffen« (Engels, MEW, Bd. 37, S. 464).
Es ist also ein äußerst komplizierter historischer Prozeß, in dem unser gesellschaftliches Bewußtsein und unser Wertsystem sich entwickelt und verändert, ein Prozeß, bei dessen Erforschung man nicht vom Selbstverständnis der Menschen ausgehen darf, von dem, was sie sagen, meinen, denken und glauben, sondern von den »tätigen Menschen«. Charakterstrukturen und Bewußtseinsformen verlieren den Schein der Selbständigkeit, denn »die ihre materielle Produktion und ihren materiellen Verkehr entwickelnden Menschen ändern mit dieser Wirklichkeit auch ihr Denken und die Produkte ihres Denkens« (Marx, Engels, MEW, Bd. 3, S. 18).

4

Die wichtigsten Institutionen, in denen die Sozialisation vollzogen wird, sind heute Familie und Schule. Jedes gesellschaftliche System hat seine eigenen Familienformen. Alle Familien haben aber eine gemeinsame Funktion: Sie bieten dem Kind jene Bezugsgruppe, in der es seine ersten sozialen Erfahrungen machen kann, in der es seine Grundstrukturierung erfährt. In den modernen Industriegesellschaften, sowohl in den kapitalistischen wie in den staatsökonomistischen, hat sich die Kleinfamilie oder die Zwei-Generationen-Familie, die aus Eltern und Kindern besteht, durchgesetzt. In der Sozialisationsforschung geht man von der Kernfamilie aus, die »aus ›Vater‹, ›Mutter‹ oder männlicher und weiblicher Dauerpflegeperson und vorwiegend denjenigen Kindern besteht, für deren Erziehung sich die ›Gesellschaft‹ [...] noch nicht verantwortlich fühlt« (Claessens, S. 19 f.).
Die Kernfamilie ist also die Gruppe, in der die primäre Soziali-

sation stattfindet. Hier lernt das Kind die Geschlechterrollen (Geschlechtsidentifikation). Hier erwirbt es die bestimmenden Züge seines moralischen Bewußtseins, seiner Leistungsmotivation. Hier wird schließlich auch seine sprachliche und kognitive Entwicklung weitgehend determiniert. Darüber werden wir in diesem Buch später noch Näheres erfahren.

Nach Freud vollzieht sich die frühkindliche Entwicklung, die mit dem Prozeß der primären Sozialisation identisch ist, in drei Phasen: orale, anale und infantil-genitale oder phallische Phase. Wir werden sehen, daß ›Freuds Phasenmodell‹ nicht nur über die psychosexuelle Entwicklung des Menschen Aufschluß gibt, sondern auch über den Zusammenhang zwischen infantilen Erfahrungen einerseits und dem sozialen Verhalten sowie Lernprozessen in späteren Lebensphasen andererseits. Von Freuds Theorie ausgehend, kann man psychoanalytische Annahmen zur Entstehung der psychischen Instanzen mit soziologischen Annahmen über Rollenstruktur und Kommunikationsform des Familiensystems verbinden (Oevermann u. a., 1968, S. 8).

Die wichtigste Institution der Gesellschaft für den Vollzug sekundärer Sozialisation ist die Schule, in der Kinder u. a. außerfamiliale Rollen und deren Austausch lernen können. In der gegenwärtigen Schule wird sekundäre Sozialisierung durch Domestizierung, Disziplinierung und Abrichtung zu fremdbestimmten Leistungen erreicht. Freundliche Lehrer können diesen Prozeß mildern, verändern können sie ihn nicht. Das wäre nur auf dem Weg durchgreifender politischer Aktionen möglich.

Im Prozeß der primären Sozialisation bereitet die Familie die Kinder in unserer Zeit ohnehin auf Anpassung und Unterwerfung vor. Indem der Übergang von Primär- zu Sekundärbeziehungen das Individuum zusätzlich verunsichert, wird die zähmende Wirkung der Familienerziehung verstärkt. Resultat solcher Sozialisationsprozesse sind Desorientierte, die sich ängstlich an Autoritäten und gesellschaftliche Zwänge klammern. Eine Gesellschaft, in der aus primärer und sekundärer Sozialisation autonome Menschen hervorgehen, die im Sinne von Sigmund Freud lieben und arbeiten können, ist heute noch Utopie – aber doch insofern eine konkrete Utopie, als die materiellen, technischen und wissenschaftlichen Mittel für ihre Verwirklichung bereits vorhanden sind.

5

Nach allem, was wir über Sozialisationsprozesse wissen, wundern wir uns nicht, wenn wir bei den Angehörigen einer Gesellschaft gemeinsame Charaktereigenschaften feststellen können. Den gemeinsamen Teil ihres Charakters wollen wir mit Erich Fromm »Gesellschaftscharakter« oder »Sozialcharakter« nennen.

»Dieser Gesellschaftscharakter ist notwendigerweise weniger mannigfaltig als der individuelle Charakter. Bei letzterem sehen wir ein Gesamtbild all jener Einzelzüge, die in ihrer einmaligen Gruppierung Schwäche und Stärke die Persönlichkeitsstruktur dieses oder jenes Individuums ausmachen. Der Gesellschaftscharakter hingegen umfaßt nur eine Auswahl von Zügen:

den Wesenskern der Charakterstruktur der meisten Gruppenmitglieder, welcher sich als Ergebnis dieser Gruppe gemeinsamen Lebensweise und Grunderlebnisse entwickelte. Obschon es auch das immer ›Abweichende‹, Außenseiter mit gänzlich anderer Charakterstruktur geben mag, stellt doch die Charakterstruktur der meisten Gruppenmitglieder nur Variationen dieses Wesenskerns dar, hervorgebracht durch die mehr zufälligen Faktoren der Geburt, der Umgebung, der Lebenshaltung usw« (Fromm, 1945, S. 270 f.).

Nach Fromm wird der Individualcharakter, sofern er einigermaßen mit dem Sozialcharakter übereinstimmt, durch die in seiner Persönlichkeit überwiegenden Triebe dazu veranlaßt, das zu tun, was unter den besonderen Bedingungen seiner Gesellschaft nötig und erwünscht ist. Fromm sagt: »Der Gesellschaftscharakter verinnerlicht äußere Notwendigkeiten und wappnet auf diese Weise die menschliche Energie für die ihr in einem Gesellschaftssystem gestellten Aufgaben« (Fromm, 1945, S. 276). Er ist ein Resultat »aus der dynamischen Anpassung der Menschennatur an die betreffende Gesellschaftsordnung. Veränderungen der Gesellschaftslage haben Veränderungen im Gesellschaftscharakter zur Folge, d. h. neue Bedürfnisse, neue Besorgnisse. Die neuen Bedürfnisse lassen neue Ideen erstehen und machen die Menschen für diese empfänglich. Und diese suchen nun ihrerseits den neuen Gesellschaftscharakter zu festigen, zu verstärken und zu bestimmen« (Fromm, 1945, S. 289).

Im Hinblick auf das westdeutsche Gesellschaftssystem interessieren uns vor allem die klassen- und schichtspezifischen Unterschiede der Sozialisationsprozesse. Die gegenwärtig intensive Beschäftigung mit Problemen der kompensatorischen Erziehung hat schichtspezifische Unterschiede in den Persönlichkeitsstrukturen aufgezeigt, die weitgehend aus primären Sozialisationsprozessen resultieren. Diese Unterschiede können jeweils als die Ausbildung der zum Überleben in einer Klasse notwendigen Fähigkeiten interpretiert werden und müssen im Zusammenhang mit der Zugehörigkeit der Eltern zu einer durch Klasse und Schicht bestimmten Lebenswelt gesehen werden. Die

Intensivierung dieser Forschungen ist allerdings nicht auf ein emanzipatorisches Interesse zurückzuführen, sondern primär auf den Zwang zur Kapitalakkumulation. Dieser erfordert eine nachdrückliche Verbesserung unseres Bildungssystems. Daher beschränkt sich das Erkenntnisinteresse auch vorwiegend auf das Problem, wie genügend leistungsfähige Arbeiter und Techniker dem Arbeitsmarkt zur Verfügung gestellt werden können. Soweit den schichtspezifischen Besonderheiten des Sozialisationsprozesses nachgegangen wird, begnügt man sich mit deskriptiven Arbeiten, die eigentlich darauf verzichten, die Sozialisationsvorgänge aus den Widersprüchen des materiellen Lebens, aus dem antagonistischen Charakter unserer Klassengesellschaft zu erklären.

Wohl wird zuweilen begriffen, daß die Stellung der Eltern im Produktionsprozeß weitgehend die Werthaltungen und Normenvorstellungen bestimmt, an denen die Erziehungspraxis orientiert wird. So meint z. B. Claessens, die Stellung im Produktionsprozeß könne mit den Variablen

Schmutz,
Schweiß (Ermüdung durch physische Arbeit),
Monotonie (Einengung von Bewegungsfreiheit und Initiative),
Manuelle Geschicklichkeit,
Übertragungsfähigkeit,
Fachwissen,
Ermessungsspielraum,
Verantwortung,
Entscheidung, psychische Ermüdung

präzisiert werden (Claessens/Neumann-Schönwetter, 1969, S. 22). Doch hat diese Variablenkombination etwas den Charakter des Beliebigen. Sie gibt »keinen eindeutigen Aufschluß über Besitz oder Nichtbesitz von Produktionsmitteln«, allenfalls »über den Grad der Restriktivität der Arbeitssituation« (a.a.O.). Es erweist sich, daß eine Orientierung an lediglich deskriptiven Schichtmodellen zwar eine phänomenologische Zuordnung erhobener Daten erlaubt, aber keine zureichende Erklärung kausaler Zusammenhänge. Noch fehlt ein Schichtenmodell, das die soziale Schichtung aus der Klassenstruktur der Gesellschaft ableitet. Hier könnte eine Orientierung an der Klassentheorie von Karl Marx helfen.

Dennoch darf man den Aussagewert der bisher vorliegenden Resultate schichtspezifischer Sozialisationsforschung nicht unterschätzen. Wenn sie auch wenig Aufklärung über die ökonomischen Determinanten des Sozialisationsprozesses geben, so orientieren sie doch nicht nur über Lebenslage, Verhaltensweisen und Einstellungen der verschiedenen Schichten unserer Gesellschaft, sondern auch über deren gesellschaftliches Selbstverständnis. Auch diese sind wesentliche Determinanten der Sozialisation.

Für Marx sind die Klassen und ihre Gegensätze das Ergebnis der immer weiter fortschreitenden Arbeitsteilung, die viele verschiedene Formen des Eigentums hervorbringt.

In ›Elend der Philosophie‹ kritisiert Marx scharf jenen »grobianischen Menschenverstand«, der den Klassenunterschied in den »Längenunterschied des Geldbeutels« und den Klassengegensatz in »Handwerkshader« verwandelt (Marx, MEW, Bd. 4, S. 349). Denn weder Beruf noch Höhe des Eigentums, sondern die Art des Eigentums bedingen den Klassenunterschied.

Das Eigentum wird von Marx nicht als unabhängiges Verhältnis einer besonderen Kategorie, einer abstrakten und ewigen Idee definiert, sondern als Eigentum an den Produktionsmitteln, als Verfügungsgewalt einer Minderheit über den Reichtum der Gesellschaft, als Befehlsbefugnis über menschliche Arbeitskraft. »Die gesellschaftliche Macht wird so zur Privatmacht der Privatperson« (Marx, MEW, Bd. 23, S. 146).

Die gesellschaftlichen Eigentumsverhältnisse determinieren nach Marx also den die Klassenbildung verursachenden Gegensatz. Dieser Gegensatz hat seinen Grund darin, daß die Produktion mit der Entäußerung oder Verdinglichung des menschlichen Wesens zusammenfällt. Arbeitsteilung bedeutet nicht nur, daß der eine diese, der andere jene Arbeit ausübt, sie bewirkt auch das Auseinanderfallen von Produktion, Distribution, Konsumtion. Was der eine produziert, kann der andere sich aneignen. Der Mensch, dessen Wesen durch seine Tätigkeit bestimmt wird, gehört, wenn er z. B. Proletarier ist, nicht mehr sich selbst. Er ist dem eigen, der über die Produktionsmittel verfügt. Im modernen Kapitalismus ist es »nicht mehr der Arbeiter, der die Produktionsmittel anwendet, sondern es sind die Produktionsmittel, die den Arbeiter anwenden« (Marx, MEW, Bd. 23, S. 329).

Die Produktionsmittel aber sind als Eigentum der Kapitalisten Werkzeuge ihrer Kommandogewalt. So bestimmt die Stellung des Menschen im Produktionsprozeß seine Klassenzugehörigkeit.

Objektiv betrachtet läßt sich der Nachweis, daß unsere Gesellschaft eine Klassengesellschaft ist, relativ leicht erbringen. Dennoch reicht das Zwei-Klassen-Modell, das Marx vor Augen hatte, nicht aus, um die sozialen Konflikte der Gegenwart oder die spezifischen Abläufe primärer und sekundärer Sozialisation befriedigend zu erklären. Es kann aber, und darin liegt sein Wert für eine schichtspezifische Sozialisationstheorie, dazu dienen, eine nicht mehr bloß deskriptive, sondern eine kausale Konzeption sozialer Schichtung zu entwickeln. Ein solches Schichtmodell können wir in diesem Buch nicht entwerfen.

Hierzu sind umfangreiche Forschungen nötig, die Hochschullehrern an einer PH wie unserer, wo allenfalls im ›Zwergbetrieb‹ geforscht werden kann, nicht möglich sind. Hier können lediglich einige vorläufige Hinweise gegeben werden auf das, was ein von der Marxschen Klassentheorie abgeleitetes Schichtenmodell berücksichtigen müßte.
Kriterien für die Einteilung sozialer Schichten würden nicht so sehr Prestige und Einkommenshöhe sein, als Herkunft, Verteilung, Abstufung und Ausschluß von gesellschaftlicher Kommandogewalt aufgrund von Eigentum bzw. Nichteigentum an Kapital. Es ist kein Zufall, daß moderne Industriebetriebe die gleichen hierarchischen Organisationsstrukturen haben wie der Militärapparat. Da gibt es das Spitzenmanagement: Kapitalverwerter mit Kommandogewalt über menschliche Arbeitskraft; ihm entspricht das politische Oberkommando, unterstützt von einem Stabsystem; dann das mittlere Management: die Betriebsleiter — beim Militär die höheren Offiziere, etwa vom Major aufwärts; weiter die Abteilungsleiter und Filialdirektoren — die niederen Offiziersränge; die Meister — die Unteroffiziere; schließlich die Arbeiter und Angestellten, denen die gemeinen Soldaten entsprechen. Eine besondere Stellung nehmen die Kleingewerbetreibenden und Bauern ein. Sie haben juristisch den Schein der Selbständigkeit, objektiv betrachtet im Hinblick auf ihre Entscheidungsmacht einerseits, ihre ökonomische Lage andererseits sind sie jedoch Kapitalhörige und Selbstausbeuter. Wir können davon ausgehen, daß in Westdeutschland und in anderen großen Industriestaaten mehr als drei Viertel aller Staats- und Wirtschaftsbürger von jeder Verfügungsgewalt über Produktionsmittel ausgeschlossen sind.
Darüber hinaus darf ein Umstand nicht vergessen werden, auf den Friedrich Lenz und Gottfried Eisermann aufmerksam machten: Das gesellschaftliche Bewußtsein und unsere öffentliche Meinung, die »sich vielfach einem Konformismus nähern, der durch die Verfügungsgewalt über alle Kommunikationsmittel (mass media) bedingt wird«, werden in den »spätbürgerlichen Gemeinwesen vorwiegend von anonymen gesellschaftlichen Kräften« gestaltet (Lenz, 1958, S. 265). Es ist einsichtig, daß jene »kleine Minderheit«, die die »wirtschaftlichen Kommandopositionen« inne hat, mit mehr Erfolg danach strebt, »die Mittel der öffentlichen Meinungsbildung entweder unter ihrer direkten Kontrolle oder unter indirektem, nicht unbedingt weniger wirksamem Einfluß zu halten« als die Lohnabhängigen (Eisermann, 1958, S. 265).
Aber nicht nur die Verfügungsgewalt über die Kommunikationsmittel wirkt als ein Herrschaftsmittel, sondern auch das »sozialpsychologisch wirksame Leitbild, das von dem sozialen Prestige der herrschenden Klasse als solcher ausgeht«. Hierzu

schreibt Gottfried Eisermann: »Abgesehen davon, daß die Übereinstimmung mit den herrschenden Auffassungen und Ansichten die Freude der inneren Identifizierung mit der Oberschicht gewähren kann, lenkt sie wirksam von der Ausbildung eines der eigenen Interessenlage angemessenen Weltbildes und ihr dienlichen Willensbildung ab« (Eisermann, 1958, S. 96). Gerade die Ausrichtung auch der Angehörigen der Unterschichten am kapitalistischen Wertsystem, ihre Orientierung an dem sozialpsychisch wirksamen Leitbild der Oberschichten sichert nicht nur politisch, sondern auch durch primäre und sekundäre Sozialisation die Vormachtstellung der Kapitalverwerter.

6

Im Entwurf für ein Forschungsprojekt zum Thema ›Bildung, Sozialstatus und Intelligenz‹ von Peter Brückner (1968) und seinen Mitarbeitern werden einige »Index-Hypothesen« formuliert, die meiner Auffassung nach helfen können, ein aus der Klassentheorie abgeleitetes Schichtenmodell zu erarbeiten. Brückner geht davon aus, daß der Sozialstatus erst nach genauer Klärung des Abhängigkeitsverhältnisses einer Person (bzw. des Vaters) im Arbeitsprozeß angemessen definiert werden kann. Er formuliert folgende Hypothesen:

»a) Von Bedeutung für den Sozialstatus eines erwachsenen Probanden wird sein, wieviel Freiheitsgrade er in der Wahl seiner einzelnen Operationen und in der Bestimmung ihrer Abfolge hat, d. h. in der Organisation seiner Arbeitsprozesse. Die Dominanz körperlicher Arbeit – jede Operation ist wirklich ein ›Handgriff‹ – könnte noch einmal eine Differenzierung des Status bei vergleichbarer Organisationsfreiheit erzwingen.

b) Von Bedeutung ist wahrscheinlich der Grad der Fraktionierung der Arbeit am jeweiligen Arbeitsort – gerade in Verbindung mit dem (a) erwähnten Merkmal der Arbeitsbedingungen ein Indiz für die entweder vorwiegend konsumtive oder tendenzielle produktive Haltung, die in dem arbeitenden Individuum durch objektive Verhältnisse erzeugt wird.

c) Von Bedeutung für den Sozialstatus ist der Grad an Verfügungsgewalt der Individuen im Arbeitsprozeß. Verfügungsgewalt ist abstufbar. A kann bestimmte Arbeitsmaterialien zuteilen, B über wenige Arbeiter in einer Halle disponieren, C über ganze Produktionsbereiche eines Unternehmens, D kann über Personen direkt verfügen (Kündigungsrecht).

d) Die Position eines Individuums in betrieblichen Kommunikationsnetzen, die Anzahl, Richtung oder Dichte der von ihm ›informell‹ oder ›formell‹ erwarteten Kommunikationen ist wahrscheinlich für den Sozialstatus von Bedeutung.

e) Möglicherweise stellen auch die je positionsspezifischen Interaktionsanforderungen ein Moment des Sozialstatus dar.
f) Von Einfluß auf den Sozialstatus sollte schließlich ein ›geografischer Faktor‹ sein, d. h. der gesellschaftlich vorgegebene direktmotorische und indirekt-ideelle Aktionsspielraum eines Individuums« (Brückner, 1968, S. 12 f.).
Was Brückner damit meint, erläutert er folgendermaßen:
»Arbeiter stoßen, wenn sie in Pausen ihre Halle verlassen und durchs Werkgelände schlendern, häufig auf Barrieren (tadelnde, negativ sanktionierende Fragen des Werkschutzes, der Aufseher, der Arbeiter anderer Orte). Prämiiert wird ihre Treue zum Arbeitsplatz. Ein Ingenieur könnte mit Tadel rechnen, wenn er nach mehrwöchiger Betriebszugehörigkeit erst beschränkte Bereiche des Unternehmens durchwandert hat; ein Stellenwechsel (in nicht zu kurzen Abständen) bedeutet Gehaltserhöhung. Mit Sicherheit bestehen noch ganz andere Unterschiede in der ›anschaulichen Geografie‹:
Wo verlaufen immaterielle Aktionsgrenzen, welche Bezirke sind anschaulich unausgefüllt (d. h. für den Betreffenden nur auf dem Stadtplan vorhanden)? Für Kinder eines bestimmten Lebensalters kann schon die andere Straßenseite ›Fremde‹ sein, die man ungern betritt – bestehen in der Überschreitung solcher Schranken schichtspezifische Unterschiede?« (Brückner, 1968, S. 13).
An diesen Hypothesen sieht man, vor welchen Schwierigkeiten wir stehen, wenn wir die verschiedenen schichtspezifischen Untersuchungen in den Zusammenhang einer Klassentheorie stellen wollen.

Weitere Literatur: Dahmer 1973; Dahmer u. a. 1973; Lorenzer 1972; Wellendorf 1974

2. Historische Skizze vom Geschlechtsverband ›Familie‹

Da die Familie auch in unserer Gesellschaft die Sozialisationsagentur ist, in der die grundlegenden sozialen Fähigkeiten individuell erworben werden, muß jede Analyse, deren Gegenstand die Sozialisationsprozesse in der bürgerlichen Gesellschaft sind, notwendigerweise auch die Institution ›Familie‹ in ihren spezifisch historisch zu erklärenden Widersprüchen erfassen.

Die Familien der bürgerlichen Gesellschaft können durchaus verschiedene Strukturen haben. Dennoch lassen sich grundlegende gemeinsame Merkmale feststellen. Um Organisation und Funktion der bürgerlichen Familie zu verstehen, die immer noch wesentlich vom monogamen patriarchalischen Prinzip bestimmt ist, erscheint es notwendig, kurz auf die Entstehung dieser Familienform einzugehen.

Das Wort ›Familie‹ bezieht sich nicht auf irgendwelche mystischen emotionalen Beziehungen, wie sie als bürgerliches Ideal erscheinen, sondern bezeichnete in Rom ursprünglich die Gesamtheit der Sklaven, die einem Manne gehörten (famulus – d. Sklave). Das Wort meint also eine Produktionseinheit, die durch die Unterordnung von unfreien Arbeitskräften unter die väterliche Gewalt, das Recht des Hausvaters über Leben und Tod von Freien und Unfreien charakterisiert ist. So enthält bereits die klassische römische Familie als eine spezifische Organisation des Geschlechtsverbandes »im Keim nicht nur Sklaverei [. . .], sondern auch Leibeigenschaft, da sie von vornherein Beziehung hat auf Dienste für Ackerbau. Sie enthält in Miniatur alle die Gegensätze in sich, die sich später breit entwickeln in der Gesellschaft und in ihrem Staat« (Marx nach Engels, MEW, Bd. 21, S. 61).

Die patriarchalisch monogame Familie entsteht mit dem Privateigentum. Die Einführung der Viehzucht und des Feldbaus und die Verwendung des gefangenen Feindes als Arbeitstier ermöglichen einen Überschuß über die eigenen Unterhaltungskosten, der als ›Reichtum‹ in den Privatbesitz von Familien übergeht. Eigentum an Grund und Boden, Viehbestand und Handwerksmitteln ist mit Besitz über Menschen verbunden. Leibeigene und Sklaven gehören zur jeweils mehrere Generationen umfassenden Großfamilie. Die entstehenden Klassengegensätze haben intrafamilialen Charakter, das heißt, die Angehörigen der verschiedenen Klassen sind zum Zusammenleben im Verband der Großfamilie gezwungen.

Um die Vererbung des sich rasch vermehrenden Privateigentums zu sichern, muß die Vaterschaft feststellbar sein. Nur die Monogamie der Frau kann das gewährleisten.

Die Unterordnung der Frau unter den Mann ist also vor allem eine Folge der ökonomischen Entwicklung. Der Privatbesitz an Boden, Vieh und Sklaven sichert die Vorherrschaft des Mannes über die Frau, deren Haushaltsführung mehr und mehr ihren öffentlichen Charakter verliert und in den neu entstandenen Bereich des Privaten verwiesen wird. Auf der Grundlage des gemeinsamen genutzten Eigentums hatten die Frauen dagegen die Haushaltsführung als öffentliche Aufgabe gemeinsam besorgt. Aufbereitung der Nahrungsmittel und Herstellung der Kleidung waren ihre Aufgabe, während die Männer sich auf der Jagd oder im Krieg bewährten.

Mit der Entwicklung des Privateigentums verliert die Frau ihre Entscheidungsbefugnis in allen öffentlichen Angelegenheiten, wird zur Sklavin des Mannes, der oberste Entscheidungsgewalt über alle Familienmitglieder hat. Ihre erzwungene Monogamie, als einziger Beweis der Vaterschaft, steht im Dienst der Vererbung des Eigentums.

Mit Auflösung des Gemeineigentums wird die Familie zur wesentlichen Produktionseinheit der Gesellschaft. Zugleich ist sie Erziehungseinheit. Die Kinder wachsen in die Wirtschaftsgemeinschaft hinein. Der Erziehungsvorgang vollzieht sich gleichsam naturwüchsig. Die notwendigen Fähigkeiten zur Produktion werden vorwiegend durch Imitation unmittelbar in der Familie erlernt. Die Erziehung zur Arbeit innerhalb der Familie sichert zugleich die Integration der einzelnen in die Familie als Herrschaftsverband. Diese Zwangsintegration wird schließlich von der Staatsgewalt garantiert, deren wesentliche Aufgabe es nach Engels ist, die Macht der herrschenden Klasse zu sichern (Engels, MEW, Bd. 21, S. 166 f.).

Der Übergang von der feudalen Agrargesellschaft zur kapitalistischen Industriegesellschaft löst die beschriebenen Familienbeziehungen auf. Voraussetzung hierfür ist zum einen die Trennung des Arbeiters von seinem Eigentum, zum andern die Anhäufung von Geldvermögen, durch das der Besitzer sich die frei gewordenen Produktivkräfte aneignen kann.

Mit der Industrialisierung und der sich damit allgemein durchsetzenden kapitalistischen Produktionsweise, in der prinzipiell nur noch für den Markt und nicht für die eigene Konsumtion produziert wird, werden Wohnung und Arbeitsstätte getrennt. Die Ablösung der Produktionsfunktion von der Familie geht damit einher, daß der größte Teil der Bevölkerung – als Eigentumslose – auf dem Markt seine Arbeitskraft feilbieten muß. Die Besitzer von Produktionsmitteln können auf dem Markt diese Arbeitskraft kaufen, im Produktionsprozeß anwenden

und auf dem Wege der Mehrwertproduktion ihren Besitz immer mehr vergrößern. Mit dem so gewonnenen Kapital können dann sowohl neue Arbeitskräfte als auch neue Maschinen, Rohstoffe, Betriebsmittel usw. gekauft werden.
Ist einmal die kapitalistische Produktionsweise gegeben, so ist der Arbeiter immer wieder gezwungen, seine Arbeitskraft zu verkaufen, um sich am Leben zu erhalten. Seine Abhängigkeit vom Kapital entspringt den Produktionsbedingungen und wird durch sie garantiert und verewigt. »Der kapitalistische Produktionsprozeß, [...] produziert also nicht nur Ware, nicht nur Mehrwert, er produziert und reproduziert das Kapitalverhältnis selbst, auf der einen Seite den Kapitalisten, auf der anderen den Lohnarbeiter« (Marx, MEW, Band 23, Seite 604).
Enthielt die vorkapitalistische Großfamilie den Klassengegensatz in sich, so entstehen jetzt bürgerliche Familien einerseits, proletarische andererseits, d. h. Familien der Kapitalverwerter und der Lohnabhängigen. Die Individuen verkehren nicht als Mitglieder privater Familienverbände miteinander, sondern als Mitglieder bestimmter Klassen. Mit der Trennung der familialen Reproduktion von der produktiven Verausgabung der Arbeitskraft, dem Verlust des Eigentums am Arbeitsprodukt, mit der Tendenz zur Gleichgültigkeit gegen den bestimmten Inhalt der Arbeit ergibt sich eine vollkommene Umwälzung der als privat definierten Lebensbedingungen. Zwar erfahren die Ideale der vorbürgerlichen Familienform, das ›innere Band der Familie‹, geknüpft aus Gehorsam, Pietät und ehelicher Treue, bis in unsere Gegenwart nahezu allgemeine Anerkennung; in Wirklichkeit bestimmen jedoch die veränderten ökonomischen Verhältnisse das reale Zusammenleben in der Familie. Kritisch sagt Marx zum Ideal der Familie in der Realität des Kapitalismus: »Die bürgerlichen Redensarten über Familie und Erziehung, über das traute Verhältnis von Eltern und Kindern werden um so ekelhafter, je mehr infolge der großen Industrie alle Familienbande für die Proletarier zerrissen und die Kinder in einfache Handelsartikel und Arbeitsinstrumente verwandelt werden« (Marx, MEW, Bd. 4, S. 478).
Dieses Zitat von Marx gilt, wie alle empirischen Untersuchungen (vgl. Literatur zur schichtspezifischen Sozialisation) über die Arbeiter, ihre familiale Situation, ihre materiellen Lebensbedingungen, ihre Ausbildungsmöglichkeiten und Aufstiegschancen, ihre physische und psychische Konstitution beweisen, tendenziell noch heute, obwohl die verbesserten Lebensbedingungen und das Aufkommen der neuen Mittelschichten dazu führen, daß die Klassengegensätze gegenwärtig nicht mehr so deutlich sichtbar sind wie vor hundert Jahren. Die Mittelschichten, nicht durch Eigentum an Produktionsmitteln, d. h. akkumu-

lationsfähigem Eigentum, gekennzeichnet, sondern nur durch einen bestimmten Lebensstil, eine längerfristig planbare Lebensperspektive, identifizieren sich aber durchaus mit den Idealen der bürgerlichen Familie. Noch genießen sie die Vorteile traditionell verankerter Privilegien, ohne damit tendenziell der Proletarisierung aufgrund des zunehmenden Abbaus von Privilegien, des drohenden materiellen Abstiegs, der Ungewißheit der Lebensperspektive als Lohnabhängige entgehen zu können. Die Bedrohung ihrer Lebensbedingungen durch das Kapital scheint auch gerade diejenigen Angehörigen der Mittelschichten dazu zu motivieren, sich klar gegen den Lebensstil der Arbeiter abzugrenzen, deren materielle Lage und berufliche Möglichkeiten sich kaum von denen der Arbeiter unterscheiden.

Die Familie der bürgerlichen Gesellschaft besteht in der Regel nur noch aus den Eltern und ihren unmündigen Kindern. Der große Familienverband, wie er noch funktional für die Familie als Produktionseinheit war, hat sich aufgelöst. Als einzige ›produktive‹ Funktion erfüllt die ›Kleinfamilie‹ die Produktion und Reproduktion der Arbeitskraft. Dies impliziert auch ihre Funktion als Konsumtionseinheit, die jedoch relativiert wird durch Jugendgruppen u. ä. Obwohl das Interesse der Familienmitglieder aneinander nicht mehr durch die gemeinsame Produktion der notwendigen Gebrauchsgüter bestimmt ist, bleibt das Ideal der vorkapitalistischen patriarchalischen monogamen Familie als Lebensgemeinschaft bestehen. Lediglich in jenen bürgerlichen Familien, die noch Kapitaleigentum zu vererben haben, hat die patriarchalische Familienform noch eine materielle Basis, die ihr in allen Schichten der eigentumslosen ›Arbeiterklasse‹ fehlt.

Da aber die totale Versachlichung aller gesellschaftlichen Beziehungen in der kapitalistischen Warenproduktion herrscht, wird die Familie zum Zufluchtsort, zur Privatsphäre, wo die persönlichen Verhältnisse Schutz, Geborgenheit und Glück bieten sollen. Die steigenden Scheidungsziffern, die Vielzahl der an Neurosen und Psychosen erkrankten Menschen beweisen jedoch den illusionären Charakter dieses Anspruchs.

Die Tauschbeziehungen, die jede Sphäre der Gesellschaft beherrschen, durchdringen auch die Familienbeziehungen. So stehen in der bürgerlichen Familie die Sicherung des Eigentums, die materielle Versorgung und der Genuß des Reichtums im Vordergrund familialer Beziehungen. Für die Mittelschichten, die kein akkumulationsfähiges Eigentum mehr besitzen, äußert sich der Widerspruch zwischen privater Geborgenheit in der Familie und Tauschprinzip in einer starken Verunsicherung aller familialen Beziehungen, die je nach der Stärke der drohenden Proletarisierung sich in mehr oder weniger verdinglichten familialen Beziehungen ausdrücken, in denen Liebe und Gebor-

genheit selbst zu einem Moment des Tausches werden (vgl. z. B. Zwang zum ehelichen Geschlechtsverkehr). Für den Arbeiter aber wird die Familie überwiegend zum Ort, wo er sich den gesellschaftlichen Herrschaftsverhältnissen entziehen möchte. Die starken gesellschaftlichen Repressionen können aber von der Familie nicht aufgefangen werden, so daß auch ihre kompensatorische Funktion nur begrenzt auf Kosten von neuen familialen Unterdrückungsverhältnissen möglich ist. Soweit es der Familie gelingt, ihre Mitglieder psychisch und physisch zu stabilisieren, reproduziert sie nicht nur den Arbeiter für den kapitalistischen Produktionsprozeß, sondern erhält zugleich den Glauben an die Möglichkeit individuellen Glücks aufrecht.
Die große Bedeutung der Familie für die kapitalistische Gesellschaft dürfte aber weniger in ihrer Funktion der psychischen Stabilisierung der Erwachsenen liegen als in ihrer Erziehungsfunktion; obwohl der Erziehungsprozeß verglichen mit der Familie der vorkapitalistischen Gesellschaft heute nur noch in geringem Maße in der Familie stattfindet. Selbst wenn die Aufzuchtsfunktion der Familie heute vor allem auf die ersten drei bis sechs Lebensjahre beschränkt ist, erspart sie damit den Kapitalverwertern einen unübersehbaren materiellen Aufwand (vgl. Beschreibung der Heimpflege bei Spitz 1957, 1960, 1967).
Die wissenschaftlichen Forschungen haben erwiesen, wie wichtig für die gesamte spätere Persönlichkeitsentwicklung die Erlebnisse der ersten Lebensjahre sind. Während dieser Zeit werden in der Familie grundlegende psychische Dispositionen wie Fleiß, Zuverlässigkeit, Ausdauer, Gehorsam und Ordnungssinn erworben, die für den Reproduktionsprozeß der Gesellschaft notwendig sind. Die Übermittlung von Ideologien und deren psychische Umsetzung wird von der Familie garantiert, und das zu einem Zeitpunkt, in dem sich das Kind diesem Einfluß nicht durch eine bereits erworbene Unabhängigkeit entziehen könnte.
Die Bedeutung der Erziehung in der Familie für die Reproduktion der Arbeitskraft muß unter doppeltem Aspekt gesehen werden: Zum einen werden in der Familie die für den Arbeitsprozeß notwendigen grundlegenden Fähigkeiten vermittelt, zum andern wird das Kind auf die mit dem kapitalistischen Produktionsprozeß gesetzten gesellschaftlichen Herrschaftsverhältnisse vorbereitet.
Reich hat versucht, die Wirkung der autoritären bürgerlichen Erziehung im Zusammenhang mit Erkenntnissen der Psychoanalyse und der marxistischen Gesellschaftstheorie zu formulieren. Grundsätzlich dient die Sexualunterdrückung nach Reich der Sicherung des kapitalistischen Systems, der Stabilisierung bestehender Herrschaftsverhältnisse.
Während im Übergang von der vorkapitalistischen zur kapitalistischen Produktion der Arbeiter durch offene Gewalt den

Interessen der Kapitalisten unterworfen wurde (vgl. Marx, MEW, Bd. 23, Kap. 24), genügt es für den Fortgang der kapitalistischen Produktion nicht, den Arbeiter zu zwingen, sich zu verkaufen. Aus Erziehung, Tradition und Gewohnheit werden die Anforderungen der kapitalistischen Produktionsweise als selbstverständliche Naturgesetze anerkannt (ders., S. 765). Die Erkenntnisse der Psychoanalyse über die Rolle frühkindlicher in der Familie stattfindender Sexualunterdrückung haben wesentlich zur Klärung der psychologischen Seite dieses Phänomens beigetragen.

Die gesellschaftlichen Folgen der Sexualunterdrückung faßt Haensch – i. Anschluß an Reich – in drei Punkten zusammen:

1. »Die sexualverneinende autoritäre Erziehung in der bürgerlichen Familie erzeugt beim Individuum eine autoritäre Psychostruktur. Es ordnet sich in die autoritären Hierarchien der Gesellschaft ein und verhält sich aktiv und passiv autoritär« (Haensch, 1970, S. 10).

2. »Sexualverdrängung und Internalisierung sozialer Verhaltensmuster in der Familie disponieren das Individuum zu entfremdeter Arbeit« (a. a. O., S. 10). »Ohne entfremdete Arbeit würde das ökonomische, auf Produktionsmaximierung und Profiterwirtschaftung ausgerichtete System der Warenproduktion zusammenbrechen. Sexualbejahung und entfremdete Arbeit schließen sich tendenziell gegenseitig ebenso aus wie Sexualverdrängung und schöpferische, selbstbestimmte Arbeit« (a. a. O., S. 37).

3. »In der Familie erlebt der Mensch die ersten Klassengegensätze und verinnerlicht das dichotomische Prinzip der Klassengesellschaft. Gleichzeitig wird er für die Schicht und Klasse sozialisiert, der die Eltern angehören. Er akzeptiert grundsätzlich die Klassengesellschaft und seine Position in ihr« (a. a. O., S. 10, 11). »Die sexuelle Unterdrückung vermindert die Kritikfähigkeit und ermöglicht die Ideologisierung des Bewußtseins mit Inhalten, die den wirklichen Interessen entgegengesetzt sind. Ein Beispiel ist die Übernahme der sexualverneinenden Ideologie durch die sexuell Unterdrückten selbst. Ohne die permanente Selbstunterdrückung des Menschen wäre eine Unterdrückung nur durch Einsatz physischer Gewalt möglich« (a.a.O., S. 37).

Wesentlich für die ideologische Funktion der repressiven Familien-Erziehung dürfte auch sein, daß sie das Kind darauf vorbereitet, gesellschaftliche Konflikte nicht als Interessengegensätze zwischen sozialen Gruppen zu definieren, sondern als Folge subjektiver Beschaffenheit, natürlicher Überlegenheiten und der eigenen Unfähigkeit, wie sie vom Kind durch die mächtige Mutter und den diese noch beherrschenden Vater erfahren werden. Gesellschaftliche Zustände werden entsprechend als individuelles Schicksal erfahren, individuell akzeptiert oder individuell zu ändern versucht.

Ein anderer Aspekt der Funktionalität der patriarchalischen monogamen Familie für die kapitalistische Gesellschaft ist durch die Definition der männlichen Arbeit als Hauptenährerarbeit gegeben.

Die Arbeitskraft der Frau wird unterbewertet; ihre Arbeit wird als zusätzliche definiert und geringer entlohnt. »Da der Lohn der Frau also immer in Addition zum unzulänglichen Lohn des Mannes berechnet wird, reicht er in der Regel auch nicht für ihre eigene Reproduktion aus, wenn sie unverheiratet ist« (Holzer u. a., 1971, S. 122). Ähnliches gilt für Lehrlinge und Jungarbeiter, die ohne Rückhalt in der Familie von ihrem Lohn nicht existieren könnten. In Krisenzeiten können Frauen zudem noch unter Berufung auf ihre Hausfrauen- und Mutterrolle leicht entlassen werden. Der Zwang zur Mutterrolle dient dem Kapital als Mittel der Lohndrückerei und einer flexiblen Beschäftigungspolitik.

Durch die Industriearbeit der Frau ist neben neuer Unterdrükkung aber auch erst die Voraussetzung dafür geschaffen worden, daß die Frau ihre eigene Emanzipation erreichen kann. Daß die männlichen Arbeiter sie in dieser Möglichkeit nicht unterstützen, sie eher auf ihre familialen Aufgaben festlegen und damit ihre Emanzipation verhindern, ist durch die materielle Bedrohung zu erklären, vor allem durch die Konkurrenz der Frauen auf dem Arbeitsmarkt, die den männlichen Arbeitslohn drückt. Diese Konkurrenz wirkt sich zugleich auch hemmend auf eine Politisierung der Männer aus, die bei politischer Aktivität ihre Entlassung und Ersetzung durch die billigen weiblichen Arbeitskräfte fürchten müssen. Die ausländischen Arbeiter erfüllen heute in der BRD eine ähnliche entpolitisierende Funktion.

Weitere Literatur: Brandt u. a. 1973; Gilgenmann 1972; Heinsohn/Knieper 1974; Milhoffer 1973 (insbes. S. 61–78); Neumann-Schönwetter 1973 (insbes. S. 61–78); Rosenbaum 1974

3. Zur Vergesellschaftung der Erziehung

Wenn nach unseren Ausführungen die entscheidende Funktion der Familie innerhalb kapitalistischer Produktionsverhältnisse in der Reproduktion der Arbeitskraft durch Erziehung liegt, so wirken dieser die Frauenarbeit und der Verschleiß der männlichen Arbeitskraft entgegen. Die Aushöhlung der traditionellen Familie mag zwar den kurzfristigen Profitinteressen des Kapitals nützen, langfristig muß sie aber das kapitalistische System gefährden. Die Funktionalität der Familie für den Verwertungsprozeß ist durchaus nicht widerspruchsfrei.
Die neuere Sozialisationsforschung hat denn auch darauf hingewiesen, daß vor allem die Arbeiterfamilie ihre Erziehungsaufgabe im Hinblick auf die Erfordernisse des Produktionsprozesses nicht mehr ausreichend erfüllen kann. Die zunehmende Vergesellschaftung der Erziehung auch schon für das dritte bis sechste Lebensjahr stellt aber keinen Ersatz der familialen Sozialisation dar, sondern versucht nur ihre Mängel auszugleichen.
Die Ausweitung und Veränderung bestehender Erziehungsinstitutionen ist auf die veränderten Methoden der Produktivitätssteigerung und die damit veränderten Anforderungen an die Arbeitsqualifikation zur Vergrößerung der relativen Mehrwertgewinnung zurückzuführen.
Die Vergesellschaftung der Erziehung wurde durch die fortschreitende Entwicklung des Arbeitsprozesses, durch das stete Anwachsen der für diesen nötigen Erfahrungen, Kenntnisse und Fähigkeiten, durch die Vermehrung und Differenzierung der menschlichen Bedürfnisse bereits seit der Entwicklung der Industrialisierung – wenn auch mit unterschiedlicher Intensität – vorangetrieben. »In einem solchen Stadium der gesellschaftlichen Entwicklung war die einfache Teilnahme am Arbeitsprozeß und am übrigen gesellschaftlichen Leben – gewissermaßen die urtümlichste Form der Erziehung – nicht mehr ausreichend, ›um die menschliche Natur so zu modifizieren‹, daß sie das für die Arbeit nötige Wissen und Geschick aufbringen konnte« (Karras, 1958, S. 16). Die Familie der bürgerlichen Gesellschaft bedarf mit zunehmender Entfaltung der Produktivkräfte in ihrer Erziehungsaufgabe gesellschaftlicher Unterstützung, da die für die Arbeitswelt notwendigen Kenntnisse und Fähigkeiten aufgrund der ständigen Revolutionierung des Ar-

beitsprozesses immer weniger von Generation zu Generation in der Familie weitergegeben werden können. Das Produktionswissen des Arbeiters wird immer schneller dequalifiziert; verbunden damit ist die Auflösung der traditionellen Alters- und Autoritätsrollen.

Die notwendig gewordenen Erziehungseinrichtungen spiegeln seit Einführung der allgemeinen Schulpflicht in Deutschland Anfang des 19. Jahrhunderts den Klassencharakter der Erziehung wider. Der Erziehungsaufwand für die Arbeiter wird so niedrig wie möglich gehalten, da die Kosten der Erziehung ein den Wert der Arbeitskraft mitbestimmender Faktor sind, der sich für den Kapitalisten schmerzlich in der Höhe des zu zahlenden Lohns auswirkt. Folge davon ist auch das nach den Qualifikationsanforderungen an die lebendige Arbeit differenzierte Sekundarschulsystem der BRD. Die unternehmerische Begabungstheorie von der praktischen Begabung (Hauptschule–Berufsschule), der technischen Begabung (Realschule–Fachoberschule–Ingenieurschule) und der wissenschaftlichen Begabung (Gymnasium–Universität) realisierte sich bis vor kurzem unumstritten (vgl. Roth, Kanzow, 1971, S. 251).

Die neuerlichen intensiven Bestrebungen in der BRD, die Vergesellschaftung der Erziehung auch auf die Drei- bis Sechsjährigen auszudehnen und in allen anderen Erziehungs- und Bildungsbereichen ebenfalls zu intensivieren, sind auf die Umwälzungen der technischen Bedingungen des Arbeitsprozesses, auf die Veränderungen der Arbeitsmittel und -methoden der letzten Jahrzehnte zurückzuführen.

Der Übergang von der vollmechanisierten Produktionsweise zur Teilautomatisierung ist verbunden mit der Einführung neuer Fertigungs- und Verfahrensanlagen, Informations- und Regulierungsausrüstungen, neuer energetischer Transportaggregate und Schutzanlagen (dies., S. 12). Manuelle Arbeiten und z. T. auch geistige Tätigkeiten werden allmählich durch sich selbst steuernde und regelnde Maschinensysteme übernommen (Sachse, 1959, S. 20). Viele dieser Teilprozesse haben in Ansätzen schon zur Zeit der mechanisierten Produktion bestanden, andere sind erst seit Beginn der fünfziger Jahre neu entwickelt worden. (Zur Beziehung dieser technologischen Prozesse zu den Verwertungszwängen des Kapitals vgl. Roth, Kanzow, 1971, S. 11 ff.)

Die Durchführung dieser Änderungen und Umwälzungen ist abhängig von der Steigerung gewisser Kenntnisse und Fähigkeiten bei den Produzenten, die ihre Arbeitsmethoden ändern sollen. Höhere Anforderungen werden an die geistige Beweglichkeit der Arbeiter gestellt. Mit der Ersetzung der Handarbeit durch Maschinen wird die physische Anstrengung durch psychische Belastung ersetzt. Spezifische Fachkenntnisse und Berufsfertigkeiten werden durch die Übernahme von branchentypischen Arbeitsgängen durch maschinelle Anlagen weitgehend überflüssig. Hochqualifizierte Spezialisten (Ingenieure, Mechaniker u. ä.) werden zur Kontrolle und Reparatur der technischen Anlagen gebraucht. Die Mehrzahl der Arbeitsplätze erfordert weniger Sachkenntnisse als je zuvor (Kern, Schuhmann, 1970). Dennoch wird vom ungelernten Arbeiter größere Beweglichkeit und Disponibilität für die verschiedensten Arbeitsprozesse verlangt.

Die konservierende Funktion der Familie, die an ihre Mitglieder nur die aus der eigenen Lebenserfahrung stammenden Orientierungen weitergeben kann, wirkt in dieser historischen Phase qualitativer gesellschaftlicher Veränderungen hemmend. Daher betonen die vom Kapitalinteresse diktierten Ansätze zur Vergrößerung des Bildungspotentials zunehmend die Bedeutung der kompensatorischen Vorschulerziehung. Durch sie sollen die Ausbildung von Grundfähigkeiten gefördert und noch nicht spezifische Wissensinhalte vermittelt werden. Diese Tendenz ist auf die wissenschaftlichen Ergebnisse über die Bedeutung der Primärsozialisation zurückzuführen, die die hier erworbenen Fähigkeiten zu rigidem oder flexiblem sozialen Verhalten als Grundlage aller weiteren Lernprozesse ausweisen. In einer historischen Situation, in der wissenschaftliche und berufliche Qualifikationen zu einem der wichtigsten Wachstumsfaktoren in der kapitalistischen Entwicklung geworden sind, wird die Reform des Erziehungs- und Bildungswesens primär unter ökonomischen Gesichtspunkten und weniger unter sozialen oder politischen vorangetrieben. Grundlegende sozialstrukturelle Veränderungen werden mit der Entwicklung kompensatorischer Erziehungs- und Bildungsprogramme nicht angestrebt. Trotzdem könnten sich Ansätze zu politischem Handeln durch diese Maßnahmen herausbilden.

Die kapitalistische Produktionsweise ist zunehmend mehr auf die Disponibilität des Menschen für wechselnde Arbeitserfordernisse angewiesen; ein Ziel, das die Stabilität der gegenwärtigen Gesellschaft gefährdet, da es die Aufhebung der alten Teilung der Arbeit impliziert. Für Marx bedeutet Aufhebung der Arbeitsteilung: Aufhebung der Unterwerfung unter die Arbeitsteilung. Der grundlegende Unterschied im Charakter der Arbeitsteilung im Kapitalismus und im Sozialismus besteht nach Marx darin, daß die Arbeitsteilung im Sozialismus nicht mehr hinter dem Rücken der Produzenten durchgesetzt wird, sondern daß sie auf der Grundlage hochentwickelter Produktivkräfte von der demokratisch organisierten Gesellschaft gelenkt wird. Erst damit sind die Voraussetzungen für die allseitige Entwicklung des Menschen gegeben. Wenn in der kapitalistischen Gesellschaft unter dem Zwang zur Profitmaximierung

Tendenzen durchgesetzt werden, die zur Überwindung der Arbeitsteilung führen können, so können diese hinterrücks auch eine sozialistische Veränderung der Gesellschaft fördern.

»Die Entwicklung der Widersprüche einer geschichtlichen Produktionsform ist jedoch der einzig geschichtliche Weg ihrer Auflösung« (Marx, MEW, Bd. 23, S. 512). Das bedeutet, daß mit dem durch die Entwicklung der Produktivkräfte erforderlichen Umbruch von Erziehungs- und Bildungsinstitutionen eine Entwicklung in Gang gesetzt wird, die der Erziehung möglicherweise neue Chancen gibt.

Von Bernfeld ist Erziehungsarbeit in der kapitalistischen Gesellschaft allerdings grundsätzlich als Sisyphusarbeit gekennzeichnet worden. Die soziale Grenze der Erziehung, die durch die kapitalistische Produktionsweise gegeben ist, engt Erziehung immer auf Erziehung für den Verwertungsprozeß ein. Nur sekundäre Bedeutung haben daneben die biologische Grenze (die durch die sexuellen und aggressiven Triebe des Menschen gegeben ist) und die psychische Grenze (die sich in der pädagogischen Paarbeziehung: übermächtiger Erwachsener – ohnmächtiges Kind darstellt und die auch in der Schule eine Wiederholung der ödipalen Situation impliziert). Beide Grenzen könnten durch erziehungswissenschaftliche und praktische Bestrebungen weitgehend überwunden werden. Die Einsicht in die soziale Grenze der Erziehung verurteilt aber nach Bernfeld jegliche Bemühung, vor vollzogener Änderung der gesellschaftlichen Struktur irgend etwas Beträchtliches an ihrer Erziehungsorganisation verbessern zu wollen. »Sie lenkt die Kraft, die solchen Bemühungen gewidmet wird, auf das Zentrum, die gesellschaftliche Evolution oder Revolution, je nach der Bescheidenheit solcher Änderungslust« (Bernfeld, 1967, S. 123).

Die Auswirkung demokratischer Erziehungsversuche wird von Bernfeld entsprechend gering eingeschätzt. Heinsohn führt dies besonders darauf zurück, daß eine Erziehungswissenschaft als Institution zu Bernfelds Zeit erst in Ansätzen bestand. Außerdem gab es keine politisch relevanten Gruppen, die damals demokratische Tendenzen durchsetzen konnten und für die eine Erziehungswissenschaft als Handlungslehre hätte entwikkelt werden können (Heinsohn, 1970).

Die heute notwendig geworde Verbesserung der Arbeitsqualifikation könnte neue, politisch wirksame Konsequenzen in der Erziehungsarbeit und durch sie ermöglichen. Die »Umwälzungsfermente« (Marx), die durch diese Veränderung gegeben sind, können damit als potentielle Voraussetzungen gesamtgesellschaftlicher Demokratisierungsprozesse gesehen werden.

»Demokratisierung zu versuchen, wo nur spezialistische Um- und Höherqualifikation beabsichtigt ist«, ist Aufgabe aller im Bereich der Erziehung Tätigen (Heinsohn, 1970, S. 7). Besonders für den Bereich der Vorschulerziehung, in dem noch keine spezifischen Kenntnisse gefördert werden, scheinen die Möglichkeiten, Demokratisierungsprozesse in Gang zu setzen, günstig. Ob derartige Chancen aber tatsächlich aufgrund der dazu vorhandenen und geplanten Erziehungsinstitutionen in der BRD bestehen, soll die folgende kurze Analyse in Frage stellen.

Die bildungspolitischen Vorstellungen in der Bundesrepublik betonen immer wieder die Priorität der Vorschulerziehung. Die gesellschaftliche Erziehung der Kinder im Vorschulalter soll durch Vermehrung der Kindergartenplätze und Senkung des Einschulungsalters erreicht werden.

Der Bildungsrat der BRD hat als Ziel für das Jahr 1980 formuliert (Strukturplan, 1970, S. 385):

1. 75 % der Vier- bis Sechsjährigen besuchen den Kindergarten, 100 % der Sechs- bis Siebenjährigen den Schulprimärbereich.
2. Verzögert sich der Ausbau des Primärbereiches, sollen auch – neben allen Vier- bis Sechsjährigen – 50 % der Sechs- bis Siebenjährigen den Kindergarten besuchen, während für die anderen 50 % Plätze im Primärbereich vorhanden sein sollen.

Da die Gruppen im Schulprimärbereich nicht mehr als 25 Kinder umfassen sollen und im Kindergarten nur 15, ergibt sich für 1980 eine Anforderung von 143 000 (s. 1.) bzw. von 153 000 (s. 2.) qualifizierten Erziehern. Heinsohn errechnet sogar die Zahl von 168 000 bzw. 181 000 qualifizierten Erziehern (Heinsohn, 1970, S. 202/3).

Der gegenwärtige Bestand an qualifizierten Erziehern beträgt 22 000 (s. Stern 27/1970; Bildungsbericht 70, S. 17). Pro Jahr müßten bis 1980 durchschnittlich 16 500 neue Erzieher ausgebildet werden, wenn man nach Heinsohn einen Mittelwert von 176 000 zugrunde legt. Die Vorstellung des Bildungsrates über die Personalbeschaffung sieht verschiedene, aber kaum ausreichende Möglichkeiten vor, u. a. auch vorhandene gering qualifizierte Kräfte zu qualifizieren. Das Problem der dafür notwendigen Erziehungseinrichtungen wird dabei nicht gelöst.

Will man Vorschulerziehung aber ernst nehmen, so erfordert dies eine differenzierte Hochschulausbildung von drei bis vier Jahren. Das bedeutet, daß 72 000 Studienplätze zur Verfügung gestellt werden müßten und entsprechend viele Ausbilder. (Die Anzahl dieser Studienplätze dürfte der Gesamtzahl aller in den bisherigen Pädagogischen Hochschulen der BRD vorhandenen Plätze entsprechen.)

Nach Heinsohn sind wissenschaftliche Erzieher-Ausbildungsstätten speziell für die gesellschaftliche Kleinkindererziehung in nennenswertem Umfang nicht vorhanden und für die nahe Zukunft auch nicht geplant. Dementsprechend kommt er auch zu dem Schluß: »Die Prophezeiung eines Kollapses im Bildungssystem des kapitalistischen Deutschlands, mit der eine ungläubige Öffentlichkeit immer häufiger konfrontiert wird, darf als einigermaßen exakte Prognose gelten« (Heinsohn, 1970, S. 206). Es scheint also, daß, obwohl die objektive Notwendigkeit nach qualifizierter Erziehung besonders im Vorschulbereich von den Bildungspolitikern eingesehen wird, die Vergesellschaftung der Erziehung an den fehlenden Erziehern, Wissenschaftlern, den Ausbildungs- und Forschungsstätten scheitert. Hier rächt sich die langjährige Vernachlässigung der Erzieherausbildung, die eine Folge des Primats privatwirtschaftlicher Eigentumsinteressen über gesamtgesellschaftliche Interessen ist. Unter dem Druck des kapitalistischen Konkurrenzprinzips werden die Kapitalverwerter gezwungen, langfristig erforderliche Reformen — auch für den Bereich der Wirtschaft — zugunsten kurzfristiger Profitmaximierung zurückstellen. Daß für die Entwicklung des Erziehungswesens die Produktionsweise verantwortlich ist, zeigt das Beispiel der DDR, in der bereits 1946 die Kindergartenerziehung in das Bildungssystem integriert und von ihrem Fürsorgecharakter befreit wurde.

Weitere Literatur: Altvater/Huisken 1971; Autorenkollektiv 1974; b : e Tabu 1973; Briese u. a. 1973; du Bois-Reymond 1972; Hölters-hinken 1971, 1973; Liegele 1973; Zimmer 1973

Sozialisationstheoretische Fragestellungen

4. Die Beziehung Organismus—Umwelt

Die Plastizität des Menschen

Im Unterschied zu anderen höheren Säugetieren besitzt der Mensch kaum angeborene Verhaltensregulationen. Für ihn gibt es keine artspezifische Umwelt, die durch seinen Instinktapparat vorgegeben wäre. Ein Hund z. B. hat eine Anzahl festgelegter Beziehungen zu seiner Umwelt, die allen seinen Artgenossen gemeinsam ist. Die Lebensbewältigung des Menschen dagegen wird nur sehr unzureichend durch seine biologische Konstitution reguliert. Dem ausgeprägten Instinktapparat höherer Säugetiere entspricht beim Menschen seine »Weltoffenheit«, seine Fähigkeit zu lernen. Für den Menschen besteht die Notwendigkeit, seine Bedürfnisse durch »Arbeit an der historisch vorgefundenen Natur« zu befriedigen. Durch den Arbeitsprozeß verändert sich die menschliche Natur, entwickeln sich die psychisch-physischen Besonderheiten, differenzieren und vermehren sich die menschlichen Bedürfnisse. »Die wesentliche Ursache für die individuellen Unterschiede ist daher nicht in den Erbanlagen der Menschen zu suchen, sondern in den Bedingungen, unter denen das Leben der Menschen, vor allem ihre Arbeitstätigkeit, verläuft« (Karras, 1958, S. 36).
(Diese Ausführungen dürfen nicht dahingehend mißverstanden werden, daß damit ein »Anthropozentrismus« unterstützt wird, »der sich immer wieder neu am mittlerweile schon altehrwürdigen Topos von der Instinktsicherheit des Tieres und der geistkompensierten Instinktunsicherheit des Menschen speist« (Bittner, 1969, S. 11). Es sind weitere Forschungen gerade auf dem Gebiet notwendig, die die Beziehungen des Menschen zu jenem Abschnitt seiner Genese untersuchen, der mit dem »Abstimmungssystem« Instinkt bezeichnet ist. Dazu gehören spezifische ontogenetische und phylogenetische Untersuchungen, da der Mensch bei aller Plastizität ein biologisch »bestimmtes« und »abgestimmtes« Wesen bleibt (s. Claessens, 1968, S. 16). Für uns kann es an dieser Stelle nur darum gehen, wesentliche Prinzipien des Verhältnisses zwischen Organismus und Umwelt herauszuarbeiten.)
Die Möglichkeit des Menschen, seine konstitutionell gegebenen Fähigkeiten für die verschiedensten auswechselbaren Tätigkeiten einzusetzen, beruht wesentlich auf seiner ontogenetischen Entwicklung (Ontogenese: Entwicklung von der befruchteten Eizelle bis zur Geschlechtsreife; Phylogenese: Menschheitsentwicklung).

Während die meisten Säugetiere bereits kurz nach der Geburt fähig sind, sich selbst Nahrung zu suchen und sich mit Hilfe ihrer Instinkte in der Welt zurechtzufinden, lebt der Mensch auch nach der Geburt noch ein Jahr in der fetalen Periode. Wichtige organische Vorgänge, die beim Tier im Mutterleib stattfinden, entwickeln sich beim Menschen erst nach der Trennung vom Mutterleib, in einer sozialen Umwelt, von der er völlig abhängig ist. Der Vorgang der Menschwerdung findet immer in Wechselwirkung mit einer bestimmten kulturellen und gesellschaftlichen Ordnung statt.

Natürlich ist auch der menschliche Organismus mit einer Anzahl von Trieben ausgestattet, die sich aus der physiologischen Wechselwirkung zwischen dem Organismus und seiner Umwelt ergeben, wie z. B. Hunger, Sexualität, Schlaf, Atmung u. a. Unter Trieb, Motiv oder Bedürfnis, Begriffe, die hier synonym benutzt werden, soll der Beweggrund einer zielgerichteten Handlung verstanden werden, wobei vom beobachtbaren Verhalten nicht direkt auf das zugrundeliegende Motiv geschlossen werden kann. Zum Beispiel steht übertriebene Freundlichkeit oft im Dienst stark zerstörerischer Tendenzen. Die oben genannten Beispiele gehören zu den primären Motiven, die so genannt werden, weil sie eher unmittelbar organisch bedingt sind und nicht sozial. In den wenigsten Fällen nur sind sie absolut festgelegt in bezug auf die zu ihrer Befriedigung notwendigen Objekte. Daher ist ihre Erscheinungsform von sozio-kulturellen Einflüssen abhängig. Ein gutes Beispiel für die verschiedenen Befriedigungsmöglichkeiten biologisch vorgegebener Bedürfnisse ist die Vielzahl kultureller Auffassungen über die Formen menschlicher Sexualität.

Von den primären Motiven können die sekundären oder sozialen Motive unterschieden werden, die nicht direkt auf organische Zustände zurückgeführt, sondern im Zusammenhang mit sozialen Lernprozessen erklärt werden können. Hierzu gehört das Bedürfnis nach Konformität, sozialer Anerkennung, Leistung u. a. Die Entwicklung primärer Bedürfnisse in der Auseinandersetzung mit der sozialen Umwelt und ihre Bedeutung für die Entwicklung der sekundären Bedürfnisse müßte allerdings in einer Sozialisationstheorie geklärt werden. Die psychoanalytische Theorie hat die zentrale Bedeutung der Sexualität für diese Fragestellung hervorgehoben.

Neben diesen allgemeinen Aussagen über die Plastizität der menschlichen Bedürfnisstruktur erscheint es notwendig, noch kurz auf einige Ergebnisse einzugehen, die die Beziehung zwischen Anlage, Reifung und Umwelt im Hinblick auf die Ausbildung intellektueller Fähigkeiten zu klären versuchen.

1

Dem unkritisch gebrauchten Anlagebegriff liegt immer noch die Vorstellung zugrunde, daß der Mensch eine von allen Einflüssen der Umwelt und des Lernens unabhängig originäre Natur besitzt. Vertreter konservativer Sozialordnungen haben den Begriff zur Rechtfertigung ihrer These benutzt, »daß die Variabilität der Lebenserfolge letzten Endes Ausdruck unterschiedlicher Begabungsanlagen und damit im wesentlichen vorgegeben sei« (Roth, 1969, S. 129). Die gegenteilige Position wird entsprechend durch die Auffassung gekennzeichnet, daß unterschiedliche Lebensentwicklungen auf wesentliche Lernbedingungen zurückzuführen seien. Bei dieser Annahme bleiben die Grenzen der individuellen Lernfähigkeit vorerst unbestimmt. Diese Position wird weitgehend durch neuere Untersuchungen gestützt.
Die Erbforschung hat mit den Methoden der Zwillingsforschung versucht, Aussagen über die genetische Verankerung von Intelligenz zu treffen. Die dabei festgestellten Unterschiede zwischen eineiigen und zweieiigen Zwillingen (EZ und ZZ) in bezug auf Intelligenzleistungen können nicht als zureichend verläßlich gelten. Methodisch können sowohl die beeinflussenden Faktoren von Anlage als auch Umwelt kaum kontrolliert werden, da die Umwelt von ZZ psychologisch immer unterschiedlicher sein wird als für EZ. Die größeren Differenzen in den Leistungen der ZZ können also sowohl auf Erbanlagen als auch Umwelteinflüsse zurückzuführen sein.
Versuche, in denen getrennt aufwachsende EZ untersucht wurden, haben beträchtliche Unterschiede ergeben. Diese legen den Schluß nahe, daß in einem ähnlichen Erziehungsmilieu aufwachsende EZ auch ähnliche Intelligenzleistungen aufzeigen, während ein unterschiedliches Erziehungsmilieu unterschiedliche Intelligenzleistungen hervorbringt.
Den Einfluß von Erziehung auf die Intelligenzentwicklung zeigen auch Daten über Adoptivkinder. Jones konnte feststellen, daß Kinder, die mit 8 Jahren in Adoptivfamilien aufgenommen wurden, mit 12 eine Zunahme ihrer Intelligenzleistung aufwiesen, die der erzieherischen Qualität ihrer neuen Umwelt entsprach (vgl. Jones, 1954, aus Ritter u. a., 1961, S. 173). Es erscheint entsprechend sinnlos, die wenig ergiebige Fragestellung, wieweit intellektuelle Fähigkeiten angeboren sind, weiter zu verfolgen. Viel wichtiger ist es, die Einschätzung von Umwelteinflüssen genauer zu klären.

Die Annahme, daß menschliches Verhalten Folge von genetisch bedingten Wachstums- und Reifungsprozessen ist, die vorgeformte Verhaltensweisen freisetzen, ohne daß Erfahrung oder Lernen stattgefunden haben, verkennt den funktionalen Zusammenhang von Reifung und Lernen. Es erscheint unmöglich, in der nachgeburtlichen Entwicklung, Reifungs- und Lernanteile zu unterscheiden. Fast alle Lernleistungen können als kumulierte Ergebnisse von vorausgegangenen Lernprozessen verstanden werden (Aebli, 1969). Zwar kann man einen gestuften Aufbau als Grundgerüst bei der Interpretation von Entwicklungsfortschritten nicht verleugnen. Ein Kind wird erst sprechen, dann erst lesen und schließlich mit Zahlen rechnen können. Diese Stufen werden aber zunehmend mehr als aufeinander aufbauende sachabhängige Lernfolgen relativ unabhängig von physiologisch bedingten Reifungsprozessen verstanden.

Die Abhängigkeit psychischer Prozesse von der Reifung des zentralen Nervensystems läßt zwar die Annahme von kritischen Phasen zu, in denen der Mensch eine erhöhte Sensibilität für bestimmte Lernangebote aufweist. Nachweise dafür beschränken sich allerdings auf relativ elementare Leistungen, wie die phonetische Imitation von Worten. Die Entwicklung der primären Sprache – die Bildung von Zwei-Wort-Sätzen mit der klaren Absicht der Kommunikation – ist die höchste dieser Leistungen und kann nicht durch Übung vor ungefähr dem zweiten Lebensjahr hervorgerufen werden.

Es ist unmöglich, für ein bestimmtes Alter eine Leistungsobergrenze für höhere Verhaltensweisen anzugeben, da diese immer von der Art der zeitlich vorangegangenen Lernprozesse abhängt. Die Entwicklung des einzelnen kann deshalb als das Resultat seiner Lernprozesse definiert werden (Aebli, 1969, S. 173).

Zusammenfassend läßt sich sagen, daß sowohl motivationale als auch kognitive Aspekte der Persönlichkeitsstruktur nicht als Folge von Erbanlagen noch als Folge von Reifestadien betrachtet werden können. Physische, soziale und kulturelle Einflüsse bringen Verhaltensänderungen hervor, die durch die Anlagen und den Reifestand des einzelnen nur erleichtert bzw. erschwert werden können. Diese Aussagen können jedem Erzieher die Gewißheit geben, daß seine Arbeit nicht dadurch gehemmt ist, daß die ihm anvertrauten Kinder nicht über die vererbten engen Begabungsgrenzen hinwegkommen.

Weitere Literatur: Spitz 1967, 1971

5. Das rollentheoretische Modell

1

Um die Frage zu klären, wie sich objektive soziale Prozesse in der Persönlichkeitsstruktur niederschlagen, wird in der Soziologie allgemein das Rollenkonzept benutzt. Mit Sozialisation werden dann alle die Prozesse bezeichnet, durch die der menschliche Organismus in der Vielfältigkeit sozio-kultureller Lernprozesse seine Ungerichtetheit abstreift und seine Identität als handlungsfähige Person in einem System sozialer Rollen gewinnt. Im Sozialisationsprozeß erwirbt das Individuum also die Fähigkeit, soziale Rollen zu spielen. Das Rollenkonzept wird aus der Umformung der Bühnensituation gewonnen. ›Rolle‹ hieß die Pergamentrolle, von der der Schauspieler seinen Part ablas. Bei der Übernahme der Bühnensituation für soziologische Analysen werden im Hinblick auf das Rollenmodell des symbolischen Interaktionismus folgende Gesichtspunkte wichtig (Habermas, 1968):

1. Das Rollenspiel ist eine Interaktion mehrerer Partner, die sich mit Hilfe eines gemeinsamen Symbolsystems verständigen. Das wichtigste Symbolsystem stellt die Sprache dar.
2. Das Rollenspiel wird durch Regeln (Normen) geleitet, die sich in den aufeinander bezogenen Verhaltenserwartungen der Mitspieler ausdrücken. Die Handlung jedes Partners orientiert sich also an den Erwartungen des anderen.
3. Die Befolgung der Normen wird gesichert durch Sanktionen, d. h., daß bei der Erfüllung der Verhaltenserwartungen eines Partners die Reaktion des anderen positiv sein wird, bei Abweichungen dagegen negativ, u. U. in beiden Fällen auch gleichgültig. Die Einhaltung der Normen unterliegt also der wechselseitigen Kontrolle durch die Partner. Die Art der Sanktionen wird davon abhängen, ob die soziale Rolle ein bestimmtes Verhalten befiehlt, erlaubt oder verbietet.

Das Rollenmodell kann immer nur beschreibend verwendet werden. Es bewegt sich auf der Oberfläche, kann Herrschaftsverhältnisse nie erklären und tendiert dazu, sie als ahistorische vorzugeben. Im Zusammenhang mit der sozial-strukturellen Theorie (vgl. dazu u. a. Mayntz, 1961) dient es dann in der Regel dazu, Herrschaftspositionen zu legitimieren. In dieser Theorie erscheint die kapitalistische Gesellschaft als Leistungsgesellschaft in einem Rollenspiel, in dem die Verteilung von Machtpositionen Folge individueller Fähigkeiten ist und nicht Folge des Besitzes oder Nichtbesitzes von Produktionsmitteln.

Die Definition von Sozialisation als Einübung sozialer Rollen verhüllt, was Sozialisation in der kapitalistischen Gesellschaft heißt: nämlich die Entstehung des subjektiven Korrelats zur kapitalistischen Gesellschaftsform. Sie verschleiert, daß das Individuum seine Handlungsfähigkeit als Mitglied einer Klasse in einer Gesellschaft gewinnt, die durch antagonistische Widersprüche gekennzeichnet ist. Der Zusammenhang aller sozialen Verhaltenserwartungen mit der kapitalistischen Produktionsweise wird vom Rollenbegriff ausgeblendet. In dieser Arbeit wird der Rollenbegriff nicht als ahistorische Kategorie zur Beschreibung gesellschaftlicher Zusammenhänge gebraucht, sondern als sozialpsychologische Kategorie, mit deren Hilfe vorwiegend Verhaltenserwartungen beschrieben werden, deren Ursprung selbst wiederum nur mit Hilfe einer Theorie der bürgerlichen Gesellschaft geklärt werden kann. Die individuelle Verarbeitung dieser Rollenerwartungen, die dazu führt, daß entsprechend dieser Erwartungen gehandelt wird, kann allerdings nicht allein mit Hilfe dieses Konzeptes erklärt werden, wenn auch in der soziologischen Literatur weitgehend von einer Identität von Erwartung und Handlung ausgegangen wird. Bevor auf die Vernachlässigung der triebdynamischen Prozesse in den bürgerlichen Sozialisationstheorien eingegangen wird, soll das Rollenmodell als sozialpsychologisches Konzept, wie es in diesen Theorien erscheint, dargestellt werden.

2

In der Soziologie wird im allgemeinen davon ausgegangen, daß der Rollenträger nicht nur seine Rolle äußerlich spielt, sondern sie gleichzeitig verinnerlicht hat, so daß sie ein Teil seiner Persönlichkeit ist. Dieser Prozeß der Verinnerlichung von Rollenerwartungen beginnt in der Familie. – Das Neugeborene wird in das Interaktionssystem der Familie aufgenommen, in dem jeder eine Rolle innehat, die wiederum durch die Stellung der Familie im gesellschaftlichen Gesamtzusammenhang definiert ist.

In der Auseinandersetzung mit den Forderungen der familialen Rollenträger entwickelt das Kind die Fähigkeit, die grundlegenden Erfordernisse des Rollenspiels zu erfüllen und nach geltenden Normen zu handeln. Dazu gehört, daß das Kind die zur Verständigung nötigen Symbole erlernt, gewisse grundlegende kognitive Fähigkeiten ausbildet, um seine Umwelterfahrung zu ordnen und ebenso die Motive erwirbt, bestimmte soziale Handlungen auszuführen. Diese Phase bezeichnet den primären Sozialisationsprozeß, durch den das Kind zum Mitglied einer Gesellschaft wird.

Mit Abschluß dieser Phase hat das Kind gelernt, Normen unabhängig von seinen primären Bezugspersonen zu befolgen. Stufen dieses Prozesses sollen durch ein Beispiel von Berger und Luckmann verdeutlicht werden: »[...] der Übergang von ›jetzt ist Mami böse auf mich‹ zu ›Mami ist immer böse auf mich, wenn ich meine Suppe verschütte‹ (bedeutet) einen Fortschritt. Wenn weitere [...] andere – Vater, Oma, große Schwester und so weiter – Mamis Abneigung gegen verschüttete Suppe teilen, wird die Gültigkeit der Norm subjektiv ausgeweitet. Der entscheidende Schritt wird getan, wenn das Kind erkennt, daß jedermann etwas gegen Suppeverschütten hat. Dann wird die Norm zum ›Man verschüttet Suppe nicht‹ verallgemeinert. ›Man‹ ist dann man selbst als Glied einer Allgemeinheit, die im Prinzip das Ganze einer Gesellschaft umfaßt, soweit diese für das Kind signifikant ist [...] Es hat nun [...] überhaupt Identität, die es subjektiv als gleichbleibend erfährt, welchen anderen [...] es auch begegnet« (Berger u. a., 1969, S. 143/44).

Im sekundären Sozialisationsprozeß lernt das prinzipiell schon handlungsfähige Subjekt neue Rollen hinzu, die von dem Ausmaß der gesellschaftlichen Arbeitsteilung und der entsprechenden Verteilung von Wissen abhängen. Dieser Prozeß wird durch die fundamentale Schwierigkeit bestimmt, daß die Primärsozialisation schon stattgefunden hat. Welche neuen Inhalte und Fähigkeiten auch gelernt werden, sie müssen auf der vom Kind bereits erlebten sozialen Wirklichkeit aufbauen.

Bei dieser Betrachtungsweise wird vernachlässigt, daß die kindliche Entwicklung eine Folge von Phasen der Triebunterdrükkung ist. Das Rollenkonzept zeichnet sich durch Triebfeindlichkeit aus. Die Harmonisierung der Beziehung von Individuum und Gesellschaft ist wiederum Ausdruck der apologetischen Tendenz dieses unhistorisch entwickelten Konzepts. Sexualunterdrückung als Grundlage der Erziehung in unserer Gesellschaft kann nur im Zusammenhang mit der psychoanalytischen Theorie im Hinblick auf ihre Auswirkung für die Persönlichkeitsstruktur geklärt werden. Bis jetzt gibt es noch keinen theoretisch differenzierten Ansatz, der die Erkenntnisse der Psychoanalyse über die psychosexuelle Entwicklung des Kindes mit einer sozialpsychologischen Fragestellung verbindet, die sowohl die kognitive als auch emotionale Entwicklung des Kindes im Zusammenhang mit sozialen Einflüssen untersucht. Ein erster Ansatz dafür könnte das Rollenmodell von Richter (1969) sein und die Analyse von Bittner über Sprache und affektive Entwicklung (1969). Beide reflektieren allerdings nicht die spezifische Bedeutung der Triebunterdrückung in der kapitalistischen Gesellschaft und vernachlässigen damit die besondere historisch-gesellschaftliche Bedeutung psychoanalytischer Erkenntnisse.

3

In der soziologischen Theorie können zwei Gesichtspunkte unterschieden werden, unter denen die Sozialisationsprozesse untersucht werden (insbes. Caesar i. d. F. 1972, S. 11 f.; ä. Oevermann 1968).

1. In der vorherrschenden Richtung, die vor allem die strukturell-funktionale Theorie vertritt, wurde die Sozialisation des einzelnen primär unter dem Gesichtspunkt der Vergesellschaftung, d. h. der Anpassung an bereits bestehende Verhaltensnormen untersucht. Das Schwergewicht lag auf der Fragestellung, wie wird das Gleichgewicht von sozialen Systemen erhalten, wodurch werden die Mitglieder darauf vorbereitet, den herrschenden Verhaltenserwartungen zu entsprechen. Die Frage nach dem Problem der Individuierung wurde unter diesem Forschungsansatz der Vergesellschaftung nur als Problem der Abweichung vom normalen Sozialisationsprozeß gesehen.

2. Der zweite theoretische Ansatz, der jetzt besonders wieder von Habermas aufgenommen wurde, versucht das Verhältnis von Individuum und Gesellschaft nicht nur unter dem Gesichtspunkt der Vergesellschaftung zu analysieren, sondern auch den Gesichtspunkt individueller Autonomie zu berücksichtigen. Dazu muß die Frage beantwortet werden, welche Bedingungen sind nötig, damit das Individuum lernt, nicht nur sich an soziale Normen anzupassen, sondern sich von diesen zu distanzieren und sie der eigenen Reflexion zugänglich zu machen. Es wird angenommen, daß zur Entwicklung einer sozial handlungsfähigen Persönlichkeit Normen erst von der Persönlichkeit verinnerlicht werden müssen. Bei diesem Vorgang werden immer Herrschaftsbeziehungen zwischen dem zu sozialisierenden einzelnen und dem Sozialisationsagenten auftreten. Vom Standpunkt des einzelnen müssen prinzipiell unterdrückende soziale Maßnahmen ertragen werden, die sich in der Versagung von Bedürfnissen ausdrücken. Mit dem erfolgreichen Abschluß der Sozialisation muß das Individuum sowohl die Unterdrükkung als auch die verinnerlichten Normen bewußt problematisieren können, will es nicht seiner sozialen Wirklichkeit hilflos ausgeliefert bleiben. Damit ergibt sich die Frage nach dem notwendigen Maß und dem überschüssigen Maß an Unterdrükkung, das eine solche optimale Entwicklung ermöglicht.

Aber auch diese Fragestellung lenkt, sofern die sozialgeschichtliche Dimension vernachläßigt wird, von den konkret bestehenden Herrschaftsverhältnissen ab. Hier wird übersehen, daß in kapitalistischen Gesellschaften eine allseitige Entwicklung des Menschen nicht möglich ist, da menschliche Entwicklung immer nur unter dem Gesichtspunkt der Kapitalverwertung vorangetrieben wird. Zugleich verführt diese Fragestellung dazu, gesellschaftliche Prozesse nicht mehr im Zusammenhang mit politisch-ökonomischen Prozessen zu sehen, und statt dessen nur psychologisierende Erklärungen anzubieten, d. h. von der Persönlichkeitsstruktur des einzelnen aus gesellschaftliche Prozesse zu analysieren. Ein Beispiel sind die psychologischen Erklärungen der Studentenbewegung, die diese z. B. aus den einer Ich-starken Entwicklung günstigeren Sozialisationsbedingungen dieser Studenten ableiten (vgl. dazu u. a. Scheuch, 1968, Habermas, 1968a).

Sozialisationstheoretische Erkenntnisse können zur Erklärung verschiedener psychischer Strukturen beitragen. Sie können jedoch die Entstehung und Entwicklung der gesellschaftlichen Bedingungen, die zur Erklärung der psychischen Strukturen herangezogen werden müssen, nicht mehr angemessen darstellen. Dazu bedarf es politisch-ökonomischer Untersuchungen über die geschichtliche Entwicklung gesellschaftlicher Verhältnisse. So reicht es z. B. nicht aus festzustellen, daß bei der Durchsetzung des Faschismus autoritäre Charakterstrukturen eine wesentliche Rolle gespielt haben, sondern es müssen die politisch-ökonomischen Bedingungen analysiert werden, die sie hervorgebracht haben und die dieses Potential dann in einer bestimmten historischen Situation aktualisierten.

Ein historisch bestimmter sozialisationstheoretischer Ansatz kann deshalb nur im Zusammenhang mit einer Analyse der kapitalistischen Gesellschaft entwickelt werden. Die konkreten Lebensbedingungen der zu sozialisierenden Menschen in den sozialen Klassen und Schichten müssen untersucht werden. Dabei kann nicht das abstrakte Ideal einer Ich-starken Persönlichkeit als Maßstab einer gelungenen Sozialisation gelten, sondern die konkrete Frage muß beantwortet werden, welche Charaktereigenschaften z. B. ein Kind der Arbeiterklasse unter den heutigen gesellschaftlichen Bedingungen wird erwerben können, um mit den für seine soziale Klasse typischen Problemen fertig zu werden. Dabei können dann diese psychischen Strukturen im Hinblick darauf untersucht werden, wieweit sie die gegenwärtigen gesellschaftlichen Zustände stabilisieren bzw. zu ihrer Veränderung beitragen. Die Frage, ob unter den heutigen Sozialisationsbedingungen der Arbeiterklasse Klassenbewußtsein entstehen kann, ist falsch gestellt, solange nicht die gesamtgesellschaftlichen Prozesse mit analysiert werden, die die Bildung von Klassenbewußtsein verhindern, wie z. B. das Fehlen einer Arbeiterorganisation, die die Interessen der Arbeiter im Sinne einer den Kapitalismus überwindenden Zielsetzung wahrnehmen könnte.

Weitere Literatur: Brumlick 1973; Krappmann 1971; Lorenzer 1971, 1972, 1973; Ottomeyer 1973; Plato 1974; Wellendorf 1974

6. Das psychoanalytische Phasenmodell

Ausgangspunkt der psychoanalytischen Theorie war Freuds Versuch, neurotische Störungen zu erklären, denen die traditionelle Medizin ratlos gegenüberstand. Durch seine Untersuchungen kam Freud zu der Feststellung, daß diese Störungen auf die Unterdrückung sexueller Antriebe vorwiegend während der Kindheit zurückgeführt werden müssen. Und zwar werden diese Antriebe in das Unbewußte verdrängt und brechen unabhängig vom bewußten Willen des einzelnen im neurotischen Symptom maskiert wieder hervor. Ein wesentlicher Grund für die Unterdrückung sexueller Strebungen ist das Normensystem der bürgerlichen Gesellschaft, das durch die patriarchalische Familie gegen das Kind durchgesetzt wird. Trotz einiger Veränderungen der Sexualmoral und auch der Familienform hat sich bisher an der Tatsache der Triebunterdrückung wenig geändert.

Nach Freund vollzieht sich unser Seelenleben in drei Schichten (Freud, Bd. 14, S. 237). Die erste ist die Schicht des Unbewußten: das ›Es‹; hier bestimmen die Triebe, die nach Lust und immer mehr Lust streben. Aber das ungehemmte Luststreben führt zur Zerstörung, zum Tod. Deshalb ist eine Instanz notwendig, die unser Luststreben leitet, kontrolliert und hemmt. Diese Instanz ist das ›Ich‹. Es soll unser Lustverlangen (Lustprinzip) mit den Anforderungen der Außenwelt (Realitätsprinzip) versöhnen. Die Anforderungen der Außenwelt treten uns zuerst in den Geboten der Eltern und anderer Autoritäten gegenüber. Unser Selbstwertgefühl leidet aber darunter, fremden Befehlen gehorchen zu müssen. Andererseits können wir uns ihnen nicht entziehen. Da hilft sich unser Seelenleben damit, daß es diese Befehle verinnerlicht. So bildet sich die Schicht des ›Über-Ich‹, des Gewissens.

Die Übermacht des Es und die Ohnmacht des Ich, ebenso wie die Strenge des Über-Ichs oder seine mangelnde Ausbildung machen sowohl zur Anpassung wie auch zur Gestaltung der Umwelt unfähig. Aus dieser Einsicht heraus forderte Freud: »Was Es ist, soll Ich werden.« Das heißt, für ihn war der Süchtige, der seinem Trieb ausgeliefert ist, ein schwacher kranker Mensch. Aber auch den lebensfeindlichen Asketen hielt er für seelisch abwegig. Was Freud wollte, war also, daß der Mensch sein Ich, sein Bewußtsein, nicht dazu benutzen sollte, um sein Lustverlangen zu töten oder zu knebeln, sondern um es so zu verwirklichen, daß er sein Glück nicht durch seelische Ausbeutung seiner Mitmenschen, sondern durch Zusammenarbeit, gegenseitige Rücksichtnahme und Liebe baut: »Freud wurde einst gefragt, was seiner Meinung nach ein normaler Mensch gut können müsse. Der Frager erwartete vermutlich eine komplexe und ›tiefe‹ Antwort. Aber Freud soll einfach gesagt haben: ›Lieben und arbeiten.‹ Es lohnt sich, über diese einfache Formel nachzudenken; je länger man es tut, um so tiefer wird sie. Denn wenn Freud ›lieben‹ sagte, so meinte er damit ebensosehr das Verströmen von Güte wie die geschlechtliche Liebe; und wenn er sagte ›lieben und arbeiten‹, so meinte er damit ein Berufsleben, das den Menschen nicht völlig verschlingt und sein Recht und seine Fähigkeit, auch ein Geschlechtswesen und ein Liebender zu sein, nicht verkümmern läßt« (Erikson, 1966, S. 126).

Welche Phasen aber muß der Mensch durchlaufen, bis er diese Formel realisieren kann, bzw. bis er, was heute ja nahezu die Regel ist, an ihr scheitert? In den ›Drei Abhandlungen zur Sexualtheorie‹ (Freud, Bd. 5, S. 27 ff.) hat Freud seine Lehre von der Persönlichkeitsentwicklung dargestellt, die später von seinen Schülern erweitert wurde. Wir erfahren hier von der charakterprägenden Bedeutung, die solche Erziehungsvorgänge wie Entwöhnung, Reinlichkeitserziehung, Beschränkungen frühkindlicher Sexualbetätigung haben und wie folgenreich die emotionalen Beziehungen zwischen Kindern und Eltern sind.

Nach der Lehre der Psychoanalyse ist die erste Phase menschlicher Sexual- und Sozialentwicklung die Oralphase. »Die Sexualtätigkeit ist hier von der Nahrungsaufnahme noch nicht differenziert. Das Objekt der einen ist auch das der anderen, das Sexualziel besteht in der Einverleibung des Objektes, dem Vorbild dessen, was späterhin als Identifizierung eine so bedeutsame psychische Rolle spielen wird. Als Rest dieser [. . .] Organisationsphase kann das Lutschen angesehen werden, in dem die Sexualtätigkeit, von der Ernährungstätigkeit abgelöst, das fremde Objekt gegen eines am eigenen Körper aufgegeben hat« (Freud, Bd. 5, S. 99). Die Mutter ist die wichtigste Beziehungsperson. In ihrem Arm, an ihrer Brust erwirbt das Kind das Urvertrauen (Spitz, 1967). Wo dem Kind in dieser Phase die Mutter oder eine andere ständige Pflegeperson verweigert wird, wo es ganz oder teilweise unter Mutterverlust und Entzug affektiver Zufuhr leidet, wird das Kind nicht die Fähigkeit zu vertrauen erlernen, sondern Mißtrauen erwerben.

Die normale Schwierigkeit besteht für das Kind in dieser Phase darin, die Entwöhnung von der Mutter ohne Verlust des Urvertrauens zu verarbeiten. In schlimmen Fällen kann Mutterverlust und Entzug affektiver Zufuhr über Hospitalismus zum Marasmus führen oder zur Entwicklung schizoider, manischdepressiver und anaklitisch-depressiver Charaktere (Erikson, 1966, S. 69). »Aber selbst unter günstigen Umständen«, so meint Erikson, »scheint diese Phase im Seelenleben ein Gefühl von Trennung und eine undeutliche, doch umfassende Sehnsucht nach einem verlorenen Paradies zu hinterlassen« (Erikson, 1966, S. 69).

Wenn die Konflikte dieser Phase, vor allem der Konflikt zwischen Urvertrauen und Urmißtrauen nicht gelöst wird, kann es zu einer charakteristischen Abweichung kommen, deren Ergebnis der ›orale Charakter‹ ist. »Sobald ein oraler Pessimismus dominant wird und andere Haltungen ausschließt, können infantile Ängste wie die, ›leergelassen‹ oder gar ›verlassen‹ zu werden‹, aber auch, in seinem Reizhunger ungestillt zu bleiben, in den depressiven Formen des ›Leerseins‹ und ›Zu-nichts-gut-Seins‹ diagnostiziert werden. Solche Ängste können wiederum der Oralität jene besondere Qualität einer Gier geben, die man in der Psychoanalyse ›oralen Sadismus‹ nennt, d. h. das grausame Bedürfnis, das, was man haben will, auf eine Weise zu beschaffen und zu nehmen, die anderen weh tut. Es gibt jedoch auch einen optimistischen oralen Charakter, der gelernt hat, Geben und Nehmen zur wichtigsten Sache im Leben zu machen; und schließlich bleibt die ›Oralität‹ als eine normale Grundschicht, ein dauernder Niederschlag jener ersten Abhängigkeit von mächtigen Versorgern erhalten. Sie drückt sich normalerweise in unseren Abhängigkeitswünschen und Sehnsüchten aus, überhaupt in allen zu hoffnungsvollen und zu hoffnungslosen Zuständen. Die Integration der oralen Phase mit allen folgenden Phasen führt beim Erwachsenen zu einer Kombination von Glauben und Realismus« (Erikson, 1966, S. 70). In dieser Phase beginnt die ›emotionale Fundierung‹ der Persönlichkeit, entsteht der »soziale Optimismus« als »das Vertrauen in die Regelmäßigkeit des Verhaltens des anderen« (Claessens, 1962, S. 90, vgl. auch S. 79). Claessens meint, erst auf der Grundlage dieses Vertrauens könne soziales Leben »besonders in größten Zusammenhängen, sich entwickeln und bestehen. Erst dieser soziale Optimismus ermöglicht den an sich künstlichen, für den Menschen aber ›natürlichen‹ ›selbstverständlichen‹ Aufbau des sozialen Lebens in der Distanz.« Dem sozialen Optimismus sei der »logische Optimismus« verwandt, der damit rechne, daß »etwas so sein wird, weil es in der persönlichen Erfahrung immer so war« (Claessens, 1962, S. 79). Vermutlich kann aber auch der logische Optimismus nur auf der Basis des Urvertrauens entstehen.

Auf die orale Phase folgt dann ab Beginn des zweiten Lebensjahres die anal-sadistische Phase. In dieser Phase reift das Muskelsystem. Das Kind lernt, die analen und urethalen Schließmuskeln zu beherrschen. Es erfährt die erogene Darmschleim-

haut als Lustquelle. ›Festhalten‹ und ›Loslassen‹, die Fähigkeit, den Vorgang der Entleerung von Darm und Blase zu regulieren, wird erworben und in Kulturen, in denen man auf eine relativ rigide Sauberkeitserziehung Wert legt, als Machtmittel in den Dienst kindlichen Autonomiestrebens gestellt.
In dieser Phase erweitert sich der Umkreis der Beziehungspersonen von der Mutter auf den Vater. Dem Kind werden die ersten Vorstellungen von ›Gesetz und Ordnung‹ vermittelt. Das geht nicht ohne Konflikte ab. Wir sprechen von einer ersten Trotzperiode. Eine zu frühe oder zu strenge Sauberkeitserziehung kann jetzt dazu führen, daß das Kind in einen Zustand doppelter Rebellion und doppelter Niederlagen gerät.
»Machtlos in seinem eigenen Körper (und sicher oft geängstigt durch seine Eingeweide) und machtlos nach außen, ist es wieder gezwungen, entweder durch Regression oder durch einen Scheinfortschritt sein Gleichgewicht zu suchen. In anderen Worten: das Kind kehrt zur früheren, oralen Phase zurück, z. B. indem es am Daumen lutscht und weinerlich und hilflos wird; oder es wird feindselig und trotzig und benutzt oft seine Ausscheidungen (und später häßliche Worte) als Ersatzmunition; oder es spiegelt Selbständigkeit vor und die Fähigkeit, ohne Hilfe fertig zu werden, die in Wirklichkeit noch gar nicht erreicht ist« (Erikson, 1966, S. 79).
Unter günstigen Bedingungen kann das Kind mit Ende dieser Phase ein dauerndes Gefühl von Autonomie und Stolz erwerben. Voraussetzung hierfür ist freilich nicht nur eine nicht überfordernde Reinlichkeitserziehung, sondern auch ein stabiles Urvertrauen. »Das Kleinkind muß das Gefühl haben, daß sein Urvertrauen zu sich selbst und zur Welt [...] nicht bedroht wird durch den plötzlichen Wunsch, seinen Willen durchzusetzen, sich etwas fordernd anzueignen und trotzig von sich zu stoßen. Mit Festigkeit muß man das Kind dagegen schützen, daß aus seinem noch unentwickelten Unterscheidungsvermögen, seiner Unfähigkeit, etwas mit dem richtigen Kraftaufwand festzuhalten und loszulassen, Anarchie entsteht. Zugleich muß man jedoch den Wunsch des Kindes, ›auf eigenen Füßen zu stehen‹ unterstützen, damit es nicht dem Gefühl anheimfällt, sich vorzeitig und lächerlich exponiert zu haben, dem Gefühl der Scham also; oder jener zweiten Art von Mißtrauen, dem Gefühl des Zweifels« (Freud, Bd. 7, S. 203 ff.).
Können die Schwierigkeiten und Krisen dieser Phase vom Kind nicht aufgearbeitet werden, droht die Entwicklung zum Zwangscharakter, der in der politischen Psychologie auch als ›autoritärer Charakter‹ beschrieben wird. Der Zwangscharakter, der Analcharakter, die zwanghafte Persönlichkeit ist geizig, kleinlich in bezug auf Liebe, Zeit, Geld und besteht auf Erfüllung pedantischer Sauberkeitsrituale. Allerdings scheinen

bei seiner Entstehung nicht so sehr verdrängte Analerotik, wie Freud annahm (Spitz, 1967, S. 218 ff.), als gestörte Objekt- und Umweltbeziehungen bestimmend zu sein. So meint z. B. Spitz, daß das Interesse an der Analzone und am Kot vorwiegend bei Kindern depressiver oder paranoider Mütter vorkommt. Erst der plötzliche Verlust der Mutterliebe, wenn sie in Depressionen versinken, lenke die Aufmerksamkeit des Kindes auf seine Darmfunktion, über die es ja von der Analphase an autoerotisch verfügen könne (Erikson, 1966, S. 84 f.). Jedenfalls zeigt der Zwangscharakter übertriebene Schamhaftigkeit. Er fühlt sich stets exponiert und beobachtet, belauert sich auch selbst nach Regungen, die er für ›unsauber‹ hält. Paradoxerweise führt ein starkes Betonen des Schamgefühls keineswegs zu einem besonderen Gefühl des Anstandes, sondern zu zwei entgegengesetzten Reaktionen: Der übertrieben Schamhafte möchte entweder die mit einem Tabu belegten Dinge heimlich tun, oder er projiziert seine verbotenen Neigungen auf andere Menschen bzw. Menschengruppen und bekämpft sie in diesen.

Weder der ›orale‹ noch der ›anale‹ Charakter muß neurotisch sein. Was neurotisch ist, ist ja weitgehend gesellschaftlich definiert. Und es ist noch nicht lange her, daß beispielsweise in Mitteleuropa der anale Charakter durchaus als ›normal‹ galt. Auch sollte keiner der Züge dieser beiden Charaktere an sich verworfen werden. »Ebenso wie die ›orale‹, hat auch die zwanghafte Persönlichkeit [. . .] ihre normalen und anomal übersteigerten Seiten. Bei guter Verschmelzung mit anderen kompensatorischen Zügen ist etwas Zwang ganz natürlich und sogar unerläßlich, in Angelegenheiten etwa, bei denen es auf Ordnung, Pünktlichkeit und Sauberkeit ankommt. Die Frage ist immer, ob wir die Regeln beherrschen, mit welchen wir uns die Welt handlicher (nicht aber komplizierter) zu machen wünschen, oder ob die Regeln uns beherrschen« (Erikson, 1966, S. 87).

Im dritten oder vierten Lebensjahr gerät das Kind in die phallische oder infantil-genitale Phase: »Das Kind weiß jetzt sicher, daß es ein Ich ist; nun muß es herausfinden, was für eine Art von Person es werden will. Und dabei greift es gleich nach den Sternen: es will so werden wie Vater und Mutter, die ihm sehr mächtig und sehr schön, obwohl ganz unvernünftig gefährlich erscheinen. Es ›identifiziert sich‹ mit den Eltern, d. h., es spielt mit der Idee, wie es sein würde, wenn es Vater oder Mutter wäre. In diesem Stadium kommen ihm die kräftigen Entwicklungsschübe zu Hilfe, die jedoch auch die nächste Krise beschleunigen: 1. das Kind lernt, sich freier und kraftvoller zu bewegen und gewinnt dadurch ein weiteres, ja, wie es ihm scheint, ein unbegrenztes Tätigkeitsfeld; 2. sein Sprachvermögen vervollkommnet sich soweit, daß es sehr viel verstehen und fragen kann, aber auch um so mehr mißversteht; 3. Sprache und Bewegungsfreiheit zusammen erweitern seine Vorstellungswelt, so daß es sich vor seinen eigenen, halb geträumten, halb gedachten Bildern ängstigt. Gleichwohl muß es aus dieser Krise mit einem Gefühl ungebrochener Initiative als Grundlage eines hochgespannten und doch realistischen Strebens nach Leistung und Unabhängigkeit hervorgehen« (Erikson, 1966, S. 87).

In dieser Phase entdeckt das Kind seine und seiner Familienmitglieder Geschlechtlichkeit. Es zeigt einen intensiven Wissensdurst auf sexuellem Gebiet, dessen Abwehr zu einer Unterdrückung der Intelligenz, des Mutes zum Fragen und Denken überhaupt führen kann. Gerade das Erwachen der frühkindlichen genitalen Sexualität macht diese Zeit für viele Eltern zu einem peinlichen Problem. Sie müssen die inzestuösen Strebungen ihrer Kinder abwehren. Das führt in sexualfeindlichen Kulturen wie unserer zur Sexualabwehr überhaupt. So werden Kinder dazu gebracht, Schuldgefühle zu entwickeln. Diese Schuldgefühle aber lähmen wiederum ihre Initiative.

Die Schwierigkeiten, in die das Kind in diesem Alter gerät, hat Freud als ›Ödipuskonflikt‹ beschrieben, d. h. das Kind muß seine sexuellen Neigungen zum gegengeschlechtlichen Elternteil verarbeiten lernen. Wo das nicht gelingt, entwickelt sich aus dem ›Ödipuskonflikt‹ der ›Ödipuskomplex‹. Von einem Ödipuskomplex spricht man dann, wenn eine übermäßige Bindung des Sohnes an die Mutter und Eifersucht gegen den Vater zu Schuldgefühlen und anderen emotionalen Konflikten führt. Die entsprechende Entwicklung bei Töchtern nennt man auch Elektrakomplex. Ödipus- und Elektrakomplex führen zur Entstehung angstneurotischer oder hysterischer Charaktere.

Die vierte Phase der psychosexuellen Entwicklung ist die Latenzzeit. Es kommt zur Ausbildung des Über-Ich, d. h., das Kind verinnerlicht die Gebote der Eltern. Zugleich hilft ihm die Identifikation mit dem gleichgeschlechtlichen Elternteil, den Ödipuskonflikt zu überwinden. Die Hoffnung, so zu werden wie der Vater, läßt den Knaben hoffen, später eine eigene Frau zu bekommen. Die Hoffnung, so zu werden wie die Mutter, läßt das Mädchen hoffen, einen eigenen Mann zu bekommen, eigene Kinder zu gebären. Über die biogenetischen und physiologischen Ursachen der Latenzperiode läßt sich offenbar noch nichts Eindeutiges sagen. Für das Ende der Latenz können wir jedoch als physiologische Bedingungen die Ausbildung der Keimdrüsen und der sekundären Geschlechtsmerkmale angeben. Zu untersuchen wäre, wieweit die Latenzperiode gesellschaftlich-historisch bedingt ist.

War bisher die soziale Umwelt des Kindes auf Mutter, Vater, Familienangehörige beschränkt, so erobert es jetzt die Wohngegend und muß zur Schule. Es lernt etwas ›Richtiges‹, etwas, was ›Ernstcharakter‹ hat, zu machen, und es lernt, mit anderen zu kooperieren. Ist das Kind jedoch nicht ausreichend auf den Schulbesuch und auf die Eroberung der außerfamiliären Umwelt vorbereitet, können Minderwertigkeitsgefühle seine Leistungsfähigkeit und Leistungsbereitschaft beeinträchtigen. Mit der Lösung der ödipalen Konflikte ist die primäre Sozialisation beendet. In der sogenannten Latenzphase beginnt die sekundäre Sozialisation, deren gesamter Verlauf wesentlich davon bestimmt ist, wie die Probleme der ödipalen Phase gelöst wurden. Mit ihr endet die Kindheit, das heißt die Periode, in der der Mensch noch nicht fortpflanzungsfähig ist. Doch wäre es falsch, anzunehmen, in dieser Zeit gäbe es keine sexuelle Betätigung.

Fassen wir zusammen, was wir über die Phasen der Kindheit erfahren haben, so können wir mit Erikson sagen, »daß sich die Persönlichkeit in ihrem ersten Stadium um die Überzeugung kristallisiert: ›Ich bin, was man mir gibt‹; im zweiten um die ›Ich bin, was ich will‹. Das dritte kann charakterisiert werden durch: ›Ich bin, was ich mir zu werden vorstellen kann‹«. Im »vierten: ›Ich bin, was ich lerne‹. Jetzt will das Kind, daß man ihm zeigt, wie es sich mit etwas beschäftigen und wie es mit anderen zusammen tätig sein kann« (Erikson, 1966, S. 99).

Während der Pubertät wird das infantile Sexualleben, das vorwiegend autoerotisch ist, in seine endgültige normale Gestaltung übergeführt. Die sekundären Geschlechtsmerkmale bilden sich heraus. Die geschlechtliche Reife wird erreicht. »Ein höchst komplizierter Apparat ist so fertig geworden, der seiner Inanspruchnahme harrt« (Freud, Bd. 5, S. 109). Auf dreierlei Wegen soll dieser Apparat durch Reize in Gang gebracht werden, »von der Außenwelt her durch Erregung der [...] erogenen Zonen, von dem organischen Innern her auf noch zu erforschenden Wegen und von dem Seelenleben aus, welches selbst eine Aufbewahrungsstätte äußerer Eindrücke und eine Aufnahmestelle innerer Erregungen darstellt« (Freud, Bd. 5, S. 109).

Die Lust, die aus der Erregung der erogenen Zonen erfahren wird, findet nunmehr ihre Entspannung in der Befriedigungslust der genitalen Sexualtätigkeit. Die erstere nennen wir Vorlust, die letztere Endlust. »Die Vorlust ist dann dasselbe, was bereits der infantile Sexualtrieb, wenngleich in verjüngtem Maß, ergeben konnte; die Endlust ist neu, also wahrscheinlich an Bedingungen geknüpft, die erst mit der Pubertät eingetreten sind. Die Formel für die neue Funktion der erogenen Zonen lautet nun: Sie werden dazu verwendet, nun mittels der von ihnen wie im infantilen Leben zu gewinnenden Vorlust die Herbeiführung der großen Befriedigungslust zu ermöglichen« (Freud, Bd. 5, S. 112). Wo die Vorlust zu groß und ihre Spannung zu gering ist, kann eine Fixierung der Lustgewinnung auf die betreffende erogene Zone erfolgen, so daß es nicht zur Erreichung des normalen Sexualzieles kommen kann. Viele Perversionen erklären sich aus diesem Mechanismus.

Das rasche Körperwachstum und die gänzlich neue Eigenschaft der physischen Geschlechtsreife stellt alle Identifizierungen und Sicherungen in Frage, die der heranwachsende Mensch in der Kindheit erworben hatte. Kein Wunder, wenn ihm in dieser Zeit körperlicher Umgestaltung schwerfällt, seine Identität, seine soziale Rolle zu finden und zu festigen. So ist er »in manchmal krankhafter, oft absonderlicher Weise darauf konzentriert, herauszufinden, wie er, im Vergleich zu seinem eigenen Selbstgefühl, in den Augen anderer erscheint und wie er seine früher aufgebauten Rollen und Fertigkeiten mit den gerade modernen Idealen und Leitbildern verknüpfen kann« (Erikson, 1966, S. 106). Gelingt es ihm, seine Erfahrungen zu einer »Ich-Synthese« zu integrieren, die mehr ist als die Summe der Kindheitsidentifikationen, dann mündet dieser Verlauf in dem Gefühl der Ich-Identität, das nach Erikson »das angesammelte Vertrauen darauf« ist, »daß der Einheitlichkeit und Kontinuität, die man in den Augen anderer hat, eine Fähigkeit entspricht, eine innere Einheitlichkeit und Kontinuität [. . .] aufrechtzuerhalten« (Erikson, 1966, S. 112). Die sich in der Pubertät herauskristallisierende Ich-Identität setzt voraus, daß die früheren Kindheitsphasen günstig verlaufen sind und auf jeder Stufe dem Kind einen Zuwachs an Ichstärke brachten.

Wo diese Bedingungen nicht ausreichend gegeben sind, tritt die Gefahr der Identitätsdiffusion auf. Starke Zweifel an der eigenen Identität können zu kriminellen und psychotischen Episoden führen. Viele Jugendliche kommen mit der von unserer Gesellschaft ihnen aufgezwungenen Rolle nicht zurecht. Sie »lassen Schule oder Arbeitsplatz im Stich, bleiben nächtelang fort oder verkriechen sich in ausgefallene oder unzugängliche Stimmungen. Einmal straffällig geworden, ist es ihr größtes Bedürfnis und oft ihre einzige Rettung, daß ältere Freunde, Ratgeber und Gerichtspersonen davon abstehen, sie psychiatrisch und sozial durch Urteile zu klassifizieren, die die besonderen dynamischen Bedingungen der Reifezeit ignorieren. Denn wenn man die scheinbar psychotischen oder kriminellen Fälle von Jugendlichen korrekt diagnostiziert und behandelt, haben sie nicht die gleiche fatale Bedeutung wie bei anderen Altersgruppen« (Erikson, 1966, S. 110).

Um das Gefühl der Identitätsdiffusion abzuwehren, entwickeln die meisten Jugendlichen während der Pubertät häufig einerseits eine Überidentifikation mit den Helden von Cliquen und Massen, andererseits eine Intoleranz gegen alle jene, die nicht die Kennzeichen jener Gruppe zeigen, der sie sich zugehörig fühlen. Indem sie Cliquen bilden und sich selbst, ihre Ideale und ihre Feinde zu Stereotypen vereinfachen, helfen sie sich durch jene Periode hindurch, »in welcher der Körper seine Proportionen radikal ändert, die geschlechtliche Reife Körper und Vorstellungswelt mit allerlei Trieben überschwemmt, der Umgang mit dem anderen Geschlecht herannaht, gelegentlich sogar dem jungen Menschen aufgezwungen wird, und in der das Leben mit einer Vielfalt von widersprechenden Möglichkeiten vor ihm liegt, unter denen er wählen soll« (Erikson, 1966, S. 110 f.).

Ganz kurz soll die Phase der Adoleszenz erwähnt werden, in der der Jugendliche Intimität und Distanzierung gegen Selbstbezogenheit lernt und unter günstigen Umständen, die in den gesellschaftlichen Systemen der Gegenwart durchaus nicht häufig gegeben sind, das Hauptmerkmal der gesunden Persönlichkeit, die ›Genitalität‹, erwirbt. Darunter verstehen wir »die Fähigkeit, mit einem geliebten Partner des anderen Geschlechts orgastische Potenz zu entwickeln. Orgastische Potenz wiederum bedeutet hier nicht die Hergabe des Geschlechtsprodukts im Sinne von Kinseys ›outlet‹, sondern die heterosexuelle Wechselwirkung bei voller genitaler Empfindung und völliger Entspannung des ganzen Körpers. Hier wird in ziemlich konkreter Weise über einen Prozeß gesprochen, den wir in Wirklichkeit nicht ganz verstehen. Der Sinn ist jedenfalls, daß das Erlebnis der Klimax der Gemeinsamkeit im Orgasmus ein höchstes Beispiel der gemeinsamen Regulation komplizierter Verhaltensweisen löst, die das tägliche Erleben der Gegensätzlichkeiten von männlich und weiblich, von Wirklichkeit und Phantasie, Liebe und Haß, Arbeit und Spiel erzeugt; befriedigende Geschlechtsbeziehungen machen das Geschlechtliche weniger bedrängend und sadistische Ventile überflüssig« (Erikson, 1966, S. 116).

Erikson nennt die Zeit der Adoleszenz ein »psychosoziales Moratorium«. Wir wissen, daß dieses Moratorium in der Gegenwart in der Regel nur von der studentischen Jugend in Anspruch genommen werden kann. Es käme darauf an, es für die jungen Menschen aller sozialen Schichten und Gruppen durchzusetzen. Erst dann hätte jeder die Möglichkeit, ›mündig‹ im Sinne gesellschaftskritischer Aufklärung zu werden.

Weitere Literatur: Bittner 1973; Freud 1968; Lacan 1973; Lidz 1970; Lorenzer 1971, 1972, 1973; Plato 1974

7. Soziale Lernmechanismen

Die Aneignung der für das soziale Handeln notwendigen Orientierungen wird in der Lerntheorie vor allem durch die Mechanismen der Belohnung und Strafe und der Imitation von beobachtbarem Verhalten erklärt. Durch den Sozialisationsmechanismus der Belohnung und Strafe kann der Erwachsene beim Kind Konformität erzwingen. Der Erfolg dieser Erziehungsmaßnahmen nimmt zu:

1. je häufiger das richtige Verhalten belohnt wird,
2. je regelmäßiger es belohnt wird,
3. je größer der Unterschied in der Befriedigung (oder der Unlust) ist, die aus dem erwünschten Verhalten und dem verbotenen Verhalten in derselben Situation gezogen wird,
4. je eher die Belohnung auf das gewünschte Verhalten folgt (Johnson, 1962).

Die Anwendung von Bestrafung erscheint problematisch. Bestrafung eines unerwünschten Verhaltens kann u. U. starke Aggressionen gegen den Erzieher hervorrufen. Das Motiv, die Strafe zu vermeiden, kann dann von dem Wunsch, den Erzieher zu frustrieren, überwogen werden. Ein anderes Problem besteht darin, daß Strafe zu Angstentwicklung führen kann, die jeden weiteren Lernversuch im Zusammenhang mit der gesamten Situation, in der gestraft wurde, verhindert. Bestrafung von Aggressivität kann so viel Angst hervorrufen, daß jede normale Selbstdarstellung unmöglich wird. Neben dieser gesamten Lernblockierung kann die Folge von Angst auch sein, daß das Kind die Strafe mit Hilfe von situationsspezifischen Lügen zu umgehen versucht. Wird dieser Mechanismus der Strafvermeidung zur Gewohnheit, wird das Kind, auch wenn keine Strafe droht, lügen. Eine realitätsangemessene Auseinandersetzung mit den verschiedenartigen Situationen findet dann nicht mehr statt.

Der Mechanismus der Imitation beruht darauf, daß der Erwachsene in Besitz von Befriedigungsmöglichkeiten ist, die das Kind stellvertretend durch die Imitation an sich selbst erlebt (s. a. Bandura, Walters 1965).

Der Lernmechanismus von Belohnung und Strafe und der Mechanismus der Imitation kann nur Anpassungsverhalten erklären, nicht aber kritische Reflexion über ein Verhalten. Außerdem werden durch die Lerntheorien vorwiegend einzelne Verhaltensweisen und nicht komplexe Zusammenhänge untersucht. Wesentlich aber ist, daß nur die Übernahme von beobachtetem Verhalten erklärt werden kann und nicht die Übernahme von Verhaltenserwartungen, die diesem zugrunde liegen.

Für die Erklärung vieler sozialer Lernprozesse ist daher der von Freud eingeführte Begriff der Identifikation besser geeignet, da er (1) die Existenz eines Motivs, ähnlich wie die Eltern zu werden, aufgrund einer engen emotionalen Beziehung zwischen Eltern und Kind erklärt, (2) dieses Motiv sich auf die Übernahme gesamter differenzierter Verhaltensmuster bezieht, (3) zugleich die Übernahme der normativen Erwartungen der Eltern erfaßt wird. Der Begriff der Identifikation wird in der Soziologie als Mechanismus der Verinnerlichung von Verhaltensmodellen interpretiert.

Nach Freud stellt die Identifikation die erste ursprüngliche Form der Gefühlsbindung an ein Objekt dar, zu einem Zeitpunkt, zu dem Subjekt und Objekt noch nicht getrennt wahrgenommen werden. Im Verlauf der psychosexuellen Entwicklung wird zu dem, nun vom eigenen Ich unterscheidbaren, Objekt eine libidinöse Objektbindung eingegangen, die auf regressivem Wege in eine Identifikation umgewandelt werden kann, gleichsam durch die Aufnahme der wesentlichen Aspekte des Objekts ins Ich. Auf dieser Grundlage kann später bei festgestellten Gemeinsamkeiten mit anderen, auch mit Personen, die nicht als Sexualobjekte dienen, zu denen also kaum eine emotionale Beziehung besteht, eine partielle Identifikation stattfinden (Freud, Bd. 13, S. 116). Dieser Mechanismus dürfte weitgehend dem Vorgang der Imitation entsprechen.

Im folgenden soll geklärt werden, unter welchen Bedingungen in der Primärsozialisation eine Identifikation als regressiver Akt stattfindet. Identifikation bedeutet für das Kind immer, wie die geschätzte und beliebte Person *zu sein*. Eine Objektbeziehung bedeutet, die geliebte Person *zu haben*.

Nun ist anzunehmen, daß mit jeder Objektbindung auch eine Identifikation einhergeht, da das ›So-sein-Wollen‹ wie das mächtige lustspendende Objekt immer auch schon eine Identifikation darstellt, die immer dann auftritt, wenn sich das Objekt dem maßlosen Luststreben des Kindes versagt und dieses sich mit Hilfe des Identifikationsmechanismus über den Verlust tröstet.

Die Identifikation ist immer ambivalent. Sie ist Ausdruck von Zärtlichkeit wie von Aggressivität. »Sie benimmt sich wie ein Abkömmling der ersten oralen Phase der Libidoorganisation, in welcher man sich das begehrte und geschätzte Objekt durch Essen einverleibt und es dabei als solches vernichtet« (Freud, Bd. 13, S. 116).

Die Frage, wie die Anforderungen der Erziehungsperson, die

auf das Kind im großen Ausmaß immer frustrierend wirken, vom Kind übernommen werden, läßt sich durch einen Phasenablauf, der den Identifikationsprozeß kennzeichnet, beantworten. Die Mutter als mächtige, lustspendende Pflegeperson verweigert dem Kind eine Befriedigung; damit wird die Mutter für das Kind zum Aggressor, die Objektbindung ist bedroht (1). Das Kind zieht Teile der aufs Objekt gerichteten Libido ins Ich zurück (2). Dort dient die Libido der Errichtung einer Identifikation mit der Mutter (3). Es ist anzunehmen, daß vom Kind die wesentlichen Aspekte der Mutter verinnerlicht werden — das betrifft positive wie negative Bezüge der Mutter zum Kind. Das Kind bedroht sich jetzt selbst, die Anforderungen der Mutter sind zu eigenen Anforderungen geworden. Gleichzeitig fällt damit die Bedrohung durch das für das Kind lebenswichtige Liebesobjekt weg. Diese Erfahrung bewirkt, daß das Kind zukünftige Frustrationen angstfreier verarbeiten kann. Durch die Identifikation ist das Kind tendenziell selbständiger geworden, hat sich ein wenig von der Mutter gelöst.

Die Identifikationsprozesse des Kindes sind immer auch aggressive Vorgänge. Sie sind jeweils Antworten auf die Bedrohung durch die Erziehungsperson, die mit ihren Anforderungen das Luststreben des Kindes einschränkt.

In der Literatur findet sich die Unterscheidung von ›defensiver‹ oder ›aggressiver‹ Identifikation und ›anaklitischer‹ oder ›anlehnender‹ Identifikation. Allerdings klären weder die Ausführungen von Anna Freud (1936) über die aggressive Identifikation noch die Darstellung von Bronfenbrenner (1960) über aggressive und anlehnende Identifikation die Unterschiede zwischen beiden Mechanismen. Wir nehmen an, daß in beiden Fällen das Kind versucht, mit Hilfe des Identifikationsmechanismus die Bedrohung durch die Eltern zu verarbeiten. In beiden Fällen treten die Eltern als Aggressoren in der Beziehung zum Kind auf.

Die aggressiven Züge der Identifikationsprozesse dürften in einem Fall stärker ausgeprägt sein, im anderen weniger. Die Folgen starker aggressiver Erfahrungen können sich allerdings für das Kind in neurotischen und psychotischen Störungen zeigen, die eine Identifikation als Verarbeitungsprozeß bedrohlicher Situationen nur noch begrenzt zulassen. Das Problem der Quantität wird von Freud auch immer als ein Problem der Qualität behandelt.

Wenn im folgenden der aggressiven und anlehnenden Identifikation verschiedene Erziehungstechniken zugeordnet werden, die charakteristisch für die Eltern-Kind-Beziehungen sind, darf die aggressive Grundlage des Identifikationsvorganges nicht vergessen werden, die allerdings auch von Freud nicht gleichmäßig in seinen Schriften hervorgehoben wird.

Als Erziehungstechniken werden der defensiven Identifikation autoritäre, machtbetonte Verhaltensweisen der Eltern zugeordnet, die sich durch undifferenzierte und willkürliche Reaktionen auszeichnen. Der anaklitischen Identifikation entsprechen vor allem Erziehungstechniken, die, auf dem Hintergrund gleichbleibender Liebeszuwendung, das Kind spezifisch strafen und mit verbalisierter Mißbilligung und Lob verbunden sind (Oevermann, 1966, S. 71 f.). Das darf nicht verwechselt werden mit der äußeren Anwendung pädagogisch als richtig erkannter Maßnahmen durch die Eltern, die den eigenen, zum großen Teil auch unbewußten, Emotionen zum Kind nicht entsprechen. Grundsätzlich bleibt zu beachten, daß auch im besten Fall die elterlichen Maßnahmen vom Kind immer noch als bedrohlich empfunden werden, da sie sich gegen das unmäßige kindliche Luststreben richten.

Die defensive Identifikation ist durch starke Angst vor dem Aggressor gekennzeichnet. Die ständigen Versagungen einer autoritären Erziehung bereiten dem Kind andauernde Frustrationserlebnisse, aus denen wiederum Aggressionen gegen die Eltern resultieren. Da die Eltern je nach ihrem eigenen Bedürfnis Forderungen an das Kind richten, verinnerlicht das Kind nur im geringen Maß inhaltliche Verhaltenserwartungen, sondern vor allem die Machtaspekte der Eltern. Das Kind übernimmt vorwiegend die Aggressionen der Eltern in bezug auf die eigene Person und auch gegenüber der sozialen Umwelt. Diese wird als bedrohlich wahrgenommen; Furcht, Unsicherheit ebenso wie eine ablehnende feindselige Haltung charakterisieren die Einstellung zur Umwelt, die sich auch in offener Aggressivität oder Flucht vor der Realität ausdrücken kann. Das Kind wird wenig ermutigt, aktiv seine Umwelt zu erforschen und sie sich einsichtig zu machen. Es ist weitgehend damit beschäftigt, sich vor ihr zu schützen und Barrieren abzutasten. Da Konformität vor allem aus Angst erfolgt, bleibt diese stark an äußere Kontrollinstanzen gebunden, von denen das Kind sich aus Angst nicht lösen kann, deren Befehlen es gehorcht.

Die anaklitische Identifikation setzt eine stabile, positiv affektive Eltern-Kind-Beziehung voraus. Durch die libidinöse Besetzung werden sowohl die überwiegend liebevollen Verhaltensweisen der Eltern als auch deren spezifisch strafende übernommen und sowohl auf die eigene Person bezogen als auch auf die soziale Umwelt. Eine beständige und relativ wenig bedrohliche Umwelterfahrung erfolgt durch differenziert angewendete Erziehungstechniken, die um eine stabile liebevolle Beziehung organisiert sind. Das Kind kann ein positives Selbstwertgefühl und eine aktive Beziehung zur Umwelt entwickeln und damit auch die Selbständigkeit, um sich aus der Familie zu lösen. Die Verinnerlichung der elterlichen Verhaltenserwartungen führt zu weitgehender Unabhängigkeit von äußeren Kontrollinstanzen. Dabei bleiben die verinnerlichten Normen tendenziell der Realitätsprüfung zugänglich und können bei kritischer Abschätzung der sozialen Situation auch gegen äußere Mächte eingesetzt werden.

Dieses Idealmodell einer Erziehungssituation darf nicht die Folgen einer überwiegend mit Liebesentzug strafenden Erziehung vergessen lassen. Starke Abhängigkeit vom Liebesobjekt, das ständig mit Abwendung droht, führt weder zu Selbständigkeit noch zu Kritikfähigkeit. Das Kind befindet sich in einer widersprüchlichen Situation. Die Mutter fordert seine Selbständigkeit, gleichzeitig drücken ihre andauernden Zärtlichkeitsbezeugungen und Zärtlichkeitsanforderungen ihren Wunsch aus, das Kind in Abhängigkeit zu halten. Eine Distanzierung des Kindes von der Mutter wird damit unmöglich. Das Verhalten des Subjekts wird sich dann auch später immer besorgt nach den Wünschen anderer richten, Zustimmung und Anerkennung sind notwendig für seine Sicherheit und nicht selbständige Entschlußfähigkeit.

Die Entwicklung von Selbständigkeit verlangt die Loslösung von der primären Erziehungsperson ebenso wie die weitgehende Aufgabe der kindlichen Befriedigungsmöglichkeiten. Sogenannte ›Fixierungen‹ werden durch eine Erziehungshaltung hervorgerufen, die außerordentliche Befriedigungen oder auch außerordentliche Versagungen bedingt, aber auch durch außerordentliches Abwechseln von beidem (vgl. Fenichel, 1967, S. 21). Die Bedingungen für die anaklitische Identifikation scheinen am ehesten geeignet, stärkere Fixierungen zu verhindern und damit die Entwicklung von Selbständigkeit zu fördern.

Weitere Literatur: Laplanche/Pontalis 1972; Orban 1973

Zur schichtspezifischen Sozialisationsforschung

1

Der Einfluß der Schichtzugehörigkeit auf die familiale Sozialisation, die die Ausprägung der kindlichen Persönlichkeitsstruktur determiniert und sich damit entscheidend auf den Schulerfolg und die spätere Berufswahl auswirkt, hat in den letzten Jahren zunehmend größere Bedeutung in sozialwissenschaftlichen Fragestellungen in der BRD gewonnen. Obwohl es eine umfassende Theorie über die Beziehung zwischen Sozialstruktur und Sozialpersönlichkeit noch nicht gibt, verweisen die vorliegenden Untersuchungsergebnisse in der Regel auf eine kausale Verbindung zwischen der Stellung der Eltern im Produktionsprozeß, ihren Erziehungsmethoden und der Persönlichkeitsstruktur ihrer Kinder. Das bedeutet, daß die Eltern ihren Kindern nur jeweils diejenigen kognitiven und motivationalen Fähigkeiten vermitteln, die für die Bewältigung der durch ihre gesellschaftliche Stellung bestimmten Probleme relevant sind.
In der bürgerlichen Sozialisationsforschung werden diese psychischen Dispositionen immer auf dem Hintergrund einer harmonischen Gesellschaftsvorstellung interpretiert. Spezifische Defizite sollen herausgefunden und im Hinblick auf die veränderten Qualifikationsanforderungen an die lebendige Arbeit im Produktionsprozeß ausgeglichen werden. Bei einer solchen Interpretation geht dann die Möglichkeit verloren, psychische Dispositionen als Antwort auf die Zwangszusammenhänge der bürgerlichen Gesellschaft zu sehen, die sich in den individuellen Sozialisationsbedingungen durchsetzen. Die psychischen Strukturen aber müssen begriffen werden als Verarbeitung von gesellschaftlich bedingten Konflikten. In dieser Verarbeitung bleibt im Einzelnen – in welch verzerrter Form auch immer – zugleich das Potential des Widerstandes und die Erkenntnis gesellschaftlicher Widersprüche verankert. Der sich in den psychischen Strukturen niederschlagende Konflikt zwischen Individuum und kapitalistischer Gesellschaft scheint zwar im individuellen Kompromiß verewigt. Da die Grundlagen dieser individuellen Konfliktlösungsversuche aber gesellschaftlich bedingt sind, können sie auch als solche erfahren werden und damit zu kollektiven Konfliktlösungsstrategien führen, die die gesellschaftlichen Grundlagen ihrer Entstehung durch Veränderung der bestehenden Herrschaftsverhältnisse aufheben können.

Die Ergebnisse der schichtspezifischen Sozialisationsforschung können so interpretiert einen wesentlichen Beitrag zur Klärung der Beziehung zwischen Klassenlage und Klassenbewußtsein der Arbeiter zu einem Zeitpunkt leisten, in dem die Widersprüche der kapitalistischen Gesellschaft nicht mehr bewußt von der Arbeiterklasse mit systemverändernder Zielsetzung verarbeitet werden. Die Verwendung der Ergebnisse der Sozialisationsforschung für die politische Bildung der Arbeiter dient dann einem emanzipatorischen, auf die Überwindung der Klassengesellschaft gerichteten Interesse.

Andererseits kann die Verwendung dieser Forschungsergebnisse im Zusammenhang mit der Entwicklung kompensatorischer Erziehungs- und Bildungsprogramme systemstabilisierende Konsequenzen fördern. Mit Hilfe der Ergebnisse schichtspezifischer Sozialisationsforschung sind der Wirtschaft die Möglichkeiten gegeben, die notwendigen qualifizierten Arbeitskräfte durch differenziert ausgearbeitete Programme heranzuziehen. Gleichzeitig besteht die Möglichkeit, einzelne grobe Ungleichheiten, die das Bild einer partnerschaftlich organisierten Gesellschaft stören, gezielt anzugehen. Die Erhaltung des Status quo wird so gesichert. Die Zielsetzung einer im emanzipatorischen Interesse stehenden kompensatorischen Erziehung müßte dagegen die Entwicklung von Klassenbewußtsein sein. Erst damit wäre die Möglichkeit grundlegender sozialstruktureller Veränderungen gegeben und entsprechend eine Neuformulierung des Verhältnisses von Sozialstruktur und Persönlichkeit.

»Bedarf es tiefer Einsicht, um zu begreifen, daß mit den Lebensverhältnissen der Menschen, mit ihren gesellschaftlichen Beziehungen, mit ihrem gesellschaftlichen Dasein, auch ihre Vorstellungen, Anschauungen und Begriffe, mit einem Worte auch ihr Bewußtsein sich ändert?« (Marx, MEW, Bd. 4, S. 480).

2

Bevor im folgenden der Zusammenhang von Gesellschaftsstruktur und Persönlichkeitsstruktur für die BRD anhand der empirischen Untersuchungen über schichtspezifische Sozialisationsprozesse behandelt wird, erscheint es notwendig, auf einige methodologische Probleme hinzuweisen.

Die wichtigsten Studien auf dem Gebiet der schichtspezifischen Sozialisationsforschung wurden fast alle in den USA durchgeführt und lassen sich nur teilweise auf Deutschland übertragen. Es ist anzunehmen, daß die Ergebnisse der amerikanischen Forschung ähnliche Tendenzen aufgedeckt haben, wie sie auch für die Bundesrepublik gelten. Einige vergleichende Studien stützen diese Annahme. Ebenso kommen auch die in den letzten Jahren in der BRD verstärkt durchgeführten Forschungen zur Feststellung ähnlicher Tendenzen, wie sie schon seit Jahren in den USA beobachtet wurden.

Eine andere wesentliche Einschränkung betrifft die Qualität der vorhandenen Untersuchungsmethoden. Da die meisten Forscher aus der Mittelschicht stammen, sind ihre Instrumente, mit denen sie schichtspezifische Unterschiede messen wollen, oft bereits von Mittelschichtwerten geprägt. Ihre Aussagen lassen dann nur den Schluß zu, daß die Unterschicht nicht die Leistungen erbringt, die zur Lösung der Probleme in der Mittelschicht notwendig sind. Wesentliches Beispiel ist der Intelligenztest. Lange Zeit wurde weitgehend nur die Fähigkeit getestet, mit der elaborierten Sprache der Mittelschicht umgehen zu können. Die Messung nicht-verbaler Intelligenzleistungen (bes. geometrischer und zeichnerischer Leistungen) ergab, daß diese relativ unabhängig von der sozialen Schicht variieren (s. Davis, 1952). Ebenso entspricht die Testsituation als soziale Situation einer dem Mittelschichtkind vertrauten Umwelt. Testpraxis, Motivation und das Verhältnis zum Versuchsleiter können vom Mittelschichtkind in seine bisherige Erfahrung integriert werden und beeinflussen so wesentlich die Untersuchungsergebnisse.

Bereits diese Aussagen verweisen auf ein grundsätzliches Problem. Die Orientierung an den absolut gesetzten Normen der Mittelschicht läßt die Fähigkeiten der Kinder aus den unteren Schichten als unzureichend erscheinen. »Die Forderung nach Anpassung der Unterschicht an die Mittelschichtkultur leitet sich aus den gesellschaftlichen Herrschaftsverhältnissen ab« (Holzkamp, 1969 b, S. 22). Die Festlegung von bestimmten zu messenden Fähigkeiten ist deshalb immer auch ein politischer Akt. Die Intention der Sozialisationsuntersuchungen ist es, das gesellschaftliche Begabungsreservoir zu erkennen und den veränderten Bedürfnissen der Kapitalverwertung zugänglich zu machen. Die als wertneutral ausgegebenen Schichtuntersuchungen sollen nicht spezifische, nur für den Arbeiter relevante Fähigkeiten messen, sondern sollen Bedingungen für seine Anpassung an die veränderten Arbeitsanforderungen angeben. Die Messung von Leistungsmotivation, Kognition und Sprache sind bisher wesentlich unter diesem Aspekt vorgenommen und interpretiert worden.

Abschließend soll noch einmal darauf hingewiesen werden, daß die vorliegenden Ergebnisse über schichtspezifische Sozialisationsprozesse nicht auf dem Hintergrund einer umfassenden Sozialisationstheorie interpretiert werden können. Eine solche Theorie existiert noch nicht. Die Annahme eines Zusammenhanges zwischen gesellschaftlichen Einflußfaktoren (wie z. B. Arbeitsverhältnisse), der Rollenstruktur der Familie, Erziehungseinstellungen und Techniken und den motivationalen und kognitiven Merkmalen der Kinder erscheint zwar gesichert, ohne daß aber bisher genaue Angaben über die vielfältigen, diesen Zusammenhang beeinflussenden Faktoren gemacht werden konnten. Die Analyse von einzelnen Aspekten läßt aufgrund der fehlenden differenzierten Theorie die Frage offen, ob bisher überhaupt die wesentlichen, den Zusammenhang von Sozialstruktur und Sozialpersönlichkeit bestimmenden Aspekte in den Untersuchungen berücksichtigt wurden. Die Berechtigung dieser Frage wird unterstützt durch die Vernachlässigung psychoanalytischer Erkenntnisse und durch den fehlenden Zusammenhang sozialisationstheoretischer Fragestellungen mit einer Analyse der kapitalistischen Gesellschaft. In den folgenden Ausführungen wird der Zusammenhang von Sozialstruktur und Persönlichkeit auch nur durch die Verbindung der vielen zu einzelnen Fragen vorliegenden Forschungen dargestellt werden können, die zumeist unabhängig voneinander und überwiegend deskriptiv durchgeführt wurden.

Für die Erklärung der Genese schichtspezifischer Persönlichkeitsmerkmale erscheint es zum einen aus Gründen der Übersichtlichkeit sinnvoll, die verschiedenen bisher untersuchten Aspekte getrennt aufzuführen. Zum anderen soll durch eine solche Vorgehensweise gezeigt werden, daß die isolierte Analyse einzelner Probleme, ohne Berücksichtigung umfassender sozialstruktureller Zusammenhänge, einen ungenügenden Erklärungswert hat.

Es wird angenommen, daß durch die jeweiligen Subkulturen – die durch die Stellung der Eltern im kapitalistischen Produktionsprozeß wesentlich bestimmt sind – die sozialen Problembezüge definiert werden, um die sich der familiale Sozialisationsprozeß zentriert. Die Beschreibung der allgemeinen subkulturellen Orientierungsmuster wird deshalb Ausgangspunkt der Analyse schichtspezifischer Sozialisationsprozesse sein, wobei versucht wird, auf die objektiven gesellschaftlichen Zusammenhänge zu verweisen, deren Verarbeitung diese allgemeinen Handlungsorientierungen sind. Darauf aufbauend werden die Interaktionsstrukturen innerhalb der Familie dargestellt. Der Analyse der schichtspezifischen Erziehungseinstellungen und Methoden wird ebenfalls ein besonderer Abschnitt gewidmet, obwohl diese sich mit den Ausführungen über die Struktur der Familie z. T. überschneiden wird.

Erst im Anschluß an die Ausführungen über Merkmale schichtspezifischer Subkulturen, über die Familienstrukturen, die Erziehungseinstellungen und Techniken, werden die Auswirkungen dieser, in der Forschung oft isoliert untersuchter, Sozialisationsbedingungen auf bestimmte Merkmale der kindlichen Persönlichkeit dargestellt. Wiederholungen werden sich bei einer solchen Vorgehensweise nicht vermeiden lassen. Diese Vorgehensweise lehnt sich an die Ausführungen von Caesar an (1968, 1972; ä. Oevermann 1968).

8. Soziale Schicht und Subkultur

Zur Begriffsbestimmung

1

»In der bürgerlichen Soziologie wird der Begriff der Schicht für jede mögliche Form von sozialer Gliederung verwendet. Und zwar wird der Begriff ›soziale Schicht‹ zur Bezeichnung von Menschengruppen benutzt, deren Mitglieder bestimmte gemeinsame Merkmale wie Einkommenshöhe, Bildungsniveau, Konfession oder auch einen bestimmten Platz in einer Prestigeskala besitzen« (Wörterbuch der Marxistisch-Leninistischen Soziologie 1969, S. 393).
So versuchen die Theoretiker und empirischen Forscher auch die Sozialstruktur der BRD von der Häufigkeitsverteilung sozialstatistischer Merkmale abzuleiten (vgl. Schelsky, 1955, Fürstenberg, 1967, Bolte u. a., 1966). Die gesellschaftliche Wirklichkeit erscheint dabei aus Individuen aufgebaut, die zu Schichten zusammengefaßt sind, die ihrerseits in hierarchischer Ordnung zueinander stehen. Diese Betrachtungsweise verschleiert, daß die bürgerliche Gesellschaft durch Klassengegensätze charakterisiert ist. Der Schichtbegriff unterstellt eine vor allem nach Prestigemerkmalen eindimensional strukturierte Gesellschaft, die zusammengesetzt ist aus isolierten Individuen, und ignoriert die objektiven Ungleichheiten und Konflikte, die sich aus der privaten Aneignung der Resultate gesellschaftlicher Arbeit ergeben.
In Wirklichkeit gründet aber der »tatsächliche Zusammenhang von gesellschaftlichen Verhältnissen und gesellschaftlicher Entwicklung [...] im Prozeß der Produktion und Reproduktion des vergesellschafteten menschlichen Lebens« (Tjaden-Steinhauer u.a., 1970, S. 647). Also muß die gesellschaftsspezifische Art der Beherrschung der Produktionsbedingungen in der BRD analysiert werden, will man Aufschluß über ihre Sozialstruktur erhalten.
Mit dem Zusammenbruch des NS-Regimes sind die kapitalistischen Produktionsverhältnisse in der BRD nicht zerstört worden. Die ökonomischen und politischen Herrschaftspositionen der Kapitaleigentümer blieben erhalten (vgl. u. a. Abendroth, 1967, Deppe u. a., 1969). Die Massen der lohnabhängigen Arbeiter, Angestellten und Beamten stehen nach wie vor der Kapitalistenklasse gegenüber.

Die zunehmende Konzentration und Zentralisation des Kapitals hat die Polarisierung der beiden Hauptklassen der Gesellschaft in der BRD verstärkt. Die Gruppe der Lohnabhängigen ist seit den sechziger Jahren insgesamt um vier Millionen gewachsen. Die Zahl der Selbständigen und ihrer mithelfenden Familienangehörigen verringerte sich. Die Frauenbeschäftigung, vor allem bei Frauen der Lohnarbeiter, nahm beträchtlich zu. 1969 betrug der prozentuale Anteil der Lohnarbeiter in der BRD insgesamt 81,6 % (s. Jung, 1970, S. 682).
Dieser Trend wird sich nach Jung fortsetzen, »da die ihm zugrunde liegenden objektiven Faktoren (vor allem wissenschaftlich-technische Revolution, Ausbau der Absatz- und Marketing-Abteilungen der Monopole als unmittelbarer Ausdruck des sich verschärfenden Grundwiderspruchs, zunehmender Zwang zur staatsmonopolistischen Regulierung) weiterhin wirksam bleiben« (ders., S. 682).
Die Polarisierung der beiden Hauptklassen findet auch ihren Ausdruck in den amtlichen Untersuchungen über die Vermögensverteilung der BRD. Der Sozialbericht von 1970 enthält allerdings nur Angaben für das Jahr 1960. Es wird geschätzt, daß 0,1 % der privaten Haushalte 14 % des privaten Gesamtvermögens besitzen. 14 % der privaten Haushalte besaßen 1960 ca. 35 % des Gesamtvermögens und 70 % des produktiv genutzten Vermögens (S. 13). Da die Angaben über die Einkommensverteilung nur die Gruppe der Lohnabhängigen umfaßt, verweisen wir auf die Aussagen von Huffschmid. Demnach verfügte 1962/63 ein Selbständigenhaushalt, unabhängig von der Zahl der Familienangehörigen, über ungefähr genau das doppelte Haushaltsnettoeinkommen wie ein Arbeiterhaushalt. Das bedeutet, daß »über die Hälfte aller Selbständigenhaushalte mehr als 1200 DM, über die Hälfte aller Arbeiterhaushalte aber weniger als 800 DM Nettoeinkommen im Monat bezogen« (Huffschmid, 1969, S. 17).
Eine entsprechende Differenzierung läßt sich im Hinblick auf die Sparfähigkeit zwischen Selbständigen und Unselbständigen vornehmen. Die Sparquote der Selbständigen liegt um 50 % höher als die der Unselbständigen. Der kumulative Effekt der Ersparnisbildung besteht darin, daß die Selbständigen einen höheren Teil des höheren Einkommens sparen, »eine doppelt so hohe Sparquote angewandt auf ein eineinhalbmal so großes Einkommen, ergibt eine dreimal so hohe absolute Ersparnis« (ders., S. 23). Der relativ hohe Betrag, der von den Arbeitnehmern für ihre Lebenshaltung ausgegeben werden muß, und die geringen Sparmöglichkeiten haben ihre Ursache in der geringen Entlohnung der Arbeitskraft. Auch ist das Sparen kleiner Beträge sinnlos, da es kaum Anlagemöglichkeiten gibt, die nicht durch die jährliche Geldentwertung aufgezehrt werden. 1965

gaben die Arbeitnehmer fast zwei Drittel von ihrem Einkommen, das sie nicht für den kurzfristigen Gebrauch ausgaben, für häusliche Investitionen aus. Bei den Selbständigen beträgt der entsprechende Prozentsatz des ersparten Einkommens, der für diese Ausgaben bereitgestellt wird, acht Prozent (ders., S. 27). (Bei diesen Zahlen muß berücksichtigt werden, daß das durchschnittliche Unternehmervermögen durch die kleinen Warenproduzenten wie Kioskbesitzer, Würstchenverkäufer verzerrt wird.)

Zusammenfassend läßt sich sagen, »Vermögen vermehrt sich da, wo schon Vermögen ist«, »wer hat, dem wird gegeben«. Diesen Prozeß fördern noch die kleinen Sparer, indem sie ihr Geld zur Bank oder Sparkasse tragen, die es dann in Form von Krediten den Kapitalverwertern zur Verfügung stellen.

Über die sozialen Differenzierungen innerhalb der Gruppe der Lohnarbeiter führt Jung Zahlen nach dem Mikrozensus vom April 1969 an, nach denen nur 0,9 % aller Arbeiter ein monatliches Nettoeinkommen von über 1200 DM haben, dagegen 15,7 % aller Angestellten und 35,2 % aller Beamten (Jung, 1970, S. 682/3). Der relativ hohe Anteil der oberen Einkommensgruppen bei Beamten erklärt sich durch die Gruppen der angestellten bzw. verbeamteten Intelligenz (Richter, Lehrer u. a.) (vgl. dazu den prozentualen Anteil der einzelnen Lohnarbeitergruppen in der BRD 1969: Beamte 5,4 %; Angestellte 28,8 %; Arbeiter 47 %).

Neben der Polarisierung der beiden Hauptklassen sind also die Differenzierungen innerhalb der Arbeiterklasse wesentliches Merkmal der BRD, deren sekundärer statischer Ausdruck allerdings nur die Vermögensverteilung ist. Betroffen im Hinblick auf die materielle Lebenssicherung sind davon am meisten die Arbeiter.

Die Zahlen von Jung sind auf dem Hintergrund einer allgemeinen Tendenz zu interpretieren, die zur Polarisierung einer kleinen Gruppe hochqualifizierter Arbeiter und Angestellter und einer breiten Schicht kaum qualifizierter Lohnabhängiger führt. Die Auswirkung der wissenschaftlich-technischen Revolution auf die wachsende gegenseitige Durchdringung von manueller und geistiger Arbeit hat die Herausbildung einer kleinen Gruppe hochqualifizierter Produktionsarbeiter zur Folge. Damit besteht die Tendenz der Verschmelzung vor allem der wissenschaftlich-technischen Intelligenz in die Arbeiterklasse.

In seinen Ausführungen über die deutsche Arbeiterklasse hebt Jung die Bedeutung der inneren Gliederung der beiden Hauptklassen hervor, die Schichten innerhalb der Hauptklassen und die Schichten neben und zwischen den Hauptklassen (ders., S. 677). In der historisch-materialistischen Analyse der Sozialstruktur der BRD wird der Schichtbegriff also ebenfalls ver wendet, allerdings in direkter Abhängigkeit vom Klassenbegriff. Der Unterschied von Angestellten und Arbeitern im Hinblick auf ihre Funktion im kapitalistischen Produktionsprozeß ist für die Bestimmung der Schichten wesentlich. Nach Steiner »sind Arbeiter unmittelbar mit der Bearbeitung und Formveränderung des Arbeitsgegenstandes, also in der unmittelbaren Fertigung beschäftigt, während die Angestellten vor, neben und hinter dem unmittelbaren Fertigungsprozeß auf betrieblicher als auch entsprechend vor, neben und hinter dem Produktionsprozeß im Rahmen des gesamten Reproduktionsprozesses auf gesamtgesellschaftlicher Ebene wirksam werden« (Steiner, 1967, S. 160). Die Angestellten üben Hilfsfunktionen bei der Produktion und Realisation von Mehrwert aus.

Für die klassenmäßige Eingruppierung der einzelnen Angestelltengruppen nennt Jung das ›primäre‹ Kriterium der Funktion im kapitalistischen Verwertungsprozeß, besonders hinsichtlich der Ausübung von Kapitalfunktionen, und das ›sekundäre‹ Kriterium der Einkommenshöhe.

Zur Arbeiterklasse gehören demnach in der BRD »alle Personen und ihre Angehörigen, die keine Produktionsmittel besitzen, deren ausschließliche oder vorwiegende Einkommensquelle der Verkauf ihrer Arbeitskraft gegen Lohn oder Gehalt ist, deren (unbezahlte) Mehrarbeit durch kollektive oder individuelle Kapitalisten oder den Staat angeeignet wird und direkt oder indirekt die Quelle des Profits für die Kapitalisten ist, die hinsichtlich der Funktions- und Qualifikationsgliederung der Arbeit im jeweiligen Bereich untere und mittlere Funktionen ausüben und deren Übergang in die Bourgeoisie als der Gegenklasse als relevanter Prozeß nicht möglich ist« (Jung, S. 678). Den Kern der Arbeiterklasse bilden die innerhalb der materiellen Produktion tätigen Arbeiter, vor allem die Industriearbeiter.

Die Gruppe der Angestellten, die nach dieser Definition nicht zur Arbeiterklasse gehört, beträgt nach Jung ca. 15 %, die der Beamten ca. 30 %. Das sind etwa acht Prozent aller Lohnarbeiter, die nicht zur Arbeiterklasse gehören und dementsprechend Neben- oder Zwischenschichten darstellen. Zur Klasse der Kapitalisten, die durch Aneignung und Anlage des von lohnabhängig Arbeitenden produzierten Mehrwerts die Entwicklung der kapitalistischen Unternehmungen bestimmen, gehören nach Tjaden-Steinhauer u. a. nur 1,5 bis 2 Prozent der erwerbstätigen Bevölkerung in der BRD. 23 Prozent der erwerbstätigen Bevölkerung in der BRD müssen zu den Neben- oder Zwischenschichten gezählt werden.

Nach diesen Ausführungen dürfte klar sein, daß die Arbeiterklasse nur insofern ein homogenes soziales Gebilde ist, »als die Bedingungen der Kapitalverwertung ihr feindlich gegenüberstehen, als ihre Angehörigen keine Produktionsmittel besitzen

und ihre einzige Einkommensquelle der Verkauf ihrer Arbeitskraft ist« (ders. S. 678). Sie ist in sich gegliedert in verschiedene Schichten, wobei Kriterien wie Funktion, Qualifikation und Einkommenshöhe sich für die Einteilung von Schichten als sinnvoll erweisen.
Eine genaue Bestimmung der Sozialstruktur der BRD gibt es bis jetzt allerdings noch nicht. Die referierten Ausführungen können nur als ein erster Ansatz für eine Klassenanalyse der BRD verstanden werden.

2

Die vorhandene bürgerliche Sozialisationsforschung arbeitet allgemein mit einem dichotomischen Schichtmodell. Meist werden global Unterschicht und Mittelschicht unterschieden, die jeweils noch in obere, mittlere und untere Gruppierungen differenziert werden. Um die nach verschiedenen Schichtkriterien durchgeführten Sozialisationsforschungen zu vereinheitlichen, ordnet Rolff (1969) der Unterschicht alle körperlich arbeitenden und der Mittelschicht alle übrigen Berufsgruppen zu. Die Oberschicht, die in der Literatur durchweg vernachlässigt wird, stuft er als gesellschaftliche Elite aufgrund politischer und ökonomischer Funktionen ein.
Mit dem Begriff der Unterschicht werden damit im wesentlichen die Lebensverhältnisse der Arbeiter erfaßt, deren Stellung im kapitalistischen Produktionsprozeß durch die Beschäftigung in der unmittelbaren Fertigung und durch die Unmittelbarkeit der Ausbeutung gekennzeichnet ist. Mit dem Begriff der Unterschichten kann aber nicht mehr die Gruppe der höchst qualifizierten Primärarbeiter erfaßt werden, die sog. technische Intelligenz, die entsprechend ihrer Einstufung auf der Prestigeskala zur Mittelschicht gerechnet wird.
Mit dem Begriff der Mittelschicht werden die Angestellten und Beamten erfaßt, die keine Spitzenpositionen in Politik und Wirtschaft einnehmen. Allerdings gehören nach den schichtspezifischen Sozialisationsforschungen auch die kleineren Selbständigen dazu. Die gesamte Mittelschicht, wie sie in der bürgerlichen Sozialisationsforschung erfaßt wird, kann also nicht eindeutig zur Arbeiterklasse gezählt werden, selbst wenn man nur das Kriterium der Lohnabhängigkeit heranzieht. Nach der Definition von Jung gehören die kleineren Selbständigen ebenso zu den Neben- oder Zwischenschichten wie Teile der in der oberen Mittelschicht zusammengefaßten höheren Angestellten und Beamten. Überwiegend ist die Mittelschicht allerdings durch Lohnabhängigkeit gekennzeichnet. Ein anderer Teil wiederum ist stark von der Proletarisierung bedroht. Wieweit sich die

Fremdbestimmung der Arbeit auf das Bewußtsein auswirkt, hängt wesentlich von der Funktion im Arbeits- und Verwertungsprozeß, von der rechtlichen Stellung der Berufsgruppen und von ihren realen Aufstiegsmöglichkeiten ab. Aus diesem Grund differenzieren wir innerhalb der Mittelschicht zwischen den unteren und mittleren Angestellten und Beamten und der oberen Mittelschicht. Es wäre ebenso wichtig innerhalb der sozialen Gruppe der Arbeiter weiter zu differenzieren, um unterschiedliche Sozialisationsbedingungen festzustellen. Die dafür notwendigen Sozialisationsforschungen zu einzelnen unter dem Gesichtspunkt einer Klassenanalyse der BRD relevanten Sozialgruppen fehlen jedoch. Die amerikanischen Untersuchungen haben allgemein ergeben, daß mit sinkender sozialer Schicht Lebensbedingungen gegeben sind, unter denen die Erziehungsvorgänge zunehmend repressivere Formen annehmen.
Die Oberschicht wird in unseren gesamten Ausführungen nicht berücksichtigt. Dieses Vorgehen scheint dadurch gerechtfertigt, daß die mit diesem Begriff erfaßte bürgerliche Klasse und ihre Schichten mit ihren spezifischen Sozialisationsbedingungen nur einen sehr geringen und stetig abnehmenden Teil der Gesamtbevölkerung darstellt, über die zudem kaum Untersuchungen vorliegen. Die Sozialisationsbedingungen der großen Masse der Bevölkerung, die vorwiegend aus Lohnabhängigen besteht, müssen geklärt werden, um die Entstehung des subjektiven Korrelats zur kapitalistischen Gesellschaftsform zu verstehen.

3

Alle schichtspezifischen Faktoren, die den familialen Sozialisationsprozeß unmittelbar beeinflussen, können mit dem Begriff der Subkultur erfaßt werden. Dieser Begriff besitzt genau wie der Schichtbegriff keinen erklärenden Charakter für ein System sozialer Ungleichheiten; er beschreibt diese lediglich, während der Begriff der sozialen Klasse erklärende Qualität besitzt, da er das Auftreten bestimmter Strukturen aus den bestehenden Produktionsverhältnissen ableitet. Die Subkulturen variieren mit der objektiven Schichtenlage und stellen konkrete Kommunikationszusammenhänge dar. Ihre Mitglieder erfahren sich als Gruppe, die sich gegenüber anderen Subkulturen abgrenzen läßt. Sie haben gemeinsame Orientierungsmuster und Deutungsschemata, in denen die Interpretation der objektiven Schichtenlage aufgehoben ist (s. Oevermann, 1969, S. 303).
Jede Subkultur zeichnet sich also »durch spezifische Verhaltensnormen und Lebensgewohnheiten aus, ihren Mitgliedern sind Deutungssysteme und Interpretationsschemata gemeinsam,

sie sprechen eine spezifische Sprache, teilen Geschmacksvorstellungen, Vorstellungen von Gut und Böse, Richtig und Falsch. Kinder der Mittel- und Unterschicht werden in sehr unterschiedlich soziale Umweltbedingungen hineingeboren, übernehmen von ihren Eltern unterschiedliche Verhaltensorientierungen, stehen im täglichen Leben unterschiedlichen Problemstellungen gegenüber, kurzum: entwickeln einen in vielen Hinsichten andersartigen Erfahrungshorizont« (Oevermann, 1966, S. 169).

Die subkulturellen Normen und Verhaltensmuster können als typische Formen von Problemlösungsstrategien verstanden werden. Sie sind eine gemeinsame Antwort auf ähnlich erfahrene, typische Probleme. Im Sozialisationsprozeß werden diese zum Teil auch unbewußten Strategien an die nächste Generation weitergegeben.

Für alle Subkulturen besteht ein gemeinsames gesellschaftlich dominantes Wertsystem, das je nach sozialer Schicht unterschiedlichen Deutungen unterliegt, die den eigenen durch die objektive Situation vorgegebenen Problemen entsprechen. Unter Umständen können auch alternative Wertorientierungen entstehen als Antwort auf eine mit dem dominanten Wertsystem nicht mehr zu bewältigende soziale Situation. (Vgl. z. B. die Black-Panther-Bewegung in den USA und ihre Versuche, eine afroamerikanische Gegenkultur aufzubauen.)

Merkmale schichtspezifischer Subkulturen

Um die subjektiven Orientierungsmöglichkeiten für die Arbeiter in der bürgerlichen Gesellschaft zu erfassen, haben Hack und Neuendorff (1969/70) versucht, ein globales Modell zu entwickeln, das sie aus dem Widerspruch von Lohnarbeit und Kapital ableiten zu können glauben. Der wesentliche Wert der kapitalistischen Gesellschaft ist die Durchsetzung individueller Interessenorientierung. Für den Arbeiter ist dieser Wert aufgrund seiner objektiven Stellung im Produktionsprozeß nicht in Verhalten umsetzbar. Die Reduzierung des Arbeiters auf seine Funktion als Träger der Ware Arbeitskraft kennzeichnet eine rein formale Individualität. Da seine gesellschaftliche Arbeit der privaten Verfügungsgewalt der Kapitalisten unterliegt, können individuelle Handlungsorientierungen für den Arbeiter in der kapitalistischen Gesellschaft zu keinem dauerhaften Erfolg führen. Saisongebundene und krisenzyklische Entlassungen und Lohnkürzungswellen zeigen dies. Der Arbeiter erfährt täglich den aus dem Grundkonflikt Kapital-Arbeit resultierenden Widerspruch, nach der herrschenden individuellen Interessenorientierung handeln zu sollen, wobei dieses Handeln prinzipiell erfolglos bleiben muß. Die Erfahrungen dieser Situation, die unlösbar mit den materiellen Möglichkeiten der Bedürfnisbefriedigung verbunden sind, schlagen sich in den Formen der Arbeitersubkultur nieder. Die hier entstehenden, z. T. den herrschenden Werten widersprechenden Verhaltensmuster können als eine Antwort auf diesen Konflikt interpretiert werden. »Das heißt, die Radikalität, mit der das Bürgertum die ihren materiellen Interessen nützliche generelle individuelle Interessenorientierung überall verbindlich zu machen sucht, treibt die Notwendigkeit einer alternativen Handlungsorientierung hervor, die allerdings nicht zur allgemeinen werden darf [. . .] Die Definition der Situation, in der sich die Arbeiter befinden, ist prinzipiell widersprüchlich« (dies., S. 8).

Die Ergebnisse, die aus Untersuchungen über das subkulturelle Milieu der Unterschicht stammen, können als Erscheinungen des antagonistischen Widerspruchs einer nicht an den Bedürfnissen der Individuen ausgerichteten Produktionsweise interpretiert werden, ohne daß eine detaillierte Analyse dieses Zusammenhanges bisher vorliegt. Ausgangspunkt der Analyse schichtspezifischer Subkulturen sind die konkreten Erfahrungen am Arbeitsplatz und die davon mitbestimmten allgemeinen Orientierungsmuster. Die Einheit von Arbeits- und Verwertungsprozeß wird auch in den Ergebnissen der bürgerlichen Sozialforscher noch sichtbar, die glauben, nur einen Arbeitsprozeß zu beschreiben. In der Literatur werden folgende Charakteristika hervorgehoben:

»– [. . .] Umgang mit Dingen (statt mit Personen oder Symbolen);
– Fremdbestimmung der Arbeit durch standardisierte Vorschriften bzw. direkte Überwachung;
– repetitive und monotone Maschinenarbeit;
– besonders hohe physische und nervliche Belastung durch Schicht-, Akkord- und Bandarbeit bzw. durch Schmutz und Lärm;
– geringe individuelle Aufstiegsmöglichkeiten; berufliches Fortkommen (hier nur verstanden als ›höherer Lohn‹) hängt ab von kollektiven Aktionen« (Soz. u. kompens. Erz., 1969, S. 102).

(Zur Kritik dieser u. ä. willkürlicher Aufzählungen vgl. ›Allgemeiner Überblick‹.)

Dem psychischen Stress, der aus der Art der geforderten Arbeitsleistung folgt, entspricht der Stress, der sich aus dem unbefriedigenden materiellen Einkommen und der fehlenden sozialen Anerkennung ergibt. Eine kurze Darstellung des für weite Bereiche der Wirtschaft zunehmend angewandten MTM-Verfahrens (*Methods Time Measurement*) soll die psychische und physische Überforderung verdeutlichen, der der Arbeiter am Arbeitsplatz in vielen Fällen unterliegt. »Das Verfahren geht von der Vorstellung aus, daß es für jeden Arbeitsvorgang ein meßbares Minimum an notwendigen Bewegungen gibt. Für jede dieser Bewegungen wird eine Normzeit konstruiert, die von jedem Menschen der Erde, gleichgültig ob es sich um einen Zwergen oder um einen Riesen, um eine schwangere Frau oder um eine türkische Teppichknüpferin handelt, erreicht werden soll« (Schneider, 1970, S. 96). Alle überflüssigen Bewegungen des Arbeiters, die nicht unmittelbar dem Arbeitsfortschritt dienen, werden so ausgeschaltet. Die Verschärfung des Arbeitstempos wird damit als wissenschaftlich fundiert und unangreifbar dem Arbeiter aufgezwungen.

Die Notwendigkeit, vor allem durch Intensivierung der Arbeit Mehrwert zu gewinnen, ist als Resultat eines historischen Prozesses zu verstehen. Der Ausdehnung des Arbeitstages ist heute eine Grenze gesetzt. Nachdem im letzten Jahrhundert die unmäßige Verlängerung des Arbeitstages fast zum physischen Zusammenbruch der Arbeiterklasse geführt hatte, haben Eingriffe des Staates im Zusammenhang mit den Kämpfen der Arbeiter zu einer schrittweisen Herabsetzung der täglichen Arbeitszeit geführt. Die Gewinnung von Mehrwert wurde in der Folgezeit vor allem durch die Intensivierung der Arbeit gewährleistet und die Wirkungsfähigkeit der Arbeitskraft sogar noch vergrößert. Die Anpassung des Arbeiters an das gesteigerte Arbeitstempo verbesserter Maschinen bleibt nicht ohne gesundheitliche Folgen. Neben dem körperlichen Verschleiß und der nervlichen Belastung müssen aber auch die intellektuellen Folgen berücksichtigt werden. Die Beschränkung des Arbeiters auf engbegrenzte körperliche Tätigkeiten läßt seine intellektuellen Potenzen verkümmern.

Daß das Bewußtsein und damit auch die psychische Gesundheit Ausdruck der kapitalistischen Produktion und deren konkreter Bedingungen ist, beweisen alle vorhandenen Untersuchungen (s. Abholz, 1970, Deppe, 1970).

Collins u. a. (1960) konnten feststellen, daß einer unter vier Arbeitern psychische Probleme hat, die sich in Alkoholismus, Krankheit, Fehlen bei der Arbeit u. a. mehr zeigen. Alphen de Veers Studie (1955) ergab, daß Arbeiter mit monotoner Tätigkeit, wenig Entscheidungsspielraum und starker Konzentration auf die Bewegungen der Maschine ein Höchstmaß an psychischen Störungen zeigen. Diese Ergebnisse werden von Kornhauser (1965) unterstützt. Der Faktor, der am stärksten mit geringer psychischer Gesundheit korreliert, ist die Unmöglichkeit, bei der Arbeit seine Fähigkeiten anzuwenden. Entsprechend häufen sich psychische Störungen bei Arbeitern unterer Qualifikationsbereiche.

Die Undurchschaubarkeit, Aussichtslosigkeit und Fremdbestimmung der objektiven Lage des Arbeiters läßt eine individuell reflektierte Ausgestaltung der eigenen Handlungsmöglichkeiten nicht zu. Dem bestimmten Inhalt ihrer Arbeit können die Arbeiter nur gleichgültig gegenüberstehen, obwohl er ihre volle Aufmerksamkeit im Arbeitsprozeß beansprucht. Das Gesellschaftsbild der Arbeiter wird bestimmt durch die konkrete Erfahrung der Herrschaftsverhältnisse in der Produktion. Es ist im Gegensatz zu dem der Beamten und Angestellten nicht hierarchisch gegliedert, sondern dichotomisch, zerfällt in ein ›Oben‹ und ein ›Unten‹ (Herkommer, 1965). Unzufriedenheit und Apathie bestimmen die Einstellung zur beruflichen Sphäre.
Die Arbeiter können ihre soziale Realität weder durch individuelle Anstrengung verändern, noch besteht z. Z. die Möglichkeit, diese durch kollektives Handeln zu verändern, da eine machtvolle Interessenvertretung der Arbeiterklasse fehlt. Die Herausbildung kollektiv solidarischer Verhaltensmuster findet kaum am Arbeitsplatz ihren Niederschlag. Hier muß sich der Arbeiter fügen, will er nicht seinen Arbeitsplatz verlieren. Wo die kollektiv solidarischen Verhaltensmuster in politische Aktionen umschlugen, die eine grundlegende Veränderung der Situation des Arbeiters anstrebten, wurden sie im Interesse des Bürgertums zerschlagen. Wesentlich von solidarischen Verhaltensweisen bestimmt sind daher nur die für das Kapital ungefährlichen erweiterten Verwandtschaftsbeziehungen, die Freundschafts- und Nachbarschaftsbeziehungen, die fast immer lokal konzentriert auftreten (Gans, 1962). In diesen Sozialbeziehungen finden auch die Freizeitaktivitäten des Arbeiters statt. Die solidarischen Verhaltensmuster können als Alternative zur herrschenden individuellen Interessenorientierung verstanden werden. Gleichzeitig können sie als Versuch interpretiert werden, die in der kapitalistischen Gesellschaft herrschenden individuellen Leistungsforderungen abzuwehren.
Diese subkulturelle Abwehrleistung wirkt sich auf die verschiedensten Verhaltensmuster aus. Um in einer grundsätzlich widersprüchlichen und unbefriedigenden Situation überhaupt handlungsfähig zu sein, werden Normen aufgestellt, deren Befolgung rigide verlangt wird, Konflikte werden auf Gegensätze reduziert, Ambivalenzen geleugnet, Veränderungen abgewehrt. »Der Mangel an Ambivalenztoleranz, Normenrigidität, Schwarz-Weiß-Denken, Antiintellektualismus, bestimmte Formen von Konservatismus und Traditionalismus« (Hack, 1969/70, S. 3) der Arbeiter können so erklärt werden.
Die Erfahrung des Arbeiters, seine abhängige Stellung im Produktionsprozeß mit geringen beruflichen Aufstiegschancen, kurzfristigen Lohnauszahlungen, so gut wie keinen Einfluß-

möglichkeiten auf den Arbeitsprozeß, die Monotonie der Arbeit, haben ein kurzfristiges Planungsverhalten zur Folge (Le Shan, 1952, Wallace/Rabin, 1960). Planen kann nur für den sinnvoll sein, der positive Veränderungen für die Zukunft erwartet, der Fortschritt und Aufstieg als reale Möglichkeit bereits kennengelernt hat. Entsprechend wirkt die Forderung nach Aufschub von Befriedigung eher angsterregend und erweckt Mißtrauen. Nur konkrete und kontrollierbare Versprechen können das Vertrauen des Arbeiters so weit gewinnen, daß er die Befriedigung eines Bedürfnisses in die Zukunft verlegt (Caesar i. d. F. 1972, S. 31 ff.).
Die berufliche Situation der Mittelschichten ist im Gegensatz zu der des Arbeiters nicht durch körperliche Arbeit gekennzeichnet, sondern durch den Umgang mit Symbolen, Personen oder Ideen. Selbständige Einflußnahme auf den Ablauf des Arbeitsgeschehens (ztl. Arbeitseinteilung, Beeinflussung durch eigene Ideen u. a.), ebenso wie die Einsicht in die Struktur des Arbeitsplatzes charakterisieren z. T. realiter, z. T. nur durch die Identifikation mit den Interessen des Arbeitgebers, ihre Lage. Individueller Aufstieg erscheint auf Grund eigener Leistung möglich. Die Mittelschichten haben entweder einen bereits erreichten Lebensstil zu verteidigen, der nur durch langfristige Orientierungen, Erziehungs- und Berufspläne erhalten werden kann, oder streben einen solchen Lebensstil an, der nur so zu erreichen ist. Ihre entsprechend langfristige Lebensplanung wird durch ein geregeltes Einkommen gestützt. Dieser leistungsbezogenen Mittelschichtsideologie entspricht eine aktiv-manipulierende Einstellung zur Umwelt ebenso wie ein stark am Aufschub von Befriedigungsmöglichkeiten zugunsten längerfristiger Planung orientiertes Handlungsmuster (Caesar i. d. F. 1972, S. 27 ff.).
Individuelle Interessenorientierung beherrscht grundlegend alle Verhaltensweisen. Die Sozialbeziehungen sind durch die Wahrnehmung individueller Besonderheiten geprägt. Für die Entwicklung kollektiver solidarischer Verhaltensmuster besteht scheinbar keine Notwendigkeit (Kohn, 1963). Das Bemühen um Aufstieg bleibt aber gerade für große Teile der unteren Mittelschicht weitgehend Wunsch, wird nur in seltenen Fällen Realität.

Weitere Literatur: Beckenbach u. a. 1973; Hager u. a. 1973; IMSF 1973, 1974; Osterland u. a. 1973; Otten 1973; Pr. Klassenan. 1973; PZ Pr. 1974

9. Schichtspezifische Familienstrukturen

Die Beziehung zwischen Gesellschaft, Familienstruktur, Erziehungstechniken und der Persönlichkeit wurde in grundlegender Weise von Freud untersucht. Vor allem mit seinen Aussagen über die Struktur der bürgerlichen Familie, dem davon bestimmten Ablauf der ödipalen Phase mit seinen Konsequenzen für Über-Ich-Bildung und Geschlechtsidentität, die entscheidend das Verhalten der nächsten Generation prägen, hat Freud eine historische Beschreibung der Wechselwirkung zwischen Familie und bürgerlicher Gesellschaft gegeben.

Die gesellschaftliche Relevanz familiärer Sozialisation wurde in den Studien über Autorität und Familie und den Untersuchungen über den autoritären Charakter systematisch mit Hilfe der Freudschen Erkenntnisse weiter untersucht.

Die Entstehung von gesellschaftlich wirksamen Einstellungskomplexen wird hier auf die Mechanismen autoritärer Sozialisation zurückgeführt, wobei eine klassenspezifische Differenzierung jedoch fehlt. Ebensowenig wird versucht, die individualpsychologischen Erkenntnisse im Zusammenhang mit einer Kapitalismusanalyse zu interpretieren. In diesen Untersuchungen werden vor allem die gesellschaftlich bedingten Zerfallserscheinungen der bürgerlichen Familie im Hinblick auf die Entstehung autoritärer Charakterstrukturen analysaert. Ihre Ergebnisse zeigen aber in aller Deutlichkeit, daß die Familie in einer unlösbaren Verflechtung mit dem gesellschaftlichen Prozeß steht, daß ihr Schicksal von diesem abhängt. In der kapitalistischen Gesellschaft ist es dementsprechend unrealistisch, auf eine Emanzipation der Familie zu hoffen. »[...] es gibt keine Emanzipation der Familie ohne die Emanzipation des Ganzen.« »Daß eine Familie der ›Gleichrangigkeit‹ inmitten einer Gesellschaft sich verwirklicht, in der die Menschheit nicht selbst mündig, die Menschenrechte nicht in weit entschiedenerem Sinne hergestellt wären, ist wohl illusionär« (Soz. Exkurse, 1956, S. 129).

Die in den kapitalistischen Gesellschaften dominante Familienform ist die der Kleinfamilie, die aus den Eltern und Kindern besteht. Trotzdem tritt vor allem in den obersten Schichten der Gesellschaft noch die erweiterte Familienform auf. König führt dies auf die spezifische Funktion dieser Familienform zurück, wirtschaftliche Güter in einer Verwandtengruppe zu binden

(König, 1966, S. 6). Demgegenüber ist eine Kleinfamilie, bestehend aus Eltern und Kindern, durchschnittlich nicht in der Lage, größeres Eigentum aufzubringen, so daß die erweiterte Familie überall da auftritt, wo die Ausübung wirtschaftlicher Tätigkeiten an das Vorhandensein eines größeren Eigentums gebunden ist. So sind auch im Kapitalismus die großen Vermögen häufiger ... die Familie gebunden. »Genau wie die älteren Adels-Kaufr... nd Patrizierfamilien damit ein Vermögen über viele ... in der Hand einer Familie erhielten, geschieht ... S. 7).
Die jewe... um Eigentum erweist sich als der ent... Erklärung der in einer Gesellscha... Die vorherrschende Existenz ... apitalistischen Gesellschaft führt K... e Mitglieder unterer Schichten im Geg... edern der obersten Schicht im individuellen L... tehen. »Unter dem Einfluß des modernen bürokrati... tes (unterliegt) auch die Familie des spätpatriarchalischen ... rgertums einem Kontraktionsprozeß [...], an dessen Ende die moderne Gattenfamilie steht, als Ergebnis der Universalisierung der [...] Arbeiterfamilie mit der für sie bezeichnenden Lohnabhängigkeit, mit der die bürgerliche Familie insofern zunehmend verschwimmt, als auch für sie wirtschaftliche Abhängigkeit zum allgemeinen Lebensgesetz geworden ist« (ders., S. 19). Dennoch lassen sich wesentliche Unterschiede zwischen der Arbeiterfamilie und der Familie der Mittelschichten feststellen.

Die Arbeiterfamilie

»Die gesellschaftliche Unfreiheit hat immer dort das größte, individuelle Leiden produziert, wo sie am drückendsten spürbar war, nämlich bei den Ärmsten der Gesellschaft« (Berndt, 1969, S. 136). Diese Aussage von Heide Berndt charakterisiert bereits kurz die Situation der Arbeiterfamilien (s. zum folg. Literaturüberblick Caesar i. d. F. 1972, S. 40 ff.).
Die Beziehung zwischen den Ehegatten sind patriarchalisch organisiert. Es besteht eine streng nach dem Geschlecht geordnete Arbeitsteilung. Der Vater legitimiert seine Dominanz über Mutter und Kind durch seine Rolle als ökonomischer Versorger der Familie. Die Mutter sorgt für die Haushaltsführung und die Kindererziehung und ist in vielen Fällen selbst noch berufstätig. Die Berufstätigkeit der Mutter ist in der Arbeiterschicht signifikant höher als in anderen sozialen Schichten. Der Vater wird fast ausschließlich zur Disziplinierungsinstanz im Erzie-

hungsprozeß und wird in dieser Rolle auch von der Mutter unterstützt. Vielfach wird aber auch diese Funktion nicht vom Vater erfüllt, der sich oft fast gänzlich aus dem Leben der Familie in das der *peer-groups* zurückzieht. Diese Freundschafts- und Verwandtschaftsbeziehungen sind ebenfalls geschlechtsspezifisch organisiert und absorbieren einen großen Teil der Aktivitäten und Interessen beider Ehepartner, so daß weniger in der Ehe als primär in diesen Beziehungen affektive Befriedigung gesucht wird. Die häufige Abwesenheit des Vaters aus der Familie bedeutet, daß die Mutter faktisch in der Familie dominiert, was aufgrund der stereotypen Geschlechtsrollenvorstellungen von beiden Ehepartnern subjektiv abgelehnt wird. Diese Dominanz wird durch die in vielen Fällen notwendige Berufstätigkeit der Frau weiter unterstützt. Damit ist eine negative Bewertung des Ehemannes verbunden, der ja seiner Versorgerrolle nur unzureichend nachkommt und damit auch seine Autorität nicht mehr legitimieren kann, obwohl er sie weiter aufrechterhält. Das in der Arbeiterschicht aufrechterhaltene männliche Rollenstereotyp, die Überbetonung von Männlichkeit und Aggressivität, die Bewunderung körperlicher Stärke und Gerissenheit können nur aus der objektiven Lage der unteren Schichten verstanden werden. Sie »hängen mit der Gefährdung der von der Gesellschaft geforderten männlichen Rolle durch Arbeitslosigkeit zusammen, oder überhaupt damit, daß die Arbeit unqualifiziert ist und keine persönliche Befriedigung bedeutet und sich auch nicht positiv von der Tätigkeit der Frauen absetzt« (Berndt, 1968, S. 44). Die Konflikte kristallisieren sich häufig um den sexuellen Aspekt der Ehebeziehung, der in der Unterschicht negativ besetzt ist (Oevermann 1969, S. 91). Die Konflikte werden nicht in familiärer Diskussion gelöst, sondern enden damit, daß die Partner sich in ihre *peer-groups* zurückziehen. Die zentrale Bedeutung sexueller Konflikte in der unteren Unterschicht haben die Untersuchungen von Rainwater (1960, 1964) für die USA festgestellt. In Deutschland sind die sexuellen Konflikte in dieser Schicht weniger stark ausgeprägt, was Schmidt und Sigusch (1971) in ihrer Untersuchung auf die besseren sozio-ökonomischen Lebensbedingungen dieser Schicht in Deutschland zurückführen.

Die aus der Arbeitswelt stammende Frustration des Mannes – und bei Berufstätigkeit auch der Frau –, setzt sich in aggressives Verhalten sowohl gegenüber den Ehepartnern als auch den Kindern um. Das Verhalten der Arbeiterfamilie kann allgemein als relativ autoritär, sexualfeindlich und formell angesehen werden. Trotz dieser sich aus der objektiven Situation ergebenden familialen Spannungen wird die Familie – zusammen mit einigen Nachbarschafts- und Freundschaftsbeziehungen, in denen die Familie eingebettet ist – als ein Schutzraum gegenüber der bedrohlichen Außenwelt aufgefaßt, in dem ungehindert Aggressionen und Regressionen ausgelebt werden können. Um diese Funktion der psychischen Stabilisierung der Mitglieder aufrechterhalten zu können, wird das einzelne Familienmitglied nicht als Individuum mit seinen besonderen Eigenschaften, sondern als Gruppenmitglied gesehen. Die permanent vorhandenen Konflikte zwischen den Familienmitgliedern werden nicht differenziert verbalisiert, sondern soziale Verbundenheit und Solidarität werden maximal betont. Die Identität des Individuums wird durch seine Gruppenzugehörigkeit und durch Konformität mit den Normen der Gruppe bestimmt. Die rigiden Rollenerwartungen in der Familie ermöglichen einen hohen Grad der Übereinstimmung in der Definition der sozialen Situation, eine relativ einheitliche Realitätsdeutung. Damit sind die Merkmale der Beziehungen in der Arbeiterfamilie wesentlich der Garant für solidarische Verhaltensweisen in einer durch permanente Spannungen definierten sozialen Situation.

Die Eltern-Kind-Beziehungen in der Arbeiterfamilie sind ebenfalls primär durch den Versuch gekennzeichnet, die interne Stabilität der Familie zu sichern, nicht aber die individuelle Persönlichkeitsentwicklung der Kinder zu fördern. Die Wahrung der elterlichen Autoritätsposition steht im Vordergrund. Die Versorgung des Kindes stellt primär ein materiell-ökonomisches und zeitliches Problem dar. Bereits eine kurze Darstellung des häuslichen Milieus macht die Problematik der Erziehung deutlich. »Die häusliche Umgebung läßt sich überspitzt charakterisieren durch überfüllte und hygienisch oft unzureichende Wohnungen; das Fehlen einer abgeschlossenen ›Privatsphäre‹ für jedes Individuum, besonders aber auch das Fehlen räumlicher Trennung von Erwachsenen und Kindern; mangelhafte Ausstattung der Wohnung mit ›stimulierenden‹ Gegenständen: monotone Wohnungseinrichtung; wenig adäquates Spielzeug; beschränkte Möglichkeit, schon im frühen Alter zu lernen, mit später wichtigem ›Kulturwerkzeug‹ wie Bleistiften, Büchern, Zeichenpapier etc. umzugehen« (Soz. u. komp. Erz., 1969, S. 103).

Die materiellen Bedingungen und die psychischen Belastungen, denen die Eltern in Beruf und Familie ausgesetzt sind, erklären, daß Verhaltenseinschränkungen und Disziplinierungen in der Erziehung überwiegen. Die Erwartung, daß äußere Regeln eingehalten werden, schlägt sich in der Bewertung solcher Eigenschaften wie Sauberkeit, Ordentlichkeit und gute Manieren nieder, ebenso in der Betonung von Gehorsam; alles Eigenschaften, die den geforderten Tugenden am Arbeitsplatz entsprechen und damit das Kind bereits früh auf seine spätere Berufsrolle vorbereiten. Die Eltern, die den ganzen Tag den Unterordnungszwängen am Arbeitsplatz ausgesetzt sind, haben gar keine erlebte Alternative, aus der heraus sie eine andere Erziehungshaltung gegenüber ihren Kindern einnehmen könnten. Obwohl die Kinder früh dazu angehalten werden, durch Routinefertigkeiten im Haushalt mitzuhelfen, werden ihnen kaum selbständige Entscheidungen ermöglicht. Die Folge davon ist eine starke psychische Abhängigkeit vor allem von der Mutter, die primär die Erziehungsaufgabe leistet. Daneben darf nicht vergessen werden, daß die Arbeiterkinder relativ früh und für große Teile des Tages sich der elterlichen Beaufsichtigung entziehen. Wesentliche Erfahrungen sammelt das Arbeiterkind auf der Straße in Kindergruppen. »Die peergroup gewährt nicht nur emotionalen Rückhalt, der bei der Mutter fehlt, sie ersetzt auch das Vorbild des Vaters« (Berndt, 1968, S. 44). Die Möglichkeit, sich aus der Familie in die Kindergruppen zurückzuziehen, besteht im größeren Ausmaß für den Jungen. Die Mädchen werden stärker für Haushaltsarbeiten herangezogen.

Die Form der Sozialbeziehungen in der Arbeiterschicht spiegelt sich in ihrer typischen Sprachweise, dem *restricted Code*. Dieser ist dadurch gekennzeichnet, daß die Wahl des Vokabulars und der grammatischen Formen von einem Beobachter mit hoher Wahrscheinlichkeit vorausgesagt werden kann. »Individuelle Unterschiede und Differenzen werden nicht signalisiert. Individuiertes Verhalten würde nur Abweichung bedeuten und negative Sanktionen zur Folge haben. Subjektive Intentionen werden nicht verbal, sondern – wenn überhaupt – extraverbal expliziert. Das Individuum gilt nicht als Subjekt mit eigener Identität, sondern als Repräsentant der Subkultur, als Träger kollektiver Solidarität« (Oevermann, 1966, S. 173). Die Arbeiterkinder verwenden entsprechend häufiger soziozentrische Satzformen, so wie Zustimmung erheischende und Solidarität verstärkende Floskeln, was die Orientierung an einer kollektiv standardisierten Gruppenmoral ausdrückt. Die Individualität des Sprechers tritt zurück hinter der Solidarität und Verbundenheit mit den Zuhörern, mit denen ein gemeinsamer Erfahrungshorizont stillschweigend angenommen wird. Auf den Reichtum expressiver und ebenso konkret beschreibender Bezeichnungen, ebenso wie auf die große Anzahl detailliert abgestufter Wörter für typische Gegenstandsbereiche der Arbeiterschicht wird von Oevermann hingewiesen und dabei die Vielfältigkeit der Wörter wie z. B. für Geld und Polizei erwähnt. Diese Sprache als Ausdruck der Lebensweise der Arbeiter enthält zugleich die Möglichkeit, sich gegen eine feindliche Umwelt abzuschirmen. Die Verachtung gegenüber den Herrschenden und das Wissen um die eigene Unterdrückung setzen sich gleichsam in verkodeter Form gerade in den genannten Beispielen durch.

»War die Klassenlage des Proletariers von Anfang an dadurch gekennzeichnet, daß ihm mit der Besitzlosigkeit auch eine autonome Privatsphäre versagt blieb, so ist mit der Konzentration des Kapitals und dem Verfall der von vielen atomistischen Warenbesitzern konstituierten Verkehrssphäre, auf der die bürgerliche Gesellschaft ökonomisch beruhte, auch die bürgerliche Familie zerstört worden« (Berndt, 1969, S. 137).
In der hochbürgerlichen Familie hatte die elterliche und vor allem die väterliche Autorität eine objektive Basis in den sichtbaren produktiven Leistungen des Vaters und des vererbbaren Familienbesitzes. Mit der Veränderung der ökonomischen Prozesse, durch die die Familienunternehmen durch unpersönliche Gruppenbildungen abgelöst werden, besteht diese objektive Basis kaum noch. Die Position des Vaters wird nicht mehr durch seine gesellschaftliche Machtstellung unterstützt. Damit ist ein Gefühl der Ohnmacht verbunden, das für alle Subjekte gilt, »weil sie die Gesellschaft, in der sie leben, und den Sinn der Rollenanforderungen im gesellschaftlichen Gesamtzusammenhang nicht verstehen können, und weil ihnen die Gratifikationen, die sie erhalten, insofern nicht mehr sicher sind, als sie die Bedingungen, unter denen Gratifikationen gewährt werden, nicht beherrschen. Diese Hilflosigkeit spricht den ideologischen Resten bürgerlich-idealistischen Selbstverständnisses hohn, die besagen, die Menschen produzieren diese Welt« (Horn, 1968, S. 69).
Der durch die ökonomische Entwicklung bestimmte Zerfall der bürgerlichen Familie wird begleitet durch die gesellschaftliche Übernahme wirtschaftlicher und erzieherischer Funktionen des Vaters. Während die bürgerliche Familie die soziale Einpassung bis ins Berufsleben bestimmte, werden heute zunehmend Sozialisierungsfunktionen frühzeitig von außerfamiliären Einrichtungen übernommen (Nachbarschaft, Kindergarten, Schule, Massenmedien).
Untersuchungen, die einen zunehmenden Demokratisierungsprozeß in den Ehepartnerbeziehungen und den Eltern-Kind-Beziehungen feststellen, können in Zusammenhang damit gesehen werden, daß die elterliche Autorität nicht mehr gesellschaftlich gesichert ist und die Eltern deshalb in allen Erziehungsfragen verunsichert und hilflos sind.
»Die Familienautorität, zumal als eine der Sexualtabus, hat sich gelockert, weil die Familie den Lebensunterhalt nicht mehr zuverlässig garantiert und weil sie das Individuum gegen die immer übermächtiger drängende Umwelt nicht mehr zureichend schützt« (Soz. Exk., 1956, S. 123).
Die Lockerung des Sexualtabus führt aber nicht zu einer aufge-

klärten Erziehungshaltung, sondern muß ebenfalls als Ausdruck der Unsicherheit und Hilflosigkeit gesehen werden, die Folge der eigenen Unzufriedenheit und gesellschaftlichen Desorientierung ist. Die Unterdrückung der kindlichen Sexualität erfolgt auch weiterhin. Die Unsicherheit der Eltern setzt sich in willkürlichen Unterdrückungsmaßnahmen gegenüber der kindlichen Sexualität durch, die den Eltern weitgehend unbewußt bleiben und bei Bewußtwerden einer nachträglichen Rationalisierung unterliegen. Das Bemühen um eine aufgeklärte und liberale Erziehung der Kinder, vor allem in der oberen Mittelschicht, resultiert also im wesentlichen aus einer Verunsicherung der Generations- und Erziehungsverhältnisse.

Das Ziel der Erziehung läßt sich im Zusammenhang mit den für die Mittelschicht als typisch beschriebenen individuellen Leistungs- und Aufstiegsorientierungen sehen, die auf die Bewahrung oder das Erreichen eines bestimmten Lebensstils zielen. Da die eigene gesellschaftliche Position vorwiegend auf der beruflichen Stellung und nicht auf akkumulationsfähigem Eigentum beruht, kann sie nur durch eine ähnliche Qualifikation der Kinder erhalten werden. Das Kind wird bereits relativ früh mit leistungsbezogenen Erwartungen konfrontiert. Die Persönlichkeitsentwicklung durch Ausbildung der individuellen Charaktereigenschaften, besonders intellektueller und sozialer Fähigkeiten, steht im Mittelpunkt. Die Entwicklung von Selbstkontrolle als Hauptproblem der Erziehung wird nicht als die Befolgung von äußerlich gesetzten Regeln definiert, sondern als selbständige Beherrschung spontaner affektiver Regungen und als selbständige Befolgung verinnerlichter Verhaltenserwartungen. Die Beherrschung der eigenen Bedürfnisse zugunsten zukünftiger Befriedigung wird dem Kind aufgrund der elterlichen Aufstiegserwartung aufgezwungen (Caesar i. d. F. 1972, S. 91).

In der Sprechweise der Mittelschicht, dem *elaborierten Code*, äußert sich die individuelle Wertorientierung in einem häufigeren Gebrauch des die personale Identität in Sozialbeziehungen betonenden Personalpronomens »Ich«. Seiner Struktur nach fördert der elaborierte Code Individuierungsprozesse: »die Identität des Einzelnen steht in der entsprechenden Sozialbeziehung im Vordergrund. Individuelle Unterschiede werden beachtet und betont, subjektive Intentionen werden verbal expliziert und nicht als aus der sozialen Position des Sprechers automatisch herleitbar unterstellt. Die Sprechweise ist abstrakter und reicher an Differenzierungsmöglichkeiten« (Oevermann, 1966, S. 173).

Die Untersuchungsergebnisse über Mittelschichtsfamilien werden fast immer als Voraussetzung für die Entwicklung flexibler Über-Ich-Strukturen und damit als Bedingung emanzipatorischen Verhaltens interpretiert. Als Beispiel wird dann die studentische Protestbewegung zitiert. So folgert auch Habermas: »Die wenigen Daten, die vorliegen, bestätigen die Vermutung, daß sich der Protest der Jugendlichen aus bürgerlichen Elternhäusern mit dem Muster des seit Generationen üblichen Autoritätskonflikts überhaupt nicht mehr deckt. Die aktiven Studenten haben eher Eltern, die ihre kritischen Einstellungen teilen; sie sind relativ oft mit mehr psychologischem Verständnis und nach liberalen Erziehungsgrundsätzen aufgewachsen als die nicht aktiven Vergleichsgruppen. Ihre Sozialisation scheint sich eher in den von unmittelbarem ökonomischem Zwang freigesetzten Subkulturen vollzogen zu haben, in denen die Überlieferungen der bürgerlichen Moral und die kleinbürgerlichen Anleitungen ihre Funktion verloren haben [...] Diese Erziehungstechniken können Erfahrungen ermöglichen und Orientierungen begünstigen, die mit der konservierten Lebensform einer Ökonomie der Armut zusammenprallen. Auf dieser Grundlage könnte sich ein prinzipielles Unverständnis für die sinnlose Reproduktion überflüssig gewordener Tugenden und Opfer herausbilden – ein Unverständnis dafür, warum das Leben des einzelnen trotz des hohen Standes der technologischen Entwicklung nach wie vor durch das Diktat der Berufsarbeit, durch die Ethik des Leistungswettbewerbs, durch den Druck der Statuskonkurrenz, durch Werte der possessiven Verdinglichung und der angebotenen Surrogatbefriedigung bestimmt ist, warum der institutionalisierte Kampf ums Dasein, die Disziplin der entfremdeten Arbeit, die Tilgung von Sinnlichkeit und ästhetischer Befriedigung aufrechterhalten werden« (Habermas, 1968, S. 102 f.).

Diese psychologisierende Erklärung der Protestbewegung soll hier nicht diskutiert werden, vielmehr soll darauf hingewiesen werden, daß diese optimalen Erziehungsbedingungen nur für einen kleinen Teil der Mittelschicht zutreffen und nur für einen Teil der Protestbewegung. Nur bei wenigen ist die berufliche und ökonomische Situation so gestaltet, daß die Eltern ihre Unsicherheit, die durch ihre eigene rigide Erziehung und die Haltung der Umwelt bedingt ist, nicht immer wieder durch autoritäre Verhaltensweisen bewältigen müssen. Dies dürfte vor allem für den Teil der oberen Mittelschicht gelten, der als ›finanziell gesicherte Intelligenz‹ bezeichnet werden kann (Anwälte, Ärzte, Professoren). Die Eltern besitzen meist eine höhere Schulbildung und zeichnen sich häufig durch eine liberaldemokratische politische Einstellung aus. Ihr Erziehungsstil ist dadurch gekennzeichnet, daß sie die persönlichen Bedürfnisse des Kindes zu verstehen suchen und der Persönlichkeitsentwicklung des Kindes viel Platz einräumen. Bei der Bedrohung ihrer Position, sei es durch die eigenen Kinder oder durch gesellschaftliche Prozesse, dürften aber auch große Teile dieser ›liberalen‹ Angehörigen der Mittelschicht ein autoritär-konser-

vatives Verhalten sowohl gegenüber ihren Kindern als auch in politischer Hinsicht an den Tag legen.
Der größte Teil der Mittelschicht befindet sich allerdings bereits von Anfang an in einer gefährdeten gesellschaftlichen Position, in der er zwischen der Furcht vor sozialem Abstieg und irrealen Wünschen nach Aufstieg hin und her schwankt. Besonders für die unteren und mittleren Angestellten impliziert ihre objektive Funktion eine Identifikation mit dem Unternehmerinteresse.
»Ein Angestellter verkauft seiner Firma nicht nur seine Zeit und seine Arbeitskraft, sondern dazu auch noch seine ganze Persönlichkeit. Sein Lächeln und seine kleinen freundlichen Gesten sind im Gehalt genauso inbegriffen wie das Unterdrücken von Widerspruch und Ärger. Diese persönlichen Dinge sind von kommerziellem Wert und werden benötigt, damit Waren und Dienst besser oder mit größerem Nutzen zur Verteilung kommen können« (Mills, 1951, S. 21 f.).
Selbstbeherrschung ist hier also eine notwendige Eigenschaft. Da der faktische Erfolg von kommerziellen Interaktionen aber nur gering vom Verhalten des Angestellten abhängig ist, vielmehr von objektiven wirtschaftlichen Faktoren, führt die Identifikation mit den herrschenden individuellen Wertorientierungen kaum zum Erfolg. Dieser Konflikt bedeutet eine starke Identitätsbedrohung. Rigide Verhaltensweisen sind Folge der entsprechenden Angstbewältigung.
Die beruflich begründete Verunsicherung kann im Erziehungsverhalten dazu führen, daß der Vater die sexuellen Bestrebungen des Sohnes in der ödipalen Phase als bedrohlich und rivalisierend empfindet und sie stark unterdrückt. Zugleich fordert er vom Kind nachdrücklich, daß es sich mit ihm identifizieren soll, um so eine durch seine berufliche Situation nicht geleistete Selbstbestätigung in der Familie zu erlangen. Diese sexuelle Ansprüche abwehrende und zugleich Identifikation fordernde Einstellung führt zur Entwicklung von feindlichen Regungen auf seiten des Kindes gegenüber dem Vater. Diese feindlichen Regungen unterdrückt das Kind durch Errichtung eines starren Über-Ichs. Daß damit die Grundlagen für neurotische Tendenzen gelegt werden, wie sie in der Mittelschicht im Vergleich zur Unterschicht häufiger festzustellen sind, erscheint einsichtig (vgl. Hack, 1970).
Auch in der Phase des organisierten Kapitals ist der Vater in der gesamten Mittelschicht das erste Aggressionsobjekt in der ödipalen Phase. Im Vergleich zu anderen gesellschaftlichen Mächten erkennt das Kind den Vater aber bald als relativ schwach. Die Identifikation mit dem Vater ist nicht mehr zugleich Identifikation mit der Macht. »Rascher als früher findet das Kind heraus, daß der Vater keineswegs Macht, Gerechtig-

keit und Güte verkörpert, vor allem auch keineswegs den Schutz gewährt, den es sich zunächst von ihm verspricht« (Soz. Exk., 1956, S. 126).

Die Über-Ich-Bildung als Folge der ödipalen Problematik ist weniger ausgeprägt als früher an das persönliche Erlebnis der Familiensituation gebunden. Die Autoritätskonflikte werden tendenziell nicht mehr mit persönlichen Vaterbildern (z. B. Chef) ausgetragen, sondern mit kollektiven Mächten. »Das Kind bringt aus der Beziehung zum Vater nur noch die abstrakte Idee willkürlicher, unbedingter Macht und Stärke mit und sucht nach einem stärkeren, mächtigeren Vater als dem realen, der jenem Bild nicht mehr Genüge tut, einem Übervater gleichsam, wie ihn die totalitären Ideologien produzieren. Der Vater wird durch kollektive Mächte wie die Schulklasse, die Sportmannschaft, den Club, schließlich durch den Staat ersetzt« (Soz. Exk., 1956, S. 127).

Andererseits können in bestimmten sozialen Situationen, durch den bald wahrnehmbaren Widerspruch zwischen väterlichem Machtanspruch und seiner de facto Machtlosigkeit, die ungelösten Autoritätskonflikte auch in die Auseinandersetzung mit sozialen Autoritäten getragen werden. Mit einer solchen Erklärung muß auch die Protestbewegung nicht auf günstige Sozialisationsbedingungen aller ihrer Anhänger zurückgeführt werden. Vielmehr scheinen autoritäres und kritisches Verhalten auf den tendenziell gleichen frühkindlichen Erfahrungen zu beruhen, die durch eine gesellschaftlich nicht mehr gestützte, aber in der Familie dennoch weitgehend aufrechterhaltene Machtposition des Vaters gekennzeichnet ist. Daß dabei Kinder der oberen Mittelschicht eine bessere Voraussetzung für eine Auseinandersetzung mit sozialen Autoritäten aufgrund ihrer weniger autoritär organisierten Familien mitbringen, dürfte klar sein. Wieweit diese sich als kritische Haltung auswirkt, die die eigenen günstigen Positionen kritisiert und für eine Überwindung gesellschaftlicher Mißstände sich einsetzt, dürfte weitgehend von der Art der subjektiv erfahrenen Widersprüche abhängen, von der Bedrohung durch gesellschaftliche Agenturen.

Zusammenfassung

Während in der Mittelschicht vor allem individualistische, auf die einzelne Persönlichkeit gerichtete Orientierungen vorherrschen, die im Zusammenhang mit der individuellen Aufstiegserwartung dieser Schicht zu verstehen sind, sind in der Familie der Unterschicht vor allem die kollektiven Verhaltensmuster entscheidend. Die Beachtung individueller Unterschiede ist für

die Lebensbewältigung der Arbeiter nur von geringer Bedeutung, da ihre Lebensperspektive nicht von subjektiven individuellen Fähigkeiten abhängt. Die rigiden nach Geschlecht und Alter differenzierten Rollenverteilungen in der Arbeiterfamilie können als Abwehrleistungen interpretiert werden. Gerade durch die Festlegung der Familie und der sie einschließenden Freundschafts- und Verwandtschaftsbeziehungen auf eine gemeinsame Realitätsdeutung ist es möglich, kollektive Verhaltensweisen in einer durch prinzipielle Widersprüche gekennzeichneten sozialen Umwelt aufrechtzuerhalten. Die primäre Betonung von Gehorsam und Sauberkeit und das Bestehen auf der Einhaltung äußerer Regeln sind ebenso in diesem Zusammenhang interpretierbar.
Die Verhaltensmuster der Mittelschichtsfamilie müssen im Zusammenhang mit dem Zerfall der bürgerlichen Familie gesehen werden. Dabei ist es wichtig, zwischen dem Teil der Mittelschicht zu unterscheiden, der kaum vom sozialen Abstieg bedroht ist und dessen berufliche Position tatsächlich noch relativ weitgehend durch aktiv manipulierende individuelle Verhaltensweisen beeinflußbar ist und gleichzeitig eine kritische Distanzierung und damit das Erkennen gesamtgesellschaftlich bedingter Widersprüche erlaubt, und dem Teil der Mittelschicht, der die Angestellten des unteren und mittleren Bereichs umfaßt, für die diese Möglichkeiten weitgehend nicht zutreffen.
In der oberen Mittelschicht dürften in der Familie eher partnerschaftliche Beziehungen vorherrschen, da auf einem materiell relativ gut gesicherten Hintergrund und einer differenzierten Ausbildung beider Ehepartner eine relativ große Variabilität an gemeinsamen Interessen zur Verfügung steht. Die Entfaltung von intellektuellen Fähigkeiten und die Ausrichtung an individuellen Bedürfnissen werden in der Erziehung betont und stehen im Dienst der Erhaltung der erreichten gesellschaftlichen Position. In der unteren und mittleren Mittelschicht dagegen führen die aus der beruflichen Sphäre stammenden Identitätsbedrohungen zu ungleich rigideren Verhaltensmustern. Die dauernd geforderte Selbstkontrolle bestimmt sowohl die Ehepartner- als auch die Eltern-Kind-Beziehungen. Die Unterdrückung der kindlichen sexuellen Bedürfnisse führt zu einer starren Über-Ich-Bildung und tendenziell neurotischem Verhalten der Kinder. Neurotische Entwicklungen dürften aber auch in der oberen Mittelschicht die Konsequenz sein, wenn die erwarteten Lebensperspektiven sich als Illusion herausstellen und unter der liberalen Erziehungshaltung der Eltern verdeckte frühkindliche Konflikte wieder aufbrechen.
Der Zerfall der bürgerlichen Familie hat allgemein für die Mittelschicht zur Folge, daß die Auseinandersetzung mit der väterlichen Autorität nicht mehr als Grundlage einer ich-starken

Entwicklung gelten kann, da die familiäre Machtstellung des Vaters ihrer gesellschaftlichen Legitimation weitgehend beraubt ist. Die Familienautorität ist nicht mehr Vorbild, sie ist vielmehr selbst ohnmächtiges Opfer der sozialen Autorität. Die Familienstruktur der oberen Mittelschicht scheint dem Kind später eher die Möglichkeit zu geben, die Auseinandersetzung mit dem väterlichen Machtanspruch in die Auseinandersetzung mit sozialen Autoritäten überzuführen. Die Realisierung dieser Möglichkeit wird allerdings von objektiven Faktoren bestimmt. So ist die Protestbewegung nicht mit Hilfe sozialpsychologischer Kategorien zu erklären, sondern muß im Zusammenhang mit der Bedeutung der Bildungsinstitutionen im organisierten Kapitalismus und den spezifischen, im Bildungsprozeß erfahrenen gesellschaftlichen Widersprüchen verstanden werden.

Weitere Literatur: b : e Tabu 1972; Bleuel 1971; Biermann 1969; Hager u. a. 1973; Milhoffer 1973; Ortmann 1972; Rolff 1973; Vinnai 1973

10. Schichtspezifische Elterneinstellungen und Erziehungspraktiken

Nachdem im vorangegangenen Abschnitt die Eltern-Beziehungen und die Eltern-Kind-Beziehungen dargestellt wurden, sollen jetzt die von den Eltern eingesetzten Erziehungsmethoden untersucht werden, mit deren Hilfe die Eltern ihre Erwartungen durchzusetzen versuchen.
(Die folgenden thesenhaften Ausführungen lehnen sich weitgehend an die ausführliche Darstellung empirischer Untersuchungsergebnisse bei Caesar an [i. d. F. 1972, 1, III]).
Es handelt sich hier z. T. um eine Wiederholung früherer Ausführungen. Dies erscheint aber unter dem Gesichtspunkt der systematischen Darstellung der in der Sozialisationsforschung bisher untersuchten Einzelaspekte gerechtfertigt. Gleichzeitig soll damit auf die Gefahr einer isolierten, formalen Analyse von Erziehungstechniken ohne Berücksichtigung ihrer Abhängigkeit von gesamtgesellschaftlichen Prozessen hingewiesen werden.
Unter dem Einfluß der Psychoanalyse berücksichtigten die ersten Untersuchungen über Erziehungsverhalten primär die Behandlung von Säuglingen und Kleinkindern. Fütterungspraktiken, Entwöhnung, Reinlichkeitserziehung und ihre Auswirkung auf die Entwicklung der kindlichen Persönlichkeit standen im Vordergrund. Die Untersuchungsergebnisse auf diesem Gebiet sind widersprüchlich (s. Caldwell, 1964, Sewell, 1952). Aus diesem Grund werden die frühen Aufzuchtspraktiken zunehmend in der Sozialisationsforschung nur als ein Teil der gesamten elterlichen Verhaltensweisen betrachtet (Maccoby 1961), der allerdings als Indikator für die allgemeinen Orientierungen der Eltern gegenüber dem Kind betrachtet werden kann.
Die Vernachlässigung der sexuellen Prozesse in der Sozialisationsforschung kann durch die Schwierigkeit erklärt werden, diese Prozesse der empirischen Forschung zugänglich zu machen. Die sexuellen Aspekte des Sozialisationsvorganges unterliegen weitgehend der Verdrängung und sind der Befragung kaum zugänglich. Zum anderen muß aber die offensichtliche Abkehr von psychoanalytischen Erkenntnissen auch mit der ideologischen Funktion der Sozialisationsforschung erklärt werden, bestehende gesellschaftliche Verhältnisse zu stabilisieren, indem eine Kritik an den Erziehungsmöglichkeiten in der kapitalistischen Gesellschaft vermieden wird.

Die vorliegenden Untersuchungsergebnisse über Erziehungseinstellungen und Techniken sind aus methodischen Gründen problematisch (s. Yarrow, 1963, Littmann u. a., 1970). In den meisten Untersuchungen werden nur Mütter interviewt, die Rolle des Vaters wird vernachlässigt. Weiterhin müssen die Aussagen der Mütter im Hinblick auf ihre Zuverlässigkeit und Gültigkeit problematisch erscheinen, da anzunehmen ist, daß bewußte oder unbewußte Verzerrungen in die Selbstdarstellung über ihr Autoritätsverhalten eingehen. Grundsätzlich gehen durch die Interviewmethode die Art, Häufigkeit und Intensität des Verhaltens je nach dem Situationsbezug, den Reaktionen des Kindes oder der Stimmung der Mutter verloren.
Wenn im folgenden die Einstellungen der Eltern von ihren Erziehungspraktiken unterschieden werden, so deshalb, weil die Einstellungen die allgemeinen auf das Kind gerichteten Orientierungen bezeichnen. Die konkreten Erziehungspraktiken stellen nur einen Teil der Eltern-Kind-Interaktionen dar, in die sich die allgemeinen Einstellungen umsetzen. Das schichtspezifische Erziehungsverhalten der Eltern läßt sich mit Hilfe von zwei Einstellungsdimensionen beschreiben, deren eine die emotionale Tönung der Eltern-Kind-Beziehung und deren andere den Grad der dem Kind zugebilligten Handlungsfreiheit betrifft (Schäfer, 1959, Becker, 1964).
Die Dimension Wärme versus Feindseligkeit (*warmth vs. hostility*) (s. Becker, 1964) ist auf der einen Seite gekennzeichnet durch »akzeptierendes Verhalten, gefühlsbetonte, billigende, verstehende, Kind zugewandte Einstellungen, häufigen Gebrauch von Erklärungen, positive Reaktionen auf Abhängigkeitsverhalten, häufiges Begründen, häufigen Gebrauch von Lob, wenig physische Bestrafung und (für die Mutter) geringe Kritik am Gatten. Der Pol Feindseligkeit ist dann durch die entgegengesetzten Variablen charakterisiert« (ders., S. 174).
Die Dimension Strenge versus Milde (*restrictiveness vs. permissiveness*) ist gekennzeichnet an einem Pol »durch viele Einschränkungen und strikte Beharrung auf Anforderungen im Hinblick auf sexuelles Spiel, anständiges Verhalten, Tischmanieren, Reinlichkeit, Sauberkeit, Ordentlichkeit, Sorgfalt gegenüber Zimmereinrichtung, Lärm, Gehorsam, Aggression gegenüber Geschwistern, gegenüber Gleichaltrigen, gegenüber den Eltern« (ders., S. 174, vgl. Fend, 1969, S. 89–91). Der Pol Milde ist wiederum durch die entgegengesetzten Variablen charakterisiert. Die Dimension Strenge versus Milde ist relativ unabhängig von der Dimension Wärme versus Feindseligkeit. Das bedeutet, daß Eltern relativ milde oder streng sein können, ohne damit gleizeitig automatisch jeweils affektiv warm oder feindselig sein zu müssen.
Eine dritte Dimension ängstlich-emotionale Beteiligung ver-

sus ruhige Distanz (*anxious-emotional involvement vs. calm detachment*), die bei Schäfer nicht auftritt, wird von Becker für das elterliche Einstellungsverhalten ebenfalls für wesentlich gehalten. Diese Dimension ist in empirischen Untersuchungen aber bisher kaum berücksichtigt worden. Becker selbst beschränkt sich deshalb in seinen Darstellungen auch weitgehend auf die beiden erstgenannten Dimensionen. Zur Veranschaulichung dieser dritten Dimension führt Becker an, daß sowohl »demokratische« Eltern als auch »nachgiebige« Eltern hohe Werte auf den Dimensionen »Wärme« und »Nachsichtigkeit« haben, aber »nachgiebige« Eltern mit bedeutend stärkerer emotionaler Beteiligung agieren als »demokratische«. »Überfürsorgliche« Eltern tendieren dazu, streng, affektiv und ausgeprägt emotional engagiert zu sein. Vernachlässigende Eltern stehen ihren Kindern dagegen relativ feindlich und distanziert gegenüber (Becker, S. 174 f.). Auch in unseren Ausführungen wird diese Dimension aufgrund des unzureichenden empirischen Materials nicht systematisch berücksichtigt werden können.
Mit diesen allgemeinen Einstellungen der Eltern zu ihren Kindern ist der Gebrauch bestimmter Erziehungstechniken verbunden. »Die einzelnen disziplinierenden Handlungen der Eltern stehen nicht beziehungslos nebeneinander. So ist die allgemeine Einstellung der Eltern zu ihren Kindern korreliert mit dem Gebrauch bestimmter Erziehungstechniken« (Fend, 1969, S. 91). In den folgenden Ausführungen werden machtorientierte, induktive und liebesorientierte Erziehungsmethoden unterschieden.

Die Arbeiterfamilie

Die Erziehung in der Arbeiterfamilie ist heute durch dieselbe grundsätzliche Problematik gekennzeichnet, wie Hoernle sie 1929 beschreibt als Antwort auf die Aufforderung an die proletarischen Eltern, auf ihre Autorität zu verzichten und Freunde, Kameraden ihrer Kinder zu werden:
»Aber wie sollen die proletarischen Elternmassen — wohlgemerkt, wir reden stets von den Massen, nicht von einzelnen fortgeschrittenen Ausnahmen — auf ihre Autorität, auf ihr Recht zu befehlen und zu züchtigen verzichten, solange ihnen keine anderen, besseren und erfolgreicheren Erziehungsmittel zur Verfügung stehen? Wie können sie überhaupt auf die Züchtigung und das Kommandieren der Kinder verzichten, solange sie gezwungen sind, in der engen Wohnung, unter der ständigen Bedrohung des Hauswirtes und der nörgelnden Nachbarn, gefoltert durch die eigenen Pfennigsorgen, erschöpft durch die Hetze ihrer Erwerbsarbeit, mit der Schar ihrer beweglichen,

lauten, stets mit ›Ruhe und Ordnung‹ ihrer Mietskaserne in Kollision geratenden, immer neue Kosten verursachenden Kinder fertig zu werden? [...] Auch die besten pädagogischen Absichten scheitern an den unerbittlichen Konsequenzen der materiellen und geistigen Armut des Proletariats, an seiner Abhängigkeit und Verknechtung. Befehl tritt automatisch an die Stelle gewinnender Freundlichkeit, nervöses Zanken an die Stelle geduldiger Führung.« (Hoernle, 1970, S. 62 f.).
Diese Zeilen können als Zusammenfassung der Ergebnisse der modernen schichtspezifischen Sozialisationsforschung gelten, die im folgenden referiert werden sollen.
Der affektive Kontext, in dem die Sozialisation stattfindet, ist nach den Untersuchungen von McKinley (1964), Myers u. Roberts (1959) u. a. in der Arbeiterfamilie im Vergleich zur Mittelschichtsfamilie häufiger durch Ablehnung und Indifferenz gekennzeichnet. Diese Einstellung trifft besonders für den Vater zu, weniger für die Mutter. Die Ehekonflikte, der Rückzug des Vaters aus der Erziehung, seine frustrierende Berufssituation und die Schwierigkeiten der Ehefrau- und Mutterrolle, die räumlichen und hygienischen Verhältnisse sind für die Art der emotionalen Beziehung verantwortlich. Die Bedeutung von materiellen Faktoren hat die Untersuchung von Roy (1950) unterstrichen, die einen direkten Zusammenhang zwischen zunehmender Milde in der Kindererziehung und der Anzahl der Wohnräume ergab. In der Untersuchung von Littmann u. a. (1970) wurde ebenfalls festgestellt, daß eine autoritäre und vernachlässigende Erziehung verbunden ist mit den äußeren Lebens- und Familienverhältnissen: Kinderreichtum, beengten und unzureichenden Wohnungen.
Die Machtverhältnisse in der Familie werden mit sinkender Berufsposition des Vaters zunehmend autoritär. Da der Vater kaum im Erziehungsprozeß in Erscheinung tritt, vermittelt sich diese Einstellung über die Mutter an die Kinder. Das Bedürfnis der Mutter, ihre Macht über die Kinder durch deren völlige Unterordnung zu sichern, scheint überwiegend mit dem Autoritarismus ihres Ehepartners zusammenzuhängen, unter dem sie selbst zu leiden hat (Hoffmann, M., 1960). Besonders betroffen davon ist das Mädchen, das ständig an die häusliche Sphäre gebunden bleibt und nicht, wie der Junge, sich dem mütterlichen Einfluß durch den Eintritt in die peer-groups entziehen kann.
Das Verhalten der Mutter – besonders gegenüber dem Mädchen – kann als eher restriktiv und beschützend, seltener als autoritär bezeichnet werden, das des Vaters eher als autoritär oder vernachlässigend gleichgültig. Die in der Betonung von Ordnung, Sauberkeit und Gehorsam sich ausdrückenden elternzentrierten Wertbezüge entsprechen den machtbezogenen Er-

ziehungspraktiken, die vor allem auf die einseitige Sicherung der elterlichen Autorität gegenüber dem Kind gerichtet sind.
Die elterlichen Sanktionen haben primär physischen Charakter, im positiven Fall kann sich das auf das Gewähren von Privilegien oder auf Geschenke beziehen. Allerdings überwiegen in der Arbeiterfamilie durch die restriktive Einstellung der Eltern die negativen Sanktionen, die schmerzliche Folgen für das Kind haben, wie z. B. körperliche Strafe, Schimpfen, Spotten, Entzug von Privilegien u. ä. Die Formen der Kontrolle zeigen sich überwiegend in Befehlen, die nicht näher begründet werden. Da von den Eltern nicht die Intentionen des kindlichen Handelns bestraft werden, sondern die elterlichen Verhaltensweisen sich auf die Konsequenzen beziehen, werden oft psychisch gleiche Handlungen unterschiedlich bestraft. Damit wird das elterliche Verhalten dem Kind kaum verständlich. Die Undurchschaubarkeit der elterlichen Sanktionen wird verstärkt durch die Inkonsequenz, mit der sie angewandt werden, je nach Stimmung der Eltern. Die Unvermeidbarkeit oder Vermeidbarkeit elterlicher Reaktionen erscheint dem Kind zufällig und nicht durch eigenes Verhalten steuerbar.
Dieses vorwiegend machtorientierte Erziehungsverhalten in der Arbeiterfamilie dürfte bei den Kindern eine defensive Identifikation mit all ihren Konsequenzen für die Charakterbildung fördern. Die in der Arbeiterschicht vorherrschenden Erziehungstechniken erhöhen die Aggressivität der Kinder, ebenso verhindern sie weitgehend eine Verinnerlichung der elterlichen Normen.
Die Sozialisationsforschung hat bis jetzt nur die negativen Folgen dieser Erziehungshaltung für die an Mittelschichtwerten orientierte Charakterbildung hervorgehoben. Gleichzeitig können aber diese negativ bewerteten Charakteristika des Arbeiterkindes u. U. auch Voraussetzung für ein kollektives Widerstandspotential sein. So vermutet Raspe, daß das aggressive Potential der Individuen die kollektive solidarische Energie und das Widerstandspotential bilden könnte; der Mangel an individuellen Kontrollinstanzen ermögliche erst, sie durch die Instanz der kollektiven Kontrolle zu ersetzen (1970, S. 80). Die fehlenden Schuldgefühle, durch die äußere Bestrafungen innerlich bejaht werden, die geringe Neigung, Aggressionen zu unterdrücken oder gegen sich selbst zu wenden, scheinen günstige Voraussetzungen dafür zu sein. Allerdings müssen die sozialen Bedingungen erst noch geschaffen werden, unter denen sich diese psychischen Potenzen des Arbeiterkindes in dieser Weise auswirken könnten. Zu ihnen gehören vor allem proletarische Organisationen, in denen Kinder und Erwachsene kämpferische Solidarität entwickeln können. Diese gibt es zur Zeit in der BRD noch nicht. In der Schule individuellem Leistungs-

druck ausgesetzt, auf der Straße den autoritären Strukturen der Kindergruppe unterworfen, sind für das Arbeiterkind keine Möglichkeiten vorhanden, diese Eigenschaften zu realisieren. Statt dessen bringt das geringe Maß an Selbstkontrolle dem Arbeiterkind in den gesellschaftlichen Institutionen, in denen Erfolg nur als Produkt individueller Leistungskonkurrenz möglich ist, Mißerfolgserlebnisse und Diskriminierung. Angst, Anpassung und Projektion der eigenen Aggressionen auf andere, z. T. gesellschaftlich anerkannte Sündenböcke, können Folgen dieser Erlebnisse sein.

Die Familie der Mittelschicht

Die empirischen Untersuchungen über Einstellungen der Eltern zu ihren Kindern haben ergeben, daß im Vergleich zur Arbeiterfamilie die emotionale Einstellung zum Kind in der Mittelschicht eher affektiv-warm ist, was sich in der Vorfreude auf die Geburt und in der positiven Einschätzung der kindlichen Persönlichkeit ausdrückt.
In bezug auf das Kontrollverhalten konnte Bronfenbrenner (1965) besonders im Bereich der frühkindlichen Sozialisation eine entscheidende Verhaltensänderung in der Mittelschicht feststellen. Während früher eher eine restriktive Einstellung vorherrschte, sind die Mütter der Nachkriegszeit gegenüber den Wünschen und Bedürfnissen ihrer Kinder nachgiebiger. »Diese Verallgemeinerung gilt ebenso für orales Verhalten, wie für ›Toilettenunglücke‹, Abhängigkeit, sexuelles Verhalten, Aggression und Freiheit der Bewegung außerhalb des Hauses« (Fend, 1970, S. 100).
Zusammen damit wurde festgestellt, daß trotz dieser toleranten Haltung der Mütter durchweg höhere Erwartungen in bezug auf Leistung und Selbständigkeit an das Kind bestehen als in der Arbeiterfamilie. Durch diese Erwartungen wird eine erforschende Einstellung zur Umwelt beim Kind gefördert, die neue Lernprozesse unterstützt.
Allgemein zeigt sich in der Mittelschicht kein Unterschied auf beiden Dimensionen zwischen Mutter und Vater, obwohl die Mutter stärker emotional am Sozialisationsprozeß engagiert ist und in den ersten Lebensjahren intensiver mit dem Kind beschäftigt ist. Ebenso besteht nur ein geringer Unterschied in der Behandlung der Geschlechter in der Familie. Diese eher akzeptierenden und egalitären Einstellungen nehmen bei Müttern mit hohem Ausbildungsniveau zu, beim Vater korrelieren sie positiv mit seiner Entscheidungsbefugnis im beruflichen Bereich. Entsprechend finden sich diese positiven

Einstellungen zum Kind in ausgeprägter Form nur in der oberen Mittelschicht. In der unteren Mittelschicht zeigt sich die Einstellung der Eltern zu ihren Kindern dann auch in einem strenger kontrollierenden Verhalten ebenso wie in einer gegensätzlichen Behandlung von Jungen und Mädchen. Ähnlich wie in der Arbeiterschicht werden Jungen mehr bestraft und Mädchen eher mit Nachsicht und Schutz behandelt (Bub, 1968).

Gerade für Deutschland dürfte gelten, daß in der mittleren und unteren Mittelschicht »deutsche Mütter eine strenge Kontrolle über ihre Kinder aufrechterhalten und viel interessierter daran [. . .] (sind), gehorsame, fügsame, unterwürfige, ordentliche und höfliche Kinder aufzuziehen, als die Entwicklung von Individualität, Unabhängigkeit oder echter sozialer Verantwortung voranzutreiben« (Devereux u. a., 1965, S. 336).

So hat die Untersuchung von Kemmler und Heckhausen ergeben, daß es den Müttern bei der Erziehung von Sechsjährigen »vornehmlich um soziale Unterordnung und Einordnung sowie um ordentliches und gutes Betragen« geht. »Die geäußerten Erziehungsgesichtspunkte sind fast ausschließlich fordernder, lenkender, behütender und überwachender Natur und betrachten den Sechsjährigen als ein aufnahmebereites Erziehungsobjekt« (Kemmler, L. u. a., 1959, S. 92). Ähnliche Ergebnisse ergab die Untersuchung der Erziehungshaltung von Eltern gegenüber ihren Söhnen. »Die Führung der Jugendlichen erstreckt sich mehr auf eine Hilfe zur äußeren Anpassung als auf eine eigentliche Erziehung zur Persönlichkeitsreife und zur sozialen Verantwortung« (Kemmler, L., 1960, S. 218; vgl. dazu auch Grauer, 1968, S. 16/17.) Das stärker autoritär ausgeprägte Verhalten der deutschen Eltern läßt sich auch aus einer vergleichenden Studie entnehmen, die ergab, daß in Deutschland erheblich häufiger körperlich gezüchtigt wird (Devereux u. a., 1965). Allgemein scheint das Verhalten deutscher Eltern in allen Schichten stärker autoritär ausgeprägt zu sein als in den USA.

Die für die Mittelschicht im Vergleich zur Arbeiterschicht festgestellten typischen Erziehungsmethoden werden als psychologische Methoden bezeichnet, die sich im vernünftigen Zureden, Gewissensappell und Drohung mit Liebesentzug ausdrücken können. Allerdings fand Kohn (1959) im Gegensatz zu anderen Untersuchungen keinen wesentlichen Unterschied in der Häufigkeit körperlicher Bestrafung in den verschiedenen sozialen Schichten. Der entscheidende Unterschied liegt vielmehr in den Anlässen der Bestrafung. Während Eltern der Arbeiterschicht eher die Folgen einer Handlung bestrafen, strafen Eltern der Mittelschicht eher nach den Intentionen der kindlichen Haltung. Sie reagieren also auf die kindliche Absicht und nicht auf die Konsequenzen der kindlichen Handlung.

Zwei Formen der psychologischen Erziehungsmethoden können unterschieden werden: induktive Erziehungstechniken und liebesorientierte Erziehungstechniken (Hoffmann, M., 1963).
Die induktiven Erziehungsmethoden dürften in der oberen Mittelschicht stärker ausgeprägt sein als in den anderen Schichten (Cäsar, 1968). Materielle Bedingungen, Ausbildung und Berufserfahrung fördern eine ›kind-zentrierte‹ Einstellung, deren Korrelat diese Erziehungsmethode ist. Auf dem Hintergrund relativ gleichbleibender Liebeszuwendungen erfolgen auf spezifische Intentionen des Kindes gerichtete Strafen. Dem Kind wird die kognitive Strukturierung seiner Umwelt durch verbal differenzierte Erklärungen auch der elterlichen Verhaltensweisen erleichtert. Gleichzeitig besteht ein großes Ausmaß an Autonomie gewährendem Verhalten von seiten der Eltern, durch die das Kind die Chance zu selbständigen Entscheidungen erhält.
Die liebesorientierten Techniken finden sich vor allem in der unteren und mittleren Mittelschicht, da hier intensives emotionales Engagement der Eltern an der Leistungserziehung ihrer Kinder als Mittel des sozialen Aufstiegs besteht. Typisch für die liebesorientierten Erziehungsmethoden ist, daß die elterlichen Affektionen primär als Kontrollmittel eingesetzt werden. Das Geben und Nehmen der positiven Zuwendung wird als Belohnung bzw. als Bestrafung der kindlichen Absichten eingesetzt. Das Kind entspricht primär aus Angst vor Liebesverlust den Erwartungen der Eltern. Diese Technik wird vor allem von Müttern angewandt, seltener von den am Erziehungsprozeß weniger engagierten Vätern. Sie impliziert ein erhebliches Ausmaß an psychischem Zwang. Ein Zitat von Rolff soll dies verdeutlichen: »So subtil diese Technik der Disziplinerhaltung auch erscheinen mag, so zwingend bewirkt sie doch das von den Eltern intendierte Verhalten; denn die Kinder, die von Geburt an auf die elterliche Liebe angewiesen sind, deren Ausgeglichenheit der Triebstruktur, emotionale Sicherheit, Wohlbefinden und Lustgewinn von der elterlichen Liebe abhängen, ängstigen sich bei der bloßen Andeutung des Liebesentzuges – und schon gar bei der zeitweiligen Praktizierung – sehr und sind füglich bemüht, den disziplinarischen Vorschriften der Eltern zu folgen« (Rolff, 1969, S. 36).
In Deutschland dürften, durch die ausgeprägten autoritären Eltern-Kind-Beziehungen in allen Schichten, machtorientierte Erziehungstechniken in großem Maße in der unteren und mittleren Mittelschicht, aber auch in der oberen Mittelschicht angewendet werden.

Weitere Literatur: vgl. Kap. 9

11. Soziale Determinanten der Leistungsmotivation

Leistungsmotivation ist weder eine angeborene Tugend noch eine Frage des Willens, sie ist ein Ergebnis der elterlichen Erziehung und des häuslichen Anregungsmilieus. Heckhausen definiert die Leistungsmotivation »als das Bestreben, die eigene Tüchtigkeit in allen jenen Tätigkeiten zu steigern oder möglichst hoch zu halten, in denen man einen Gütemaßstab für verbindlich hält und dessen Ausführung deshalb gelingen oder mißlingen kann« (Heckhausen, 1969, S. 195 f.). Die Leistungsmotivation ist eine intrinsische Motivation, d. h. das Individuum verfolgt unabhängig von äußerer Belohnung und der Anwesenheit anderer Personen sein Ziel. Die eigene Tätigkeit, ihr Erfolg oder Mißerfolg sind in sich selbst bekräftigend. Wer über eine hohe Leistungsmotivation verfügt, mißt seine Leistungen an den Forderungen seines Ich-Ideals und ist relativ unabhängig von der Anerkennung anderer.

Der durch das Leistungsmotiv individuell unterschiedlich ausgeprägte Wunsch, in Leistungssituationen erfolgreich zu sein und die gewünschten Ziele zu erreichen, wurde bei Kindern bereits Ende des dritten Lebensjahres festgestellt. Zu diesem Zeitpunkt können die Kinder die Ursache von Mißlingen und Gelingen auf das eigene Verhalten zurückführen, leistungsmotiviertes Verhalten tritt in Ansätzen auf. Mit Schuleintritt hat sich die Leistungsmotivation des Kindes bereits verfestigt und zeigt eine erstaunliche Stabilität bis ins Erwachsenenalter.

Bevor einzelne Ergebnisse über die Genese von Leistungsmotivation referiert werden, soll grundsätzlich die Messung dieses sog. »Quasibedürfnisses« (Heckhausen, 1965) problematisiert werden. In der Literatur zu diesem Thema wird die Notwendigkeit einer Erziehung zum Leistungsstreben und implizit damit zur Konkurrenz nicht in Frage gestellt. Die Messung von Leistungsmotivation beruht auf der Anerkennung einer auf die Individualität des Einzelnen bezogenen Erfolgsideologie, nach der jeder Erfolg haben kann und in der nicht von vornherein antagonistische Klassengegensätze das Schicksal des Einzelnen bestimmen. Hinter der Messung von Leistungsmotivation steht die Unternehmerideologie, daß jeder sich im Konkurrenzkampf auf dem Markt zu bewähren vermag. Der historisch-materialistische Hintergrund dieses Motivs wird in den Forschungsergebnissen der McClelland-Gruppe (1966) deutlich, die

eine hohe Korrelation zwischen Leistungsmotivation und Unternehmertätigkeit in den jeweils untersuchten Ländern feststellen. Es liegt angesichts dieser Ergebnisse nahe, daß in der Arbeiterschicht das Leistungsmotiv kaum ausgeprägt ist, während mit steigender sozialer Schicht — durch die Anerkennung individueller Interessenorientierungen und der Möglichkeit, durch eigene Leistung sein Schicksal zu bestimmen — die Ausprägung von Leistungsmotivation zunimmt. Die Mittelschichten versuchen durch die Vermittlung individueller Leistungsorientierung ihren Kindern zu helfen, einen bestimmten Lebensstil zu erreichen oder zu erhalten; für die Arbeiterschicht dagegen ist die kollektive Lebensbewältigung der unmittelbar erfahrenen gesellschaftlichen Widersprüche entscheidend. Eine Erfahrung, die die Ausgestaltung der Individualität und die Hoffnung auf eine durch die Initiative des Einzelnen veränderte Zukunft nicht zuläßt. (Rosen [1956] stellte allerdings fest, daß Leistungsideologie und Leistungsmotivation, obwohl sie zusammen auftreten und typisch für die Mittelschicht sind, dennoch zwei voneinander unabhängige Variable sind.)
Die immanente Kritik an den Forschungen zur Leistungsmotivation betrifft ihre Meßinstrumente. Interviews und Tests sind in der Regel an den Erwartungen der Mittelschicht ausgerichtet und damit für die Messung von Schichtunterschieden kaum brauchbar (vgl. Soz. u. komp. Erz., 1969, S. 132—37). Die schichtspezifischen Ergebnisse über Leistungsmotivation können entsprechend interpretiert werden als Messungen der spezifischen Fähigkeit, Mittelschichtinhalte in einer Mittelschichtsituation unter dem Gesichtspunkt individuellen Leistungsstrebens darzustellen. Nach der ›Nominaldefinition‹ von Leistungsmotivation ist dieses Motiv unabhängig von den Zielen, auf die es sich richtet, und von der Situation, in der es sich realisiert. Die bestehenden Untersuchungen lassen dies bezweifeln.
Es erscheint nach den bisherigen Ausführungen wichtig, darauf hinzuweisen, daß Lernen nicht auf Leistungsmotivation beruhen muß, andere motivationale Grundlagen sind denkbar (vgl. spätere Ausführungen).
Da die Schule als typische Mittelschicht-Institution leistungsmotivierte Kinder begünstigt, können Kinder der Arbeiterschicht hier ihr Potential an Lernbereitschaft kaum realisieren. Rosen stellte fest, daß Arbeiterkinder, die in der Mittelschicht-Institution Schule Erfolg haben und eine weitergehende Schule besuchen wollen, sich den individualistischen, aktivistischen und zukunftsorientierten Werten der Mittelschicht angepaßt hatten (Rosen, 1956). Normalerweise machen es die passivistischen, gegenwarts- und familistisch orientierten Werte der Arbeiterschicht dem Arbeiterkind nahezu unmöglich, in einer Institution der Mittelschicht erfolgreich zu sein. Die sozialen Probleme

und Interessen des Arbeiterkindes werden hier nicht berücksichtigt, eine Lernmotivierung kann deshalb nicht erfolgen. Die ständigen Mißerfolgserlebnisse beeinträchtigen zudem das Selbstwertgefühl des Kindes, das lernt, die gesamte Schulsituation als unangenehm zu definieren, und keine Energie mehr dafür aufwendet, sich anzupassen.

Einfluss des Erziehungsmilieus auf die Entstehung von Leistungsmotivation

Wenn Ende des dritten Lebensjahres Erfolge und Mißerfolge als Resultat der eigenen Handlung vom Kind erkannt werden können, steigert der Erfolg das Selbstwertgefühl, Mißerfolg dagegen bedroht es. Die Angst vor Mißerfolgen, die bereits bei viereinhalbjährigen Kindern feststellbar ist und die bei starker Ausprägung die Entwicklung von Leistungsmotivation hemmt, wird durch die elterlichen Erziehungspraktiken und Erziehungsziele beeinflußt (vgl. Literaturaufarbeitung Caesar i. d. F. 1972, 3, IV).
Am günstigsten scheint sich ein Erziehungsverhalten der Eltern auszuwirken, das aufgrund einer positiven Eltern-Kind-Beziehung Unterstützung und Anteilnahme gegenüber dem Kind zeigt und ihm gleichzeitig genügend Raum für eigene Entscheidungsprozesse läßt. Die für die Entwicklung von erfolgszuversichtlicher Leistungsmotivation wesentliche Unabhängigkeits- und Leistungserziehung zeigt keinen Erfolg, wenn sie vor dem dritten Lebensjahr einsetzt. Bis zu dieser Zeit scheint eine relativ freie Entfaltung der kindlichen Fähigkeiten auf dem Hintergrund einer affektiven Mutterbindung Voraussetzung für die Entwicklung von Leistungsmotivation zu sein. Zu frühe Selbständigkeitserziehung wirkt sich negativ aus.
Die Untersuchungen von Winterbottom (1958) und Child (1958) haben gezeigt, daß hoch leistungsmotivierte Kinder von ihren Müttern bereits vom dritten Lebensjahr an zu Unabhängigkeit und Tüchtigkeit erzogen werden. Dabei war die Unterstützung der Selbständigkeit beim Lösen schwieriger Aufgaben im Spiel und der Auswahl von Freunden entscheidend, nicht aber der Erwerb von Routinefertigkeiten, die der Entlastung der Mutter dienten. Anforderungen dieser Art werden von den Kindern als massive Unterdrückung eigener Ansprüche erfahren und haben geringe Leistungsmotivation zur Folge. Auf dem Hintergrund der positiven Selbständigkeitserziehung legen die Mütter hoch leistungsmotivierter Kinder dann diesen mehr Beschränkungen auf, stellen mehr Forderungen, haben höhere Leistungserwartungen als die Mütter niedrig motivierter Kinder.

Das eben beschriebene Verhalten: mütterlicher Schutz bei gleichzeitig geringer Kontrolle in den ersten drei Lebensjahren und darauffolgend ein stark leistungsanspornendes Erziehungsverhalten führt nur bei Jungen zu unmittelbarem und andauerndem Leistungsverhalten. Bei Mädchen ist während der ersten drei Lebensjahre eine kritische Haltung der Mutter, die eine zu starke Abhängigkeit verhindert, Voraussetzung für eine spätere Selbständigkeitsentwicklung. Mütter hoch leistungsmotivierter Töchter versuchten schon in den ersten drei Lebensjahren die Selbständigkeitsentwicklung ihrer Töchter voranzutreiben (Heckhausen, 1966).

Allgemein werden Leistungseifer und Erfolg des Kindes gestärkt durch eine liebevolle Zuwendung nach dem Erfolg und eine neutrale Reaktion nach Mißerfolg. »Eine Mutter, die Leistungseifer und Erfolg des Kindes ungerührt als etwas Selbstverständliches hinnimmt, dagegen mangelnde Bemühung und Mißerfolg heftig tadelt, schwächt die Motivation des Kindes und lenkt es auf bloße Vermeidung von Mißerfolg« (ders., 1969, S. 204).

Die Entwicklung hoher Leistungsmotivation wird einerseits durch die als ›induktiv‹ bezeichneten Erziehungsstile der Eltern gefördert, gleichzeitig ermöglichen diese Verhaltensweisen eine Identifikation mit dem Erwachsenen, die zur Übernahme ganzer leistungsbezogener Verhaltensmuster und Einstellungen führt.

Das mütterliche und das väterliche Vorbild haben eine unterschiedliche Funktion für die Entwicklung der Leistungsmotivation. Während hohe Leistungsanforderungen von beiden Eltern sich positiv auswirken, fördert ein distanziert wohlwollendes Verhalten des Vaters die Identifikation, dagegen fördert ein strenges Verhalten der Mutter bei der Durchsetzung ihrer Erwartungen eine hohe Leistungsmotivation. Die Lösung von der Mutter, die Aufgabe stark abhängiger Verhaltensweisen, verlangt ein aktives Verhalten der Mutter, durch das das Selbständigkeitsstreben des Kindes unterstützt wird und regressives, unselbständiges Verhalten verhindert wird.

Die beschriebenen Erziehungsstile und Familienstrukturen, die die Ausbildung von Selbständigkeit und hoher Leistungsmotivation fördern, entsprechen weitgehend den Verhältnissen in der Mittelschicht. Das autoritäre Verhalten beider Eltern, vor allem des Vaters, und die bereits früh einsetzende restriktive Erziehung sowie geringe Leistungsanforderungen hemmen in der Unterschicht die Entwicklung von Leistungsmotivation. Empirische Untersuchungen haben entsprechend ein regelmäßiges Gefälle in der gemessenen Leistungsmotivation bei Kindern und Jugendlichen von der Mittelschicht zur Unterschicht festgestellt (Rosen, 1961).

Situationsabhängige Bedingungen zur Aktivierung der Leistungsmotivation

Für die Aktivierung des Leistungsmotivs in einer Lernsituation ist es für das Kind entscheidend, wie leicht oder schwer die Lösung der Aufgabe für es ist. Ein mittlerer Schwierigkeitsgrad hat den höchsten Motivierungswert. Leichte Aufgaben haben einen zu geringen Anreiz, zu schwere ebenfalls. Bezogen auf die Schule bedeutet das, daß »die Dosierung eines mittleren Erreichbarkeitsgrades das bedeutendste Mittel der Schule ist, um die Lernmotivierung des individuellen Schülers in einer gegebenen Unterrichtssituation zu steigern« (Heckhausen, S. 195/96). Wesentlich ist ebenfalls der Neuigkeitsgehalt der gebotenen Aufgabe. »Sie kommt gewöhnlich ins Spiel, wenn der Lernstoff thematisch so eingebettet und dargeboten wird, daß die Erwartungsschemata des Schülers (das Vertraute) in einem mäßigen Grade durchbrochen werden. Dann erscheint der Stoff ›interessant‹« (ders., S. 196). Das Bemühen des Erziehers, die gestellten Aufgaben interessant darzubieten, ist nicht unproblematisch. Es besteht die Gefahr, daß »effekthaschende Künstlichkeit« das Resultat ist und die angestrebte Wirkung ausbleibt.

Andere motivationale Grundlagen des Leistungsstrebens

Leistungen, die in einer Lernsituation erbracht werden, lassen nicht automatisch auf das Vorhandensein eines starken Leistungsmotivs schließen. Leistungen können primär aus dem Bedürfnis heraus erbracht werden, sich mit einem bewunderten Erwachsenen zu identifizieren, dem Vorbild so ähnlich wie möglich zu werden. Dabei kann sowohl die Leistungstüchtigkeit des Vorbildes als auch seine Machtvollkommenheit ausschlaggebend für die Identifikation sein.

Ein anderes Motiv, auf dem Leistung beruhen kann, ist das Bedürfnis nach Zustimmung und Anerkennung, das sich sowohl auf eine positive Beurteilung der eigenen Person als auch der Leistung bezieht. Dieses Bedürfnis ist für das Leistungsstreben bei Mädchen aufgrund ihrer Erziehungssituation allgemein weit stärker ausschlaggebend als für Jungen. Eine weitere Motivation ist das Bedürfnis nach Strafvermeidung, durch das geforderte Leistungen situationsspezifisch erfüllt werden.

Ein Unterrichtsstil z. B., der Leistungswetteifer stimuliert, die Schüler ständig über ihre Erfolge und Mißerfolge informiert und antreibt, scheint entsprechend nur bei Schülern mit geringer Leistungsmotivation und geringer Mißerfolgsängstlichkeit erfolgversprechend.

Das Fehlen einer intrinsischen Lernmotivation wird durch das Zustimmungsbedürfnis ausgeglichen. Schüler mit hoher Leistungsmotivation erzielen die besten Schulleistungen dagegen, »wenn der Unterrichtsstil des Lehrers keinen leistungsthematischen Druck ausübt. Bei ihm ist der Druck von seiten des Lehrers nicht nur unnötig, sondern beeinträchtigt sogar die Lernmotivierung. Offensichtlich wollen sie nur von sachbezogenen Anforderungen des Lernstoffs [...] motiviert werden« (ders., S. 198). Zusätzliche Bekräftigungshinweise des Lehrers wirken dann eher störend.
Entscheidend für das Leistungsstreben ist ebenfalls die positive oder negative Bewertung des Lernstoffes. Ein bestimmter Unterrichtsstoff kann für einen Schüler einen besonderen Anreiz und daher eine hohe Aktivierung seiner Lernmotivation zur Folge haben.

Weitere Literatur: Lempert 1971; Meyer 1973; Rolff 1973; Schneider 1973

12. Soziale Determinanten kognitiver und sprachlicher Entwicklung

Was heisst kognitive und sprachliche Entwicklung?

In einem weiteren Sinne bezeichnet man als Entwicklung einen Prozeß fortschreitender Veränderung körperlicher und verhaltensmäßiger Merkmale eines Lebewesens, der in einem bestimmten Zeitabschnitt erfolgt und meistens im Hinblick auf einen Endzustand betrachtet wird (Drever u. Fröhlich, 1969, S. 69). Will man etwas schärfer differenzieren, so kann man zwischen Reifung und sozialer Entwicklung unterscheiden. Der Begriff der Reifung bezieht sich vor allem auf die biologischen Determinanten und Komponenten dessen, was wir eben Entwicklung nannten. Er schließt die Vorstellung eines Endzustandes ein, d. h. Reifung ist abgeschlossen, wenn dieser Endzustand, die Reife erreicht ist.

Dagegen wird von sozialer Entwicklung dort gesprochen, wo man den sozialen Interaktionen als Determinanten der Entwicklung besondere Aufmerksamkeit widmet. Wer von Reifung spricht, meint eher Wachstum oder Entfaltung eines vorhandenen Anlagepotentials. Wer von sozialer Entwicklung redet, denkt eher an Lernen.

Wir haben nicht die Möglichkeiten, die Unterschiede und Beziehungen zwischen Reifung und sozialer Entwicklung ausreichend zu erörtern. Wir können aber davon ausgehen, daß es im menschlichen Verhalten keine Schemata gibt, »welche ohne jede Erfahrung oder Betätigung, also ohne Lernen heranreifen und eines Tages emergieren«, d. h. aufsteigen (Aebli, 1969, S. 175). In der entwicklungs-psychologischen Populärliteratur kann man häufig noch das Gegenteil hiervon lesen. So werden Aussagen über den Verlauf der Pubertät und Adoleszenz getroffen, die wohl unter gewissen soziokulturellen Bedingungen zutreffen, aber gerade deswegen nicht monokausal aus Reifungsvorgängen erklärt werden können. Gegen die Behauptung ausschließlich reifungsbedingter Vorgänge verweist Aebli u. a. auf Forschungsergebnisse der Kulturanthropologie: »Im Gefolge von Margaret Meads Pionierleistungen (1928) auf dem Gebiete der vergleichenden Jugendforschung haben viele Arbeiten gezeigt, daß die Adoleszenz in verschiedenen Kulturen völlig verschieden verläuft. Insbesondere die Krisenhaftigkeit, die Konfliktgeladenheit und die entsprechenden ›Zusammenbrüche‹ finden sich keineswegs in allen Kulturen. Vielmehr scheint es sich dabei um typische Verläufe zu handeln, die für

bestimmte soziale Klassen unserer westlichen Welt charakteristisch sind. Ja, in neuester Zeit hat man sogar zu sehen begonnen, daß scheinbar so elementare Bereiche des Verhaltens und Erlebens wie die mit der Geschlechtlichkeit des Menschen zusammenhängenden nur dann sich auszubilden vermögen, wenn die notwendigen Erfahrungen und Erlebnisse zustandekommen.
So schreibt Beach (1949, 1951), der Pionier dieser Untersuchungen, den hormonalen Veränderungen der Adoleszenz nur sensibilisierende und potenzierende Wirkungen zu, Wirkungen also, die sich erst im aktuellen Lernprozeß entfalten können« (Aebli, 1969, S. 176 f.).
Unter kognitiver Entwicklung verstehen wir vor allem jene Verhaltensänderungen, die sich auf die kognitiven Fähigkeiten beziehen. Es geht hierbei vor allem um die Entwicklung der Wahrnehmung, der Sprache und der Intelligenz. Auf die Probleme der Entwicklung der Wahrnehmung möchte ich nicht näher eingehen. Ich kenne mich auf diesem Gebiet zu wenig aus. Ohne Zweifel verdient dieser Problemkreis nicht nur die Aufmerksamkeit der Physiologen und Psychologen, sondern auch der Soziologen. Hier müßte man vor allem von den bisherigen Ergebnissen der Kommunikationsforschung ausgehen. Wenn, wie Aebli annimmt, der kulturelle Grundbestand einer Gesellschaft als Umweltdeterminante der Entwicklung zu verstehen ist, dann ist es jedenfalls konsequent, wenn danach gefragt wird, was vom jeweiligen sozialen Standort aus überhaupt wahrgenommen werden kann. Als kulturellen Grundbestand definiert Aebli »die Summe der sich wiederholenden Tätigkeiten der Erwachsenen und der Altersgenossen [...], denen das Kind begegnet, als da sind: Sachen, Ordnungen, Bilder, die Summe der damit zusammenhängenden und in der Umgangssprache niedergelegten Vorstellungen, Begriffe und Einsichten des populären Weltbildes, weiter die Summe der darin zum Ausdruck kommenden Einstellungen, Haltungen und Motive, die man als den Lebensstil des Kindes bezeichnen könnte« (Aebli, 1969, S. 165). Es leuchtet ein, daß dort, wo Armut herrscht, weniger Anregungen wahrgenommen werden können als in einer soziokulturell reicheren Umgebung.
Welche Bedeutung das Sprachtraining für die kognitive Entwicklung hat und wie schichtgebunden dieses sein kann, ist mittlerweile auch der Öffentlichkeit bewußt geworden. Allerdings beziehen sich die Untersuchungen von Bernstein und Oevermann, die hierzulande wohl die bekanntesten sind, auf das, was wir unter Sprache im engeren Sinne verstehen, also auf durch Konvention festgelegte verbale Systeme »von ausdruckshaltigen (expressiven) Zeichen, die das Individuum als Instrument begrifflicher Analysen und Synthesen und als sozia-

les Mittel der gegenseitigen Verständigung verwendet« (Drever u. Fröhlich, 1969, S. 217 f.). Die nichtverbalen Zeichensysteme wurden bisher weniger beachtet als die verbalen.
Was wir unter Intelligenz zu verstehen haben, ist nach wie vor strittig. Im wesentlichen nahm die Intelligenzforschung ihren Ausgang von der Absicht, Schulerfolge vorherzusagen und sogenannte naturwüchsige oder nativistische Unterschiede der Lern- und Bildungsfähigkeit nachzuweisen. Dabei wirkten zwei gesellschaftspolitische Motive mit; einmal wollte man so weit wie möglich soziale Unterschiede, vor allem Leistungsunterschiede, von naturwüchsigen ableiten und damit rechtfertigen, zum anderen sah man sich mit fortschreitender Industrialisierung genötigt, das sogenannte Begabungsreservoir der Unterschichten auszuschöpfen. Die List der Vernunft führte aber dazu, daß gerade die Intelligenzforschung den nativistischen Begabungs- und Intelligenzbegriff falsifizierte. Eine überzeugende Definition des Intelligenzbegriffes hat sie jedoch noch nicht geliefert. Wohl zu Recht meint Brückner: »Seit Borings halbironischer Anmerkung, ›Intelligenz‹ sei, was der Intelligenztest messe (1923), wird man auf die Anführungsstrichelchen ungern verzichten. Besonders die faktorenanalytischen Modelle von ›Intelligenz‹ markieren einen Entwicklungspunkt, von dem ab das zu verschwimmen beginnt, was Intelligenz, Begabung, Lernfähigkeit [...] über das hinaus wohl noch sein könnte, was wir in Tests erfassen« (Brückner, 1968, S. 6 f.). Vielleicht sollten wir vorläufig in Anlehnung an Piaget formulieren: »Intelligent handelt [...], wer nicht blind alte Schemata auf neue Situationen anwendet [...], sondern unvoreingenommen, experimentell, spielerisch, neugierig usw. an neue Dinge herangeht; der alte Schemata nach den Gesetzmäßigkeiten, die ihm die Dinge selbst auferlegen, im Wechsel von Assimilation und Akkomodation abändert und anpaßt« (Brückner, 1968, S. 7f.). Leider ist auch diese Definition für empirische Forschung schwer handbar.

Kognitives lernen

Hinsichtlich der Verhaltenskonsequenzen der kognitiven Entwicklung möchte ich auf die einschlägige Literatur von Piaget (1947) und Aebli (1951) verweisen. Piaget und seine Schüler nehmen an, »daß sich die Kategorien der rationalen Weltauffassung (Substanz, Raum, Zahl, Kausalität) und die Denkoperationen der logischen Verknüpfung von Symbolen (Identifikation, Negation, Implikation, Kombination) im Erfahrungshorizont des Umgangs mit physischen Objekten und im Zusammenspiel mit den Operationen des erfolgskontrollierten Handelns herausbilden. Für die Entwicklungsrichtung der kognitiven Fähigkeiten und Fertigkeiten ist die fortschreitende Differenzierung zwischen leibzentrischer Anschauung und exzentrischem Begreifen maßgebend. Die Entwicklung führt von der Phase der sensomotorischen Intelligenz (bis zum 2. Lebensjahr) über die des vorbegrifflichen Denkens (bis zum 4. Lebensjahr), des intuitiven Denkens (bis zum 7. Lebensjahr), der konkret gebundenen Denkoperationen (bis zum 11. Lebensjahr) bis zur Phase der abgeschlossenen Adoleszenz (15. Lebensjahr), in der die formalen Denkoperationen beherrscht werden« (Habermas, 1968, S. 24).

Wie Piaget meint, lassen sich abweichende Prozesse in der Entwicklung kognitiver Fähigkeiten auf Lernprozesse in sozialen Interaktionen zurückführen. Ihre Erforschung ist weniger Aufgabe einer kognitivistischen Entwicklungspsychologie als der Soziologie. Nicht klar ist mir, wieweit Piaget den ›normalen‹ Ablauf der kognitiven Entwicklung für spontan hält und wieweit für gesellschaftlich determiniert. Zu bedenken ist jedenfalls, was Laśzlo und Flóra Vincze gegen Piagets Konzeption der Entwicklung des kindlichen Weltbildes einwenden: »Haben die Theorien des Kindes allgemeinen Charakter, so ist das kein Beweis für die spontane Theoriebildung des Kindes, sondern nur dafür, daß die Quelle der Theorie identisch ist; die Erwachsenen – wenigstens die Erwachsenen ›identischer Zivilisation‹ – setzen den Kindern die gleichen Theorien vor« (L. und F. Vincze, 1964, S. 95).

Die Aussagen, die über die sozialen Determinanten der kognitiven Entwicklung gemacht werden können, sind, obwohl durch viele Untersuchungen empirisch nachgewiesen wurde, daß eine Korrelation zwischen Schulleistung und dem sozialen Status der Eltern besteht, ziemlich unsicher. Sie bewegen sich noch überwiegend im Bereich der Hypothesen.

Immerhin konnte in einer Untersuchung von 60 Schülern des fünften Schuljahres von Dave und Wolf (1963) nachgewiesen werden, daß sich die stärksten Korrelationen für Intelligenz und Schulleistung einerseits sowie die Variablen andererseits, die mit dem intellektuellen Erwartungshorizont der Eltern, der Information der Eltern über die Entwicklung des Kindes, mit den Anreizen für die Erweiterung des Sprachschatzes, mit lernanregenden häuslichen Situationen zusammenhängen, ergaben. Zwischen der gemessenen Intelligenz und dem in 13 Skalen erfaßten Anregungspotential des Elternhauses wurde eine Korrelation von 0,69 errechnet, eine viel schwächere für den global gemessenen Sozialstatus der Eltern.

Zu untersuchen wäre vor allem, wieweit die »konkreten Arbeitsbedingungen die Zeitperspektive des Erwachsenen bestim men, und diese wiederum mit darüber entscheidet, ob und in welchem Ausmaß intelligentes Verhalten entwickelt werden kann. ›Zeitperspektive‹ meint nicht nur die bekannte Bereitschaft, die Befriedigung von Bedürfnissen zu verschieben, auf die Erfüllung aktueller Bedürfnisse zugunsten künftiger verzichten zu können, die sich als Folge je spezifischer Sozialisationsprozesse klassenspezifisch in der Population verteilt, sondern die (scheinbar) unmittelbare, spontane, präreflexive Vergegenwärtigung von *Lebenszeit*. Sind den Individuen die Zeitorte t (›jetzt‹, ›gegenwärtig‹), t, t^1 t^2 . . . t^3 als qualitativ identische, d. h. pointiert: als austauschbare gegenwärtig, oder trägt die subjektive Vergegenwärtigung von ›Zeit für mich‹ in sich den Index von qualitativer Veränderbarkeit? Im ersten Falle wäre (Lebens-)Zeit monoton [. . .], wäre jeweils nur ein ›später‹ nicht ein potentiell ›ganz anders‹ oder ›neu‹ [. . .] Qualitative Veränderung (›neu‹, ›ganz anders‹) kommt dann höchstens in der Form des deus ex machina vor: etwa in der Form des erträumten Hauptgewinns im Zahlenlotto [. . .] Wenn sich aber die einzelnen Zeitorte auf solche Weise voneinander unterscheiden sollten, so untersteht die Veränderung doch nicht der Kontrolle der Individuen.

Im zweiten Fall dagegen, (Lebens-)Zeit wird unmittelbar vergegenwärtigt als qualitativ veränderlich, ›morgen‹ kann ›ganz anders‹ sein als ›gegenwärtig‹, wird der Strom der Zeit vergegenwärtigt als im Ereignisgehalt veränderbar. Der in sie eingetragene Index von Veränderbarkeit erschließt sie zugleich als ein Tätigkeitsfeld, das (auch) der eigenen Kontrolle unterliegt: ›Die Zeit ist mein Besitz, mein Acker ist die Zeit.‹ Nur in diesem Falle ist die Zeit der Raum für menschliche Entwicklung (K. Marx). Es steigen die Chancen für das Sichbilden von ›intelligentem‹ Verhalten und der Entfaltung von ›Leistungsmotivation‹« (Brückner, 1963, S. 17).

Für diese Hypothese spricht, was Oevermann unter Bezug auf einige amerikanische Arbeiten über das Problem der Aufstiegsorientierung schreibt: Anders als viele Angehörige der Mittelschichten stellen sich die Menschen aus den Unterschichten Aufstieg als etwas vor, was man allenfalls schicksalhaft erhoffen, nicht aber selbst erarbeiten kann (Oevermann, 1966, S. 169).

In seinem Forschungsprojekt hält es Brückner für überprüfenswert, ob nicht auch der Abbau kognitiver Fähigkeiten mit wachsendem Lebensalter von der Art der beruflichen Tätigkeit und der mit ihr verbundenen Zeitperspektive abhängt. »Arbeiter wären dann im allgemeinen weniger ›intelligent‹ als Angehörige der Mittelschichten, insofern sie schon im Schatten latenter Depression von Vätern (Müttern) aufgewachsen sind, was in frühen Lebensaltern die Entwicklung intelligenten Verhaltens erschwert oder sistiert; weil sie um die verlängerte Pubertät des Schülers und Studierenden gebracht sind; weil sie in abhängiger, monotoner Arbeit nicht mehr die Chance der ›wiederholten Pubertät‹ des Menschen in privilegierter Position haben; im Alter würden sie, falls für sie die Annahme der Untersucher zuträfe, auch noch zeitiger ›dumm‹« (Brückner, 1968 S. 18).

Schließlich variieren aber auch die geschlechtsspezifischen Einflüsse schichtgebunden. Wir kennen Freuds Erklärungsversuch der in einigen Aspekten schlechter entwickelten weiblichen Intelligenz. Seiner Auffassung nach kann die Unterdrückung der kindlichen Sexualität zu einer Unterdrückung der Intelligenz überhaupt führen. Da nun Mädchen in der Regel strengeren Sexualverboten unterworfen werden als Jungen, kann ihre Intelligenz auch eher stärker gehemmt werden. Dieses Schicksal trifft wiederum besonders die Mädchen der Unterschicht, in der wir eine stärkere Polarisierung der Geschlechtsrollen beobachten.

Eine zusätzliche Erklärung bietet Lynn (1963) mit seiner geschlechtsspezifischen Darstellung der ödipalen Phase. Er meint, daß die enge Mutterbindung des Mädchens das Lernen kognitiver Strategien erschwere, die zu einem autonomen, aktiven und ausdauernden Problemlösungsverhalten führen. Dagegen lerne der Junge, der seine Identifikation mit der Mutter in der ödipalen Phase aufgeben muß, primär durch negativ definierte Verhaltensweisen weiblicher Bezugspersonen. Stehen in der Lernmethode des Mädchens persönliche Beziehungen und Imitation im Vordergrund, so in der des Jungen Definition des Zieles, Restrukturierung des Aktionsfeldes und abstrahierende Prinzipien.

Soziologische Aspekte in Untersuchungen zur Sprachentwicklung

Vor allem durch Basil Bernstein sind jene Forschungen in das Bewußtsein einer nachdenkenden Öffentlichkeit gedrungen, die im Sprachgebrauch der Bevölkerung eine wichtige soziokulturelle Determinante des Lernens entdeckt haben. Bernsteins Grundthese lautet: »Die Implikationen bestimmter Formen von Sprachgebrauch, wie er in einer normalen Bevölkerung zu finden ist, verzögern oder erleichtern das Lernen, und zwar unabhängig von jeder angeborenen Fähigkeit. Gewisse sprachliche Formen bringen für den Sprechenden einen Verlust an Geschicklichkeiten (sowohl kognitiven wie auch sozialen) mit sich, die sowohl für eine erfolgreiche Erziehung als auch für den Erfolg im Beruf von ausschlaggebender Wichtigkeit sind, diese

Formen des Sprachgebrauchs sind kulturell und nicht individuell bestimmt.« Bernstein meint, »daß sich besondere Sprachweisen mit bestimmten sozialen Gruppen verbinden. Diese Sprachweisen schaffen zunächst und stärken dann zunehmend gewisse Wege, auf denen Beziehungen zu Objekten und Personen hergestellt werden. Die Sprache, die gesprochene Sprache, wird als einer der wichtigsten Regulatoren von Verhalten und Bewußtsein betrachtet« (Bernstein, 1959, S. 52).
So konnte in Arbeiten von Nisbet nachgewiesen werden, »daß die Umwelt, wie sie von einer großen Familie geboten wird, die sprachliche Entwicklung behindert und daß diese sprachliche Behinderung die allgemeine geistige Entwicklung nachteilig beeinflußt« (Bernstein, 1959, S. 57). Hierbei mögen zwei Tatsachen verursachend wirken: Erstens kommen große Familien häufiger in den unteren als in den oberen Schichten vor, wenn sich auch in jüngster Zeit sowohl in Nordamerika als auch in Westeuropa in den Oberschichten ein stärkerer Trend zur kinderreichen Familie beobachten läßt; zweitens kann die Chance größerer Kommunikation mit Geschwistern in kinderreichen Familien relativ schichtunabhängig die Kommunikation mit den Eltern einschränken und damit zu einem längeren Verbleiben in an sprachlichen Ausdrucksvermögen ärmeren Altersmundarten führen.
Bernsteins Ausgangsthese wird aber auch von der dem Intelligenzquotienten (IQ) gewidmeten Literatur gestützt. Die von ihm herangezogenen Untersuchungen »über besondere Umwelten, über die sprachliche Geschicklichkeit und über die verschiedenen Ebenen des begrifflichen Denkens sowie die Feststellungen über die Unbeständigkeit des IQ weisen alle auf die bestimmende Rolle der Umwelt hin [. . .] Während die oberen Entwicklungsgrenzen des Individuums genetisch und organisch bestimmt sind, können die funktionelle Ebene und das Tempo der Entwicklung innerhalb der vom Organismus gesetzten Grenzen variieren. Somato-psychologische Umstände und das kulturelle Milieu (einschließlich der Schule) sind in der Lage, die funktionelle Ebene innerhalb dieser Grenzen zu beeinflussen« (Bernstein, 1959, S. 58).
Zu den allgemeinen kulturellen Faktoren, die den Sprachgebrauch beeinflussen, zählt Bernstein vor allem die Erziehungsmethoden, denen die Kinder in den verschiedenen sozialen Schichten und Gruppen ausgesetzt sind. Aus zahlreichen Arbeiten über den Zusammenhang zwischen den Erziehungspraktiken und der Subkultur, welcher die Familien aufgrund ihres sozialen Status angehören, schließt er auf »ein allgemeines Muster, demgemäß die Mittelklasse eine duldsamere Haltung gegenüber den vom Kind ausgedrückten Bedürfnissen und Wünschen zeigt; gleichzeitig legt sie Standards und Aspira-

tionsniveaus fest, die auf beruflichen Erfolg und auf hohe Schulleistungen ausgerichtet sind. In ihren Erziehungspraktiken diskriminiert sie weniger zwischen den Geschlechtern als die Arbeiterklasse [...] Von größter Wichtigkeit ist das Ziel der mittelständischen Familie, das in der Entwicklung von individualisierten Werten und Kontrollen zum Ausdruck kommt. Was die Disziplin anbetrifft, so pflegen die Eltern aus der Arbeiterklasse viel häufiger irgendeine Form der körperlichen Bestrafung anzuwenden, während sich die Eltern der Mittelklasse mehr auf Vernunftgründe, Isolierung, Appelle an das Gewissen und Methoden, die den Liebesverlust androhen, verlassen. Im Vergleich mit der Arbeiterklasse erscheinen die Methoden der Mittelklasse als bewußt, überlegt, geplant und anspruchsvoll; sie verfolgen das Ziel, aus dem Kind ein sich selbst kontrollierendes Wesen zu machen, das für die Ansprüche der formellen Erziehung (Bildung) empfänglich ist« (Bernstein, 1959, S. 59).

Im Anschluß an Kohn (1959) unterscheidet er zwei Arten von Disziplin. Reagieren die Eltern aus der Arbeiterklasse häufig auf die unmittelbaren Folgen einer Tat, so urteilen die Eltern aus der Mittelschicht eher in Hinsicht ihrer Interpretation der Absicht. »Sowohl die Mittel- als auch die Arbeiterklasse handeln im Hinblick auf entfernte Ziele; diese Ziele sind jedoch verschieden. In der Arbeiterklasse gruppieren sich die Werte der Eltern rund um den Begriff der Achtbarkeit oder Respektabilität (vgl. Duvall), während sie sich in der Mittelklasse auf verinnerlichte Standards des Verhaltens konzentrieren« (Bernstein, 1959, S. 60).

Dann spielen aber auch Unterschiede in der Fähigkeit, eine unmittelbare Befriedigung zugunsten einer zukünftigen, vor allem symbolischen Belohnung zurückstellen zu können, eine Rolle. Hier ist die Spannungsweite der Kinder aus der Mittelschicht größer als die der Kinder aus den Unterschichten. Schließlich beeinflussen auch die sozio-kulturellen Faktoren der Freizeitbedingungen die Entwicklung der Kinder. Bernstein fragt selbst, wieweit diese Muster auf andere als die angelsächsisch-amerikanische Gesellschaft übertragen werden können. Die hohe Wertschätzung, die z. B. die Haltung des analen oder autoritären Charakters durch Generationen hindurch in Mitteleuropa erfuhr, mag, so vermute ich, heute noch dazu führen, daß hier die Differenz zwischen Erziehungspraktiken der Mittelschichten und der Unterschichten noch nicht so groß ist wie in England und Nordamerika. Wie dem auch sei, Untersuchungen von Oevermann zeigten, daß schichtspezifische Sprachbarrieren auch in unserer Gesellschaft als bedeutsame Lehr- und Lernhemmnisse zu beachten sind (1966 u. 1969).

Nach Bernstein führen die unterschiedlichen sozio-kulturellen

Bedingungen, die das Aufwachsen der Kinder in den Mittel- und Unterschichten bestimmen, zu zwei verschiedenen Formen des Sprachgebrauchs. In der Arbeiterklasse herrscht in den Beziehungen zwischen Mutter und Kind ein expressiver Symbolismus vor. Absichten werden weniger in Worten als in Gesten verdeutlicht. »Es handelt sich also um eine Form der Kommunikation, in der die unmittelbare Erfahrung der affektiven Zusammengehörigkeit maximal hervorgehoben wird, wogegen die sprachlich bedingte emotionale, kognitive Differenzierung in den Hintergrund tritt. Das Kind aus der Arbeiterklasse ist daher für einen Sprachgebrauch empfänglich, der sich völlig von dem der Mittelklasse unterscheidet« (Bernstein, 1959, S. 66). Bernstein nennt diesen Sprachgebrauch »öffentliche Sprache«, besser wäre es, die restringierte Sprache sozialer Gruppen »nichtöffentlich« zu nennen, da sie ja gerade die Teilnahme an öffentlicher Kommunikation hemmt. Dagegen werden in der Mittelklasse die Beziehungen zwischen Mutter und Kind »in erster Linie durch den sprachlichen und nicht durch den nichtsprachlichen Aspekt der Kommunikation ausgedrückt. Eine subjektive Absicht kann durch Worte explizit gemacht werden. Kleine Änderungen in der Stellung der Wörter und der Satzstruktur zeigen wichtige Verschiebungen im Zustand der Gefühle an. So sind im Leben des Kindes aus der Mittelklasse zunächst weder die Zahl der Wörter noch die Weite des Wortschatzes entscheidend; ausschlaggebend ist vielmehr der Umstand, daß das Kind empfänglich wird für eine mittelbare Form des Ausdrucks, bei der die feine Zusammenstellung von Wörtern, die Art der Verbindung zwischen den Sätzen und so weiter die Gefühle vermitteln. Es sind Gefühle, nach denen das Kind ursprünglich verlangt, um die volle Beziehung zur Mutter zu realisieren; dabei lernt es dann eine bestimmte Form von Anhaltspunkten zu realisieren.« Neben der öffentlichen Sprache lernt das Kind aus den Mittelschichten vor allem die »formale Sprache« (Bernstein, 1959, S. 66 f.).

Aus diesem unterschiedlichen Sprachtraining ergibt sich eine starke Benachteiligung der Angehörigen der Arbeiterklasse, die von Bernstein mit Hilfe von Intelligenztests nachgewiesen werden konnte. Es zeigte sich, daß Jugendliche aus der Arbeiterklasse bei nichtsprachlichen Tests erheblich besser abschneiden als bei sprachlichen (Bernstein, 1959, S. 64). Die Beherrschung der formalen Sprache ist aber eine wichtige Voraussetzung der Entwicklung kognitiver Fähigkeiten.

Oevermann hat die Untersuchungen Bernsteins ergänzt. Seiner Auffassung nach verläuft die kognitive Entwicklung bis zum 4. Lebensjahr relativ sprachfrei. Dann verbindet sich die Entwicklung der Sprache mit der der Intelligenz. Die Steigerung der vorsprachlichen Intelligenz hängt also nunmehr von der

Sprachentwicklung ab. Im aktiven Sprachgebrauch werden die vorsprachlich entwickelten Schemata der operativen Intelligenz mit dem verbalen Zeichensystem vermittelt. Hierfür ist ein differenzierter und stabiler linguistischer Kontext notwendig und eine intensive, ausdrucksreiche verbale Begleitung des kindlichen Handelns. Beide Voraussetzungen sind durch den restriktiven Sprachgebrauch in der Unterschicht nicht ausreichend gegeben (Heckhausen, 1965).

Eine weitere Einschränkung der kognitiven Entwicklung der Unterschicht mag auch auf die von Bernstein u. a. hervorgehobenen Merkmale der Unterschichtsprache, Solidarität und Übereinstimmung zu bekunden, zurückzuführen sein. Diese Solidarität hat mangels eines Klassenbewußtseins auch eine repressive Funktion, indem sie alle auf Individualisierung und Abweichung tendierenden Ich-Aktivitäten negativ sanktioniert. Das ist verhängnisvoll in Gesellschaften, in denen ›Intelligenz‹ der Seinsweise des Rivalisierens und Konkurrierens strukturverwandt zu sein scheint.

Schließlich sei noch auf zwei Entstehungsbedingungen der kognitiven Stile hingewiesen, die Heckhausen referiert: Schon beim ersten Lesenlernen mache sich ein impulsiver Stil störend durch vorschnelles und damit fehlerhaftes Drauflosreagieren bemerkbar. Unter dem Einfluß der Schule gehe die impulsive Reaktionsweise langsam zugunsten größerer Reflexion zurück. Wie eine Untersuchung von Kagan ergeben habe (Kagan, 1965), findet man Impulsivität häufig bei Kindergruppen, die Durchsetzungsschwierigkeiten und Selbstwertprobleme haben. Dazu gehören Minderheitengruppen, Jungen von zu kleiner Körpergröße und Zweitgeborene. Eine ähnliche Bedeutung habe die sogenannte Feldabhängigkeit, »d. h. wieweit das kognitive Feld (in der Wahrnehmung oder auch im Denken) passiv-global erfaßt oder analytisch durchgegliedert wird. Im letzteren Fall ist der kognitive Stil feldunabhängig und begünstigt Problemlösungen. Nach Witkin u. a. wird Feldunabhängigkeit gefördert, wenn die Mutter früh die Eigenständigkeit des Kindes unterstützt, Neugier und Interessen anregt und beim Aufbau eines positiven Selbstgefühls behilflich ist. Das sind auch die Entstehungsbedingungen einer erfolgszuversichtlichen Leistungsmotivation« (Heckhausen, 1965, S. 203). Hier wäre wieder auf die schichtspezifische Abhängigkeit der Erziehungsstile zu verweisen.

Die hier referierten Untersuchungen über den Zusammenhang von schichtenspezifischem Sprachgebrauch und intellektuellem Training lassen wichtige Fragen offen. So blieb bisher die geschichtliche Dimension unerörtert. Wie kommt es, daß jene Sprachbarrieren, die heute die Arbeiterbildung behindern, in früheren Zeiten zumindest bei den organisierten Arbeitern und ihren Angehörigen weit weniger wirksam waren als gegenwärtig? Welchen Einfluß hat die politische Zukunftserwartung einer sozialen Gruppe, Schicht, Klasse auf ihre Lernmotivation? Offensichtlich hat die Hoffnung, durch Klassenkampf kollektive Emanzipation der Arbeiter durchsetzen zu können, klassenbewußte Arbeiter seinerzeit ausreichend motiviert, ziemlich intensiv die in einem elaborierten Code geschriebenen Werke von Marx und Engels zu lesen und zu diskutieren. Demnach wäre die geringe Bildungsbereitschaft der Arbeiter in der Gegenwart nicht zuletzt eine Folge der noch nicht überwundenen Krise der Arbeiterbewegung in der Epoche des Staatsmonopolismus, der zum Zerfall des Klassenbewußtseins geführt hat. Wo früher Klassenbewußtsein Kampf- und Lernbereitschaft verstärkte, legt heute ein dichotomisches Gesellschaftsbild, das die Dialektik der Klassenkämpfe verdeckt und einen ewigen Dualismus von ›denen oben‹ und ›uns unten‹ vorspiegelt (Popitz, Bahrdt u. a., 1957), Resignation nahe. Ohne Hoffnung auf kollektive Emanzipation wollen die Arbeiter nicht mehr Arbeiter sein und können sich doch nicht von dem Gefühl befreien, es immer bleiben zu müssen (Andrieux u. Lignon, 1960, Negt, 1968). Auch ›kompensatorische Erziehung‹ kann da nicht helfen. Sie steigert nur die Versagungserlebnisse, indem sie die Arbeiter an das besitzbürgerliche Wertsystem fesselt, die Chance individuellen Aufstiegs vortäuscht, ohne sie ihnen in der Wirklichkeit zu geben.

»Die Erfahrung der Trostlosigkeit des Arbeiterdaseins, die in der Familie beginnt, und der empfundene Verlust des gesellschaftlichen Sinnes der vergesellschafteten Arbeit, der unter den bestehenden Verhältnissen einer ›Gesellschaft des Privatinteresses‹ (Marx) kaum durch die technologisch bedingte Aufhebung ihrer stupiden repetitiven Formen auszugleichen ist, führt zwangsläufig zu einer Mobilisierung von Abwehrmechanismen, die sich in das Schema der sozialen Konflikte des ›Ich‹ am besten einfügen« (Negt, 1968, S. 36). Negt denkt hier vornehmlich an jene Versuche der Arbeiter, im Bereich des privaten Konsums Kompensation für ihre gesellschaftliche Unterdrükkung zu erreichen. Zu untersuchen wäre aber, wieweit der restringierte Sprachgebrauch in der Arbeiterklasse als Abwehrmechanismus im psychoanalytischen Sinne des Wortes zu diagnostizieren ist. Ohne proletarische Organisation in aussichtsloser Lage bleibt den Arbeitern nichts anderes übrig als diese zu ignorieren, immer weniger von dem zu hören und zu sehen, was um sie herum vor sich geht. Als Individuum dem Prozeß der Kapitalverwertung machtlos ausgeliefert, ziehen sie ihr Interesse von Gesellschaft und Politik ab und flüchten in die kümmerlichen Nischen eines illusionären, in Wirklichkeit fremdbestimmten Privatdaseins. Ein derartiger Rückzug in eine Art so-

ziale Katatonie wird ihnen durch restringierten Sprachgebrauch erleichtert.
In diesem Zusammenhang scheint mir jede Form der Verklärung des Sprachgebrauchs der Unterschichten fragwürdig. So leugnet Bernstein (1970) die ökonomisch determinierte Deprivation des Arbeiterkindes. Wenn Kinder »kulturell depriviert« genannt würden, folge daraus, daß die Eltern unzulänglich seien und den kulturellen Anforderungen nicht entsprächen. Um diesen Eltern das Gefühl der Unzulänglichkeit zu nehmen, fordert er eine der restriktiven Lebensweise, dem restringierten Code angepaßte Schule. Dann brauchten sich die Eltern sowohl dem Kind wie der Schule gegenüber nicht mehr unterlegen zu fühlen und könnten selbstbewußt sein. Aus der Tatsache, daß das Arbeiterkind sich in einem beträchtlichen Nachteil befindet, wenn man es zu dem gesamten an der Schule herrschenden kulturellen System in Beziehung setzt, folgert er, daß es artig in der proletarischen Provinz bleiben soll. »Diese ganze Kultur ist nicht für das Arbeiterkind gemacht, so kann es nicht auf sie eingehen, sich nicht in ihr entfalten« (S. 18).
Gewiß, auch die Produktionsstätten sind nicht für das Arbeiterkind, den Arbeiter gemacht. Aber sie sind durch seine Arbeit entstanden, ebenso wie die »nicht für die Arbeiter gemachte Kultur« durch seine Mehrarbeit möglich wurde. Warum sollte das Proletariat jene Produktionsstätten, die ihm noch nicht gehören, jene Kultur, von der es noch ausgegrenzt ist, nicht erobern und seinen Bedürfnissen entsprechend verändern?
Es gibt aber auch eine ›linke‹ Version der Verklärung des verkümmerten Sprachgebrauchs der Unterschichten. Da ist die Rede davon, daß der restringierte Code der Arbeiter deren Integration in das herrschende System erschwere. Das mag insofern zutreffen, als, wer Sprachschwierigkeiten hat, bei ausreichender Sensibilität häufig früher als andere die Unaufrichtigkeit verbaler Information durchschaut, weil ihm die Bedeutung der Wörter das Verständnis der nichtverbalen Mitteilungen, die ja sehr häufig unbewußt gesendet werden, nicht verstellt.
Negt (1968, S. 58), der ebenfalls eine »antikonformistische Funktion« restringierten Sprachgebrauches annimmt, gibt dennoch zu bedenken, daß der sprachbedingte Konservatismus der Arbeiter gleichzeitig ein Element enthält, »das der Verdinglichung des Denkens entgegenkommt und das Bewußtsein der eigenen Interessenlage blockiert« (S. 52).
Mir scheint: Wer Arbeitern die Aneignung eines elaborierten Sprachgebrauchs verweigert, verwehrt ihnen damit auch alle die Chancen der Artikulation ihrer Bedürfnisse, der verbalen Kommunikation, des Denkens, Begreifens, Eingreifens und der Affektregulierung, die eben eine elaborierte Sprache voraussetzen. Die Werke von Marx, Engels, Luxemburg, Lenin,

Freud, Marcuse sind schließlich im elaborierten Code geschrieben. Es hat zuweilen den Anschein, als ob kleinbürgerliche Intellektuelle sich dem Proletariat als Interpreten und Übersetzer dieser Werke in die durch ökonomische und politische Unterdrückung verkümmerte Unterschichtensprache unentbehrlich machen wollen.

Diese Überlegungen sollen freilich andererseits auch nicht den Gebrauch jener Imponier- und Geheimsprachen rechtfertigen, die Wissenschaft nicht nur zum Monopol Privilegierter gemacht haben, sondern auch zu einem elitären Ritual gegenseitiger Versicherung, für wie gescheit man seinesgleichen hält. Hier wäre schließlich zu untersuchen, wieweit sich Wissenschaftler, aber auch politische und andere Sekten mit der – gewiß häufig unbewußten – Absicht des Vereitelungshandelns selbst einem restringierten Code unterwerfen.

Weitere Literatur: Hager u. a. 1973; Niepold 1973; Oevermann 1972

13. Zur Geschlechtsrollenidentifikation

Um den Prozeß der Geschlechtsrollenübernahme zu verstehen, erscheint es notwendig, kurz auf die so oft zitierte biologische Determiniertheit geschlechtsspezifischer Verhaltensweisen einzugehen, durch die die Verherrlichung unserer bürgerlich patriarchalischen Kultur als gottgewollte, biologisch verankerte abgestützt wird. Andrerseits muß die gesellschaftliche Arbeitsteilung der Geschlechter unter kapitalistischen Produktionsbedingungen analysiert werden, um die Kumulation der in der Organisation der Produktionsverhältnisse verankerten widersprüchlichen Anforderungen an die Frau in den untersten Schichten zu verstehen. Erst auf diesem Hintergrund kann der primäre Sozialisationsprozeß dann als Vorbereitung auf die gesellschaftlich definierten Geschlechtsrollen dargestellt werden (vgl. im folgenden zum Zusammenhang zwischen beruflicher Situation, Geschlechtsrolle und Sozialisationsprozeß insbes. Bub 1968).

Die Bedeutung biologisch-physiologischer und kultureller Determinanten für geschlechtsspezifische Verhaltensweisen

Die typischen Verhaltensweisen, die der Frau allgemein zugeschrieben werden, sind ihr nicht »von ihren Hormonen zudiktiert, noch sind sie in den Fächern ihres Gehirns gegeben« (Beauvoir, 1968, S. 567). Der Einfluß der Sexualhormone auf das menschliche Verhalten ist geringer als bei allen anderen Säugetieren. Spezifische Wirkungen dieser Hormone sind nur schwach nachzuweisen. So wurde festgestellt, daß die geschlechtstypischen Verhaltensweisen bei Zwittern in Spiel, Erotik und allgemeinem Verhalten weitgehend unabhängig von der Art der produzierten Hormone und des genetischen Geschlechts sind (vgl. Money, 1955, Hampson, 1955).
Entscheidend für die Bestimmung der sozialen Geschlechtsrolle sind die kulturellen Einflüsse. Besonders deutlich wird dies, wenn man unsere Gesellschaft mit dem Stamm der Tschambulis vergleicht. Im Gegensatz zu unseren kulturellen Vorstellungen sind hier die Männer wirtschaftlich von den Frauen abhängig, in ihrem Verhalten kokett, unterwürfig, sexuell passiv und ständig in kleinen Streitereien beschäftigt, während die Frauen solidarisch, uneitel und sexuell aktiv sind (vgl. Mead, 1970).

Die Unterdrückung der Frau fällt weitgehend mit der Entwicklung des Erbrechts zusammen. In den matrilinealen Kulturen gehört der Besitz zur Sippe der Frau, die Frau bleibt auch nach der Ehe bei ihrer Sippe und die Kinder bei der Mutter, deren Namen sie auch erhalten. In patrilinealen Gesellschaften gehört die Frau nach der Eheschließung zur Sippe des Mannes, Besitz und Name werden nach dem männlichen Geschlecht weitervererbt. Die Frau muß in Monogamie leben, damit der Erbe als Nachkomme der männlichen Linie eindeutig nachweisbar ist. »Da die Ursache für die Unterdrückung der Frau in der Tendenz beruht, die Familie weiterzuführen und den Familienbesitz intakt zu erhalten, entrinnt sie in dem Maße, wie sie sich der Familie entzieht, auch ihrer absoluten Unselbständigkeit« (dies., S. 92).

Die Vorherrschaft des Mannes bleibt bestehen, solange die Frau von der gesellschaftlich produktiven Arbeit ausgeschlossen ist und auf die häusliche Privatsphäre beschränkt bleibt, in der sie individuell durch ihren Ehemann unterdrückt wird. Da die Unterdrückung der Frau als ›soziales Schicksal‹ in der Eigentumsordnung begründet ist, können individuelle Befreiungsversuche allenfalls zu individuellen Lösungen führen. Der private Auflehnungsversuch gegen den Mann kann nie die gesellschaftliche Emanzipation der Frau herbeiführen. Nicht im isolierten Konsumentenhaushalt, nur im Bereich der Produktion kann die Frau ihre Emanzipation erkämpfen. »Die Befreiung der Frau wird erst möglich, sobald diese auf großem, gesellschaftlichem Maßstab an der Produktion sich beteiligen kann und die häusliche Arbeit sie nur noch in unbedeutendem Maße in Anspruch nimmt. Und dies ist erst möglich geworden durch die moderne große Industrie, die nicht nur Frauenarbeit auf großer Stufenleiter zuläßt, sondern förmlich nach ihr verlangt« (Engels, MEW, Bd. 21, S. 158). Erst aber wenn die Einzelfamilie aufhört, wirtschaftliche Einheit der Gesellschaft zu sein, d. h. erst mit Übergang der Produktionsmittel in Gemeineigentum kann sich die Frau aus ihrer Unterdrückung befreien. »Die Privathaushaltung verwandelt sich in eine gesellschaftliche Industrie. Die Pflege und Erziehung der Kinder wird öffentliche Angelegenheit, die Gesellschaft sorgt für alle Kinder gleichmäßig, seien sie eheliche oder uneheliche« (ders., S. 77). Erst damit sind nach Engels die Voraussetzungen für eine Neuordnung der Geschlechtsbeziehung gegeben. Eine monogame, durch individuelle Geschlechtsliebe bestimmte Beziehung wird dann möglich, weil alle ökonomischen Zwänge durch Aufhebung der Eigentumsverhältnisse fortfallen. Eine solche Beziehung ist prinzipiell auflösbar, wenn ihre Grundlage, die Zuneigung der Partner, sich verändert. Von Engels wird also nicht die Abschaffung der Familie als eheliches Verhältnis der Geschlechtswesen Mann und Frau und ihrer Kinder proklamiert, sondern nur die Abschaffung der bürgerlichen Familie. (Wieweit in Engels' Ausführungen selbst noch patriarchalisches Gedankengut zum Ausdruck kommt – vgl. u. a. S. 83 –, soll hier nicht diskutiert werden.)

Zur Definition der Geschlechtsrolle in der kapitalistischen Gesellschaft

Die gesellschaftlichen Erwartungen an die Frau sind durch die Doppelbelastung der Frau in Haushalt und Beruf gekennzeichnet. Das Interesse an der Aufrechterhaltung der Familie als billigste Stätte der Produktion und Reproduktion der Ware Arbeitskraft dürfte dafür verantwortlich sein, daß die Rolle der Frau auch in der bürgerlichen Gesellschaft wesentlich als Mutter und Gattin definiert ist. Dem steht das Kapitalinteresse an unqualifizierter, billiger Frauenarbeit entgegen, das zum Verschleiß der weiblichen Arbeitskraft führt und damit wesentlich die Funktionsfähigkeit der Frau als Mutter und Gattin beeinträchtigt. Die gesellschaftlichen Maßnahmen auf dem Erziehungssektor, durch die der Frau ein Teil ihrer Erziehungsaufgaben abgenommen werden, versuchen diesen Widerspruch zu mildern, ohne ihn aufheben zu können.
Die Berufstätigkeit der Frau wird, obwohl sie gesellschaftlich notwendig ist, in der Definition der weiblichen Geschlechtsrolle kaum berücksichtigt. Die Rolle der Frau ist noch immer durch die Rolle der Hausfrau, Mutter und Ehefrau charakterisiert, die des Mannes dagegen durch die Berufsrolle.
Die Definition der weiblichen Rolle durch den familialen Bereich entspricht der Profitgier des Kapitals: In Krisenzeiten können Frauen leicht in ihren ›wahren‹ Beruf der Hausfrau und Mutter entlassen werden; zugleich wird ihre Arbeitskraft als zusätzliche definiert und geringer entlohnt; grundlegend erspart die Frau durch ihre nicht entlohnte Arbeitskraft im unproduktiven Reproduktionsbereich ›Familie‹ einen ungeheuren Kostenaufwand. Entsprechend der weiblichen Rollendefinition wird die erwerbstätige unverheiratete Frau neben ihrer Ausbeutung im Produktionsprozeß noch aufgrund ihres Status als Unverheiratete diskriminiert.
Die durch familiale Aufgaben bestimmten Rollenerwartungen an die Frau verlangen spezifische, als weiblich charakterisierte Verhaltensweisen. Von der Frau wird erwartet, daß sie Aggressionen unterdrückt, Passivität zeigt, sich dem Manne unterordnet, Attraktivität kultiviert und eine affektive, soziale und freundliche Haltung gegenüber anderen einnimmt. Die männliche Geschlechtsrolle impliziert Aggressivität und Unabhän-

gigkeit, intellektuelles Leistungsstreben, Dominanz und Unterdrückung regressiver Tendenzen und Angstgefühle (Kagan, 1964, S. 143).
Die weibliche Rolle wird immer in bezug auf andere, vorzugsweise den Mann, definiert. Ihr Verhalten ist immer auf Personen gerichtet, ob sie attraktiv sein soll, nett, liebevoll oder passiv, immer ist sie abhängig von anderen, braucht deren Bestätigung, um ein angemessenes Geschlechtsrollenverhalten zeigen zu können. Um diese Geschlechtsrolle adäquat spielen zu können, müssen Frauen allgemein auf dependentes, nicht aber auf selbständiges Verhalten hin erzogen werden. Zudem wird der männlichen Rolle mehr Freiheit, Macht und soziale Wertschätzung gegeben als der weiblichen. Diese soziale Unterbewertung der weiblichen Rolle spiegelt sich in größerer Ängstlichkeit, Unsicherheit und geringerem Selbstwertgefühl der Frauen.
Die einzige Möglichkeit für eine Frau, Intelligenz und weibliche Geschlechtsrolle konfliktlos zu vereinen, besteht darin, sich auf Berufe zu konzentrieren, die als ›typisch weiblich‹ gelten, bezeichnenderweise aber finanziell und sozial nicht sehr hoch honoriert werden. Mit Literatur, schönen Künsten und ›menschlichen Problemen‹ kann sich die Frau beruflich auch ohne zu große Rollenkonflikte beschäftigen. Der Beruf der Grundschullehrerin ist dafür ein gutes Beispiel. Entsprechend ist denn auch über die Hälfte des pädagogischen Personals an westdeutschen Grundschulen weiblich. Allerdings wird von der Frau auch in den typisch weiblichen Berufen stets erwartet, daß sie ihre Berufsrolle der Familienrolle unterordnet. Der Versuch, eine dem Manne gleichwertige Berufskarriere anzustreben, wird als Verletzung ihrer ›Wesensbestimmung‹ als Frau und Mutter bewertet. Negative Reaktionen der Männer, von denen sie als unweiblich eingestuft wird, ebenso wie von den ›richtigen Frauen‹ sind die Folge, ganz abgesehen von ihren eigenen Konflikten, Ängsten und Schuldgefühlen.
Der Definition der Frauenrolle primär durch den häuslichen Bereich stehen die Forderungen von Wirtschaft und öffentlichem Dienst gegenüber, die immer mehr auf weibliche Arbeitskräfte angewiesen sind. 37 % der Erwerbstätigen in der BRD sind Frauen, die Hälfte davon ist verheiratet. Allerdings sind sie aus den oberen Berufspositionen so gut wie ausgeschlossen. So sind nur 1,7 % der westdeutschen Lehrstühle z. Z. von Frauen besetzt. Frauen arbeiten überwiegend in unteren Berufsstellungen, die eine kürzere Ausbildungszeit voraussetzen und leichter gewechselt werden können bzw. zugunsten der Mutterrolle wieder aufgegeben werden können.
Nur 6 % der berufstätigen Frauen sind selbständig, in der Mehrheit sind sie Bäuerinnen oder Besitzerinnen von kleinen Kaufmannsläden. Von den 94 % der weiblichen Lohnabhängi-

gen sind laut *Der Spiegel* (25. 1. 1971, S. 36): 212 000 Beamtinnen, 3,6 Mio. Angestellte überwiegend in den unteren Funktions- und Qualifikationsbereichen und 3,4 Mio. Arbeiterinnen. Die Arbeiterin rangiert in der Prestigeskala der BRD an letzter Stelle. Jede zweite verdient zwischen 300 und 600 DM monatlich, keine über 1200 DM netto. Dagegen verdienen über 46 % der Arbeiter zwischen 600 und 800 DM. Die Löhne der Frauen liegen um ein Drittel unter denen der Männer bei meist gleichwertiger Arbeit, obwohl 36 % aller arbeitenden Frauen Hauptverdiener ihrer Familien sind. 94 % der Arbeitnehmerinnen sind aus ökonomischen Gründen aufs Mitverdienen angewiesen. Zwar wurde bereits vor 16 Jahren der diskriminierende Frauenlohn für grundgesetzwidrig erklärt, aber die unteren Lohngruppen für sog. Leichtarbeit sind faktisch Frauenlohngruppen. Das bedeutet kurze Ausbildung, geringer Lohn.

Die härtesten Arbeitsbedingungen aller Arbeitnehmer finden sich bei den Fabrikarbeiterinnen, von denen 70 % an Fließbändern und Halbautomaten in Gruppen- oder Einzelakkord arbeiten. Ausgeklügelte Zeitmeßverfahren wie MTM (*Methods Time Measurement*) oder WT (*Work Factor*), die sich nur in ihrer Methodik unterscheiden, lassen die Fertigungszeiten immer minimaler werden. Das Bewußtsein kann die einzelnen Bewegungsabläufe nicht mehr als wirkliche Arbeit registrieren. »Bewußtseinsverengung zugunsten Umsatzsteigerung« (*Der Spiegel*, s. o., S. 38) ist die Maxime der Unternehmer. Für den Fertigungsbereich »Verpacken« errechneten z. B. MTM-Leute für den Arbeitsvorgang »Durchzugsschachtel verpackungsbereit machen« 282 »Gesamt-TMU«, d. h. 10,52 Sekunden. In dieser Zeit muß die Arbeiterin bewältigen: »Zuschnitt im Arbeitsbereich, Lasche hochstellen, 1. Falz bilden, 1. Falz glätten, 2. Falz bilden, 2. Falz glätten, Schachtel aufnehmen, Schachtel aufrichten, Lasche einstecken und durchziehen, wegstellen« (ders., S. 40). Dieser Vorgang wiederholt sich 260mal in der Stunde, 2700mal am Tag. Darin erschöpft sich die Aufgabe einer Frau in diesem Produktionsbereich u. U. ein ganzes Arbeitsleben lang. Arbeitskrankheiten wie Bandscheibenschaden, Sehnenscheidenentzündung, Herzstörungen, Regelwidrigkeiten, Kreuz- und Kopfschmerzen, Magen- und Darmverstimmungen, aber auch psychische Störungen sind Folge der ununterbrochenen Überforderung.

Peter Schneider schreibt über die Akkordarbeit: »Bei den jungen Frauen sieht man, daß ihr Widerstand von der Maschine noch nicht gebrochen ist. An der Kraft und Wut ihrer Bewegungen erkennt man den achtstündigen Kampf, den sie um ihre körperliche und psychische Selbständigkeit führen. Ihr Körper hat gleichsam noch einen eigenen Rhythmus, den sie dem der Maschine entgegensetzen. Bei den älteren Frauen, die schon 10 oder 20 Jahre an der Maschine sitzen, ist es anders. Die Maschine hat ihre Körper unterworfen, ihre Gesichter gefaltet, ihre Hände wehrlos gemacht. Eine Zeitlang kreisen ihre Gedanken vielleicht um das Essen, das sie kochen, wenn sie nach Hause kommen, den Einkauf, das Saubermachen. Den größten Teil der Zeit aber rast der Maschinenlärm durch ihren wehrlosen Kopf, treibt sie zurück zu längst vergangenen Gewohnheiten und Wünschen. [...] Die Akkordmaschinen sind regelrechte Regressionsinstrumente, und in jeder Gesellschaft, gleichgültig, ob sie eine kapitalistische oder eine sozialistische Produktionsweise hat, würden bei gleicher Arbeitsweise die Menschen an ihre Vergangenheit gefesselt. Akkordarbeit ist immer unsozialistisch, da sie die Herrschaft der Maschine über den Menschen durchsetzt und den menschlichen Rhythmus unterdrückt« (Schneider, 1970, S. 100).

Die typische Frauenarbeit wie Fließband-, Einzelakkord- und Prämienarbeit wird durch Berufung auf die typisch weiblichen Fähigkeiten wie Geschicklichkeit, Aufmerksamkeit und Reaktionsvermögen gerechtfertigt. Weibliche Sensibilität und Anpassungsfähigkeit, in der Definition der weiblichen Geschlechtsrolle gesamtgesellschaftlich verankert, wird von den Unternehmern genutzt. Kurze Anlernzeiten, schlechtere Bezahlung als der Mann und größtmögliche Ausbeutung durch größtmögliche Arbeitsintensivierung steigern den Profit.

Die Unterdrückung der Frau am Arbeitsplatz hat nicht zu einer Solidarisierung der männlichen Arbeitnehmer mit ihren weiblichen Kollegen geführt. »Der unerschütterliche Glaube, daß produktive Arbeit Sache des Mannes sei und Frauen allenfalls zu Handreichungen taugen, läßt deutsche Männer sich ihren Kolleginnen gegenüber als Herren im Arbeits-Haus fühlen« (*Der Spiegel*, s. o., S. 46). »Indem sie anstatt Solidarität zu üben Arbeitskraft mit zweierlei Maß messen, steigern die Männer ihren eigenen Marktwert, verhindern jedoch eine grundlegende Verbesserung der Lohn- und Arbeitssituation berufstätiger Frauen« (ders., S. 47).

Durch die gesellschaftlich definierte Unterordnung der Berufsrolle der Frau unter ihre Familienrolle und die fehlende Solidarität der Männer wird eine weitgehende Desinteressiertheit und Apathie von seiten der Frau am Arbeitsplatz gesichert. Ein Widerstand gegen die Unterdrückung am Arbeitsplatz wird so verhindert. Als billige und anpassungswillige Arbeitskraft stellen die Frauen einen wichtigen Anteil der modernen industriellen Reservearmee dar, ähnlich wie die Gastarbeiter.

Was nach Engels einerseits Voraussetzung für die Befreiung der Frau aus ihrer Jahrtausende alten Unterdrückung ist, nämlich die Eingliederung der Frau in die gesellschaftlich produktive Arbeit, wird gleichzeitig zur Bedingung ihrer größten Ausbeutung. Solange die Frau ihre Hauptaufgabe in ihrer familialen Rolle sieht, in der sie gegen ihre Unterdrückung nur individuell kämpfen kann in der Auflehnung gegen den in der kapitalistischen Gesellschaft ebenfalls unterdrückten Mann, ist ihre Befreiung prinzipiell nicht möglich. Der Rückzug der Frau aus der unerträglichen Berufssituation in die Familie kann aber auch als Verweigerung gegenüber einer total versachlichten Welt begriffen werden. Der Unmenschlichkeit des Systems antwortet die Frau mit passivem Widerstand, der aber hilflos bleibt.

Die Entstehung von Frauengruppen, die sich für eine Emanzipation der Frau einsetzen, sind alle als Versuch einer Auflehnung gegen die traditionelle Frauenrolle zu sehen; ein Versuch, der der Ausbeutung der Frau in der kapitalistischen Gesellschaft ein Ende machen soll. Wogegen sich die Frauen wehren, beschreiben die *Redstockings* (militante Frauengruppe in den USA) klar in einem Manifest: »Frauen sind die unterdrückte ›Klasse‹. Unsere Unterdrückung ist total und betrifft jeden Aspekt unseres Lebens. Wir sind ausgebeutete Sex-Objekte, nichts als billige Arbeitstiere. Wir werden als minderwertige menschliche Wesen eingestuft, deren einziger Daseinszweck darin besteht, den Männern das Leben angenehmer und bequemer zu gestalten« (nach Steiner, 1970, S. 12).

Die Ausbeutung der Frau trifft am härtesten die Arbeiterin; hier erscheint sie in aller Eindeutigkeit und Brutalität. Die daraus resultierenden Aggressionen müßten ein ungeheures revolutionäres Energiepotential bilden, wenn die Frauen die Umsetzung dieser Aggressionen in politische Aktionen gegen die eigene Unterdrückung leisten könnten. Zur Zeit aber führt die ständige Unterdrückung in Beruf und Familie nur zur passiven Resignation, zum Rückzug in den familiären Bereich, zur ohnmächtigen Wendung der Aggression gegen die eigene Person, gegen die Kinder und den Mann und auch gegen andere Frauen, die als potentielle Rivalinnen definiert werden. Die im primären Sozialisationsprozeß erworbenen psychischen Dispositionen scheinen unter den gegebenen gesellschaftlichen Bedingungen zur leidvollen Anpassung an die eigene Unterdrückung zu führen.

Die Notwendigkeit einer Auflehnung gegen diese Situation ist offensichtlich; die Schwierigkeiten einer Emanzipation liegen nicht nur in der objektiven Situation der Frau, sondern auch darin, daß ein großer Teil der Frauen aufgrund ihres Sozialisationsprozesses ihre Unterdrückung verinnerlicht haben.

Erklärungsansätze für geschlechtsspezifische Verhaltensweisen

Erst in den letzten Jahren sind die Probleme der geschlechtsspezifischen Sozialisation in den Blickpunkt wissenschaftlicher Forschungen und populär-wissenschaftlicher Auseinandersetzungen geraten. Dabei wurden fast ausschließlich nur die Prozesse in der Mittelschicht berücksichtigt.
Das verstärkte Interesse an den Problemen ›der Frau‹ dürfte im wesentlichen auf die zunehmende, aber begrenzte Bedeutung der Frau für die wirtschaftliche Entwicklung hinweisen, die eine verspätete Entdeckung ihres Begabungspotentials zur Folge hatte. Einfluß darauf dürfte allenthalben die Rebellion der Frauen gehabt haben, die vor allem in den Mittelschichten im Gefolge der antiautoritären Bewegung auftrat. Das auf die Probleme der Mittelschicht-Frauen begrenzte Interesse könnte als Ausdruck der begrenzten Selbstreflexion der Frauenbewegungen angesehen werden und als Reaktion einer liberalen Öffentlichkeit, die sich erschreckt an die Ansprüche der bürgerlichen Gesellschaft nach Gleichberechtigung erinnert sah.
Die Probleme der Frau aus der Mittelschicht erscheinen im Vergleich zu den Problemen der Frau der Arbeiterschicht relativ leicht lösbar und vor allem psychologischer Natur zu sein. Vorurteile sind zu überwinden, psychische Barrieren abzubauen. Die Emanzipationsprobleme entlarven sich als Berufsprobleme und Probleme der Haushaltsführung, die überwiegend individuell durch Erziehung und Ausbildung zu beseitigen sind. Die psychologische Analyse der Arbeiterfrau birgt in sich die Gefahr, gesamtgesellschaftliche Prozesse mitanalysieren zu müssen. Die Situation der aus ökonomischen Gründen meist berufstätigen Arbeiterfrau erlaubt nicht so leicht den Rekurs auf die psychischen Probleme. Ökonomische Interessen, die von den Vorurteilen profitieren, die psychischen Dispositionen ausnutzen und die Hausfrauenrolle unterstützen, um in Zeiten der Rezession die Arbeiterin an ihre Hausfrauen- und Mutterpflichten erinnern zu können, stellen hier das Haupthindernis der Emanzipation dar. Die intellektuelle Entwicklung aufgrund von Erziehungseinflüssen verantwortlich für die Probleme der Frau zu machen, kann noch für die Mittelschicht glaubhaft sein, nicht aber für die Arbeiterfrau.
Die vorhandenen Untersuchungen über geschlechtsspezifische Sozialisation umgehen diese Probleme, indem sie weitgehend isoliert die geschlechtsspezifischen Sozialisationsprozesse untersuchen und die aus der Analyse der Mittelschicht gewonnenen Kategorien an die Arbeiterschicht anlegen – ein in der bürgerlichen Sozialisationsforschung durchgängig angewandtes Verfahren. Das Ergebnis ist die Häufung aller festgestellter Defi-

zite beim weiblichen Geschlecht der Arbeiterschicht. Auch in den folgenden Ausführungen können nur die vorhandenen, an der Analyse der Mittelschicht ausgerichteten Erklärungsansätze wiedergegeben werden.

Die Vorgänge, die zur Übernahme der Geschlechtsrolle in der Weise führen, daß die an die Rolle gebundenen Erwartungen ein Teil der Persönlichkeitsstruktur werden (z. B. das vorwiegend in der Mittelschicht festgestellte Streben nach intellektueller Leistung und Unabhängigkeit beim Mann im Gegensatz zur Frau), erfolgt grundlegend im primären Sozialisationsprozeß, der mit etwa fünf bis sechs Jahren seinen Abschluß findet.

Der Prozeß der Identifikation, der zur Übernahme der Geschlechtsrolle führt, beinhaltet sowohl die Imitation beobachtbaren Verhaltens als auch die Verinnerlichung der Verhaltenserwartungen, die damit motivationsbildende Kraft haben. Die weitgehend von dem Erziehungsverhalten der Eltern abhängigen geschlechtsspezifischen Persönlichkeitsstrukturen unterscheiden sich vor allem im Hinblick auf Abhängigkeit, Aggressivität und Leistungsmotivation. Diese Persönlichkeitsmerkmale beeinflussen gleichzeitig wesentlich die Entwicklung und Realisierung des individuellen Begabungspotentials der Geschlechter.

Der Erwerb der Geschlechtsrolle verläuft aufgrund der Familienstruktur für Jungen und Mädchen prinzipiell unterschiedlich und hat deshalb auch unterschiedliche Folgen für die Persönlichkeitsstruktur von Jungen und Mädchen. Wie diesen geschlechtsspezifischen Prozessen inhaltlich begegnet wird — welche Rollenerwartungen das Kind lernen soll, welche Erziehungstechniken zur Durchsetzung des elterlichen Rollenmodells das Kind trifft —, davon hängt es ab, in welcher Persönlichkeitsstruktur sich diese grundlegenden Wirkungen realisieren (vgl. Bub 1968).

Eine befriedigende Darstellung der Genese geschlechtsspezifischer Sozialisationsprozesse gibt es bis jetzt noch nicht. Auch das Modell der psychoanalytischen Theorie bietet der Sozialisationsforschung immer wieder nur einzelne Aspekte zur Erklärung geschlechtsspezifischer Verhaltensweisen. Das betrifft nicht nur die oft kritisierten Ausführungen über die Entwicklung der weiblichen Sexualität, sondern auch die Vernachlässigung der kognitiven Entwicklung. Dennoch hat bisher aber nur die Psychoanalyse die psychischen Prozesse, die zur Übernahme der Geschlechtsrolle führen — die Ängste, Aggressionen und die Triebe —, differenziert dargestellt. Die neueren Erklärungsansätze, die über Erziehungstechniken, Lernmechanismen und auch kognitive Entwicklung geschlechtsspezifische Sozialisationsprozesse erklären, können kaum etwas über die triebdyna-

mischen Grundlagen dieses Prozesses aussagen. Die psychischen Konflikte, die zur Sprengung des erlernten Rollenverhaltens führen können, werden von ihnen daher auch nicht erfaßt.
Die folgenden Ausführungen können auf Grund der fehlenden Theorie kein geschlossenes Konzept liefern, sondern nur die Darstellung einzelner Ansätze, die der Erklärung geschlechtsspezifischer Verhaltensweisen dienen.

Der psychoanalytische Ansatz

Nach der psychoanalytischen Theorie erfolgt die Geschlechtsrollen-Verinnerlichung während der ödipalen oder phallischen Phase. Die ödipale Phase ist zum einen durch die Dominanz der genitalen Zone (Klitoris bzw. Penis) gekennzeichnet, zum anderen durch eine Objektbindung, die inzestuösen Charakter hat. Die Mutter ist für Jungen und Mädchen als primäre Pflegeperson bis in die phallische Phase (3. bis 4. Lebensjahr) das entscheidende Liebesobjekt, ohne daß ihre Geschlechtsrolle für die Kinder relevant wird. Eine schwächere Form der Objektbesetzung besteht ebenfalls zum Vater.
In der ödipalen Phase verstärkt der Junge seine auf die Mutter gerichteten libidinösen Strebungen. Unter der Einsicht der Beziehungen zwischen den Eltern wird der Vater als Rivale empfunden. Das Kind erlebt den ödipalen Konflikt, es will den Vater beseitigen, um ihn bei der Mutter zu ersetzen. Die eifersüchtigen und mörderischen Impulse bringen den Jungen in eine schwere Konfliktsituation. Er fürchtet die Vergeltung seiner aggressiven Wünsche, gleichzeitig steht er im Widerstreit mit seinen weiterhin vorhandenen zärtlichen Gefühlen für den Vater. Wesentlicher Faktor bei der Überwindung des Ödipuskomplexes ist nach Freud die Kastrationsangst. Die narzißtische Besetzung des Penis führt zur Verdrängung der inzestuösen Wünsche. Die Identifikation mit dem Vater wird verstärkt, das Kind nimmt die väterliche Autorität in sich auf und unterdrückt so seine gefährlichen aggressiven und libidinösen Strebungen. Durch Verinnerlichung der Forderung: so wie der Vater sollst du werden, so wie der Vater darfst du nicht sein, wird es dem Jungen möglich, seine Eifersuchts- und Haßgefühle zu unterdrücken und die Mutter als begehrtes Sexualobjekt aufzugeben. »Die ins Ich introjizierte Vater- oder Elternautorität bildet dort den Kern des Über-Ichs, welches vom Vater die Strenge entlehnt, sein Inzestverbot perpetuiert und so das Ich gegen die Wiederkehr der libidinösen Objektbesetzungen versichert. Die dem Ödipuskomplex zugehörigen libidinösen Strebungen werden zum Teil desexualisiert und sublimiert,

was wahrscheinlich bei jeder Identifizierung geschieht, zum Teil zielgehemmt und in zärtliche Strebungen verwandelt« (Freud, Bd. 13, S. 399).

Der bis jetzt beschriebene Vorgang bezieht sich nur auf den einfachen Ödipuskomplex, der durch die ambivalente Einstellung zum Vater und die zärtliche zur Mutter charakterisiert ist. Gleichzeitig benimmt sich aber der Junge auch wie ein Mädchen: »Er zeigt die zärtliche feminine Einstellung zum Vater und die ihr entsprechende eifersüchtig-feindselige gegen die Mutter« (ders., S. 261). Freud führt den vollständigen Ödipuskomplex auf die ursprüngliche Bisexualität des Kindes zurück. Eine biologische Erklärung, die sich ebenso plausibel durch eine sozialpsychologische ersetzen ließe. Die enge emotionale Beziehung zwischen Vater und Kind seit der Geburt läßt eine zärtliche Beziehung zu ihm entstehen, in der die Mutter als Rivale empfunden wird.

Nach Freud identifiziert sich der Junge mit Ausgang der ödipalen Phase also sowohl mit dem Vater als auch mit der Mutter: »Die Vateridentifizierung wird das Mutterobjekt des umgekehrten Komplexes ersetzen; analoges wird für die Mutteridentifizierung gelten. In der verschieden starken Ausprägung der beiden Identifizierungen wird sich die Ungleichheit der beiden geschlechtlichen Anlagen spiegeln« (ders., S. 262).

Die starke gesellschaftliche Tabuisierung weiblicher Strebungen in der Männerrolle dürften in der Regel zur Verdrängung der weiblichen Aspekte führen. Zärtlichkeit wird unterdrückt, passive Strebungen überkompensiert in betonter Männlichkeit. Da die Verdrängung nie vollständig gelingt, werden sich die weiblichen Strebungen dem Ich immer wieder aufdrängen, das mit Angst reagiert und neue Abwehrstrategien entwickelt. Die rigide Einhaltung der traditionellen Männlichkeitsrolle mit Verachtung aller weiblichen Züge dürfte eine Folge davon sein. Die sich in der antiautoritären Bewegung durchsetzende tendenzielle Bejahung weiblicher Tendenzen im männlichen Verhalten kann als teilweise Aufhebung dieses Verdrängungsvorganges interpretiert werden.

Das Mädchen hat genau wie der Junge am Anfang der phallischen Phase sexuell aktive und passive Wünsche, ebenso hat es eine phallische Beziehung zur Mutter. Die Ablösung von der Mutterbindung geschieht nach Freud durch die Feindseligkeit, die mit der Erkenntnis der Penislosigkeit verbunden ist. Diese Erkenntnis führt zu einem Minderwertigkeitsgefühl und einer folgenden Geringschätzung des weiblichen Geschlechts überhaupt. Diese wird auch auf die Mutter übertragen. Es tritt eine Abwendung von den aktiven masturbatorischen Strebungen ein. Mittels der nun überwiegenden passiven Strebungen wird eine Wendung zum Vater vollzogen. »Der Ödipuskomplex des

Mädchens ist weit eindeutiger als der des kleinen Penisträgers, er geht meiner Erfahrung nach nur selten über die Substitution der Mutter und die feminine Einstellung zum Vater hinaus« (ders., S. 401). Der Kastrationskomplex gipfelt in dem Wunsch, dem Vater ein Kind zu schenken. Nach Freud wird der Ödipuskomplex dann langsam verlassen, weil sich dieser Wunsch nie erfüllt.

Der Kastrationskomplex leitet beim Mädchen die ödipale Situation ein, während diese beim Jungen durch den Kastrationskomplex beendet wird. Bei Abweisung und Enttäuschung durch den Vater besteht für das Mädchen die Gefahr einer Regression auf die prä-ödipale Mutterbindung.

Dem Identifikationsprozeß beim Mädchen geht eine intensive Mutterbindung voraus; es findet kein Objektwechsel wie beim Jungen statt. Andererseits muß das Mädchen sich aus zwei Objektbindungen lösen, der Junge dagegen nur aus der ursprünglichen Mutterbindung. Das Mädchen geht von der intensiven Mutterbeziehung in eine intensive Vaterbeziehung, beide müssen gelöst werden. Die Vaterbindung wird unter dem Einfluß der unausbleiblichen Enttäuschung langsam verlassen.

Die ödipale Situation wird also nicht wie beim Jungen plötzlich gelöst. Daraus schließt Freud dann, daß das Mädchen kein so starkes Über-Ich entwickeln kann wie der Junge. »Mit der Ausschaltung der Kastrationsangst entfällt auch ein mächtiges Motiv zur Aufrichtung des Über-Ichs und zum Abbruch der infantilen Genitalorganisation. Diese Veränderungen scheinen weit eher als beim Knaben Erfolg der Erziehung, der äußeren Einschüchterung zu sein, die mit dem Verlust des Geliebtwerdens droht« (ders., S. 401).

Die Konflikte der phallischen Phase, die sich nach Freud für das Mädchen um die Anerkennung der vollzogenen Kastration, das Verlassen der engen Mutterbindung und die langsame Aufgabe der positiven Vaterbeziehung zentrieren, werden von der neofreudschen oder revisionistischen Schule als kulturelle Phänomene interpretiert. (Zur grundlegenden Kritik an dem Versuch, die Psychoanalyse zu soziologisieren, vgl. Adorno 1962, Marcuse 1970, ebenso ›Allgemeiner Überblick 1‹ i. d. Buch.) Diesen Interpretationsansatz hat Freud zugunsten seiner ausführlichen Analyse der Triebentwicklung vernachlässigt. So wird von den Revisionisten der von Freud biologisch begründete Penisneid des Mädchens als Charakteristikum einer patriarchalischen Gesellschaft gesehen, die den Penis zum Symbol der gesellschaftlichen Machtstellung des Mannes erhoben hat (vgl. Horney, Thompson u. a. in Ruitenbeek, 1966). Die gesellschaftlich verankerte, dem Mädchen aufgezwungene Anerkennung der eigenen Minderwertigkeit wird durch die unausbleibliche Erfahrung des Liebesverlustes in der Vaterbeziehung verstärkt. Die Wendung der Aggression gegen das eigene Selbst, der soviel zitierte weibliche Masochismus, ebenso wie die Blockierung intellektueller Fähigkeiten lassen sich durch diese Erfahrungen erklären. Sie werden erst voll verständlich, wenn weiterhin berücksichtigt wird, daß dem Mädchen kaum Sublimierungsmöglichkeiten in Form selbständiger Aktivitäten, wie sie dem Jungen offenstehen, zugänglich sind. Ebenso kann das immer wieder festgestellte Abhängigkeitsbedürfnis des Mädchens auf das Problem der ödipalen Phase zurückgeführt werden, die angebliche Kastration in der Beziehung zum Vater kompensieren zu müssen. Die weibliche Eifersucht als Resultat dieser Abhängigkeit von der Liebe anderer scheint ebenfalls hier begründet. Der Verlauf der ödipalen Phase führt beim Mädchen also in der patriarchalisch organisierten Familie der bürgerlichen Gesellschaft zu einer starken Orientierung an Personen und weniger an verinnerlichten abstrakten Standards, d. h. zu einer schwächeren Ausbildung des Über-Ichs.

Der Einfluss von Erziehungstechniken auf die Entwicklung geschlechtsspezifischer Persönlichkeitsstrukturen

In den rollentheoretisch orientierten Ansätzen wird die Bedeutung der erogenen Zonen im Dienste der Sexualunterdrückung für die psychische Entwicklung des Kindes zugunsten einer intensiveren Analyse der Objektbeziehungen und deren Wirkungen auf die motivational-kognitive Entwicklung vernachlässigt. Im Mittelpunkt stehen dabei die Erziehungseinstellungen und Techniken, durch die das Eltern-Kind-Verhältnis bestimmt wird.

Die Ergebnisse, daß Mädchen »gehorsamer, kooperativer und allgemein besser sozialisiert (sind) als Jungen vergleichbarer Altersstufen« (Bronfenbrenner, 1965, S. 324), daß sie zudem ängstlicher, schüchterner und Ablehnung gegenüber empfindlicher sind, werden im Zusammenhang mit der unterschiedlichen Behandlung von Jungen und Mädchen von seiten der Eltern interpretiert.

Aufgrund empirischer Untersuchungen wurde festgestellt, daß Mütter ihre Töchter eher mit psychologischen Erziehungsmaßnahmen erziehen als die Söhne. Ähnliches trifft verstärkt für den Vater zu, der den Jungen häufiger mit physischen Erziehungsmaßnahmen zu kontrollieren versucht. Die liebesorientierten Erziehungstechniken, die im stärkeren Maße bei Mädchen angewandt werden, schließen das Risiko der Übersozialisierung ein; das Resultat ist starke Abhängigkeit von der Zuwendung der Erziehungsperson, da bei falschem Verhalten Liebesentzug droht. Die Angstbereitschaft und Abhängigkeit des Mädchens wird zugleich durch die stark fürsorgliche und schützende Art der Erziehung gefördert, die eine selbständige Umwelterforschung verhindert.

»Um solche Eigenschaften wie Unabhängigkeit, Initiative und Selbständigkeit zu entwickeln, die besonders bei Jungen unseres Kulturbereichs geschätzt werden, ist offensichtlich ein etwas anderes Verhältnis von Autorität und Liebe erforderlich als jenes, das man in der ›gefühlsorientierten‹ Erziehungsmethode findet, die charakteristischerweise bei Mädchen angewandt wird. Das Mädchen, das stärker mit an Liebe orientierten Disziplinierungstechniken erzogen wird, fürchtet den Entzug der Zuneigung stark, die Folge ist, daß ein geringes Maß an Strafe weit reicht und starke Autorität eher hemmend als konstruktiv wirkt« (ders., S. 325).

Die Empfindlichkeit gegenüber Kritik, die Mädchen im starken Maß aufweisen, ihre geringe Fähigkeit, unter autoritärer Kontrolle gute Leistungen zu erbringen, sind auf ihre durch die Erziehung geförderte soziale Abhängigkeit zurückzuführen. Ihre Leistungsfähigkeit steigt dagegen bei sozialer Anerkennung, durch Lob und persönlichen Zuspruch.

Die Bedeutung unterschiedlicher Erziehungseinflüsse für die geschlechtsspezifische Sozialisation wird auch von Freud hervorgehoben. So führt er den Untergang des Ödipuskomplexes beim Mädchen primär auf die Angst vor Liebesverlust zurück, beim Jungen auf die Kastrationsangst. Die Auflösung der intensiven Liebesbeziehung wird beim Mädchen durch die Drohung des Liebesentzuges erreicht, beim Jungen durch die indirekte und direkte Androhung physischer Gewalt, durch die Kastrationsdrohung. Während diese Ereignisse für Freud aber charakteristisch für eine bestimmte Entwicklungsphase sind, wird in der Literatur über die Erziehungseinstellungen und Techniken gerade der kontinuierliche Charakter dieser Einflüsse für die Persönlichkeitsentwicklung hervorgehoben.

Geschlechtsspezifische Problemlösungsversuche in der ödipalen Phase und ihre Wirkung auf die kognitive und motivationale Entwicklung

Nach den bisherigen Ausführungen kann die Übernahme geschlechtsspezifischer Erwartungen grundlegend durch die Identifikation mit dem elterlichen Rollenmodell erklärt werden. Unterschiedliche Erziehungstechniken wirken sich dabei wesentlich auf die Ausprägung geschlechtsspezifischer Persönlichkeitsmerkmale aus. Lynn (1962) versucht nun durch die Analyse eines spezifischen Aspektes der Geschlechtsrollenidentifikation, Unterschiede zwischen Jungen und Mädchen im Hinblick auf leistungsorientiertes Verhalten zu klären. Er untersucht die geschlechtsspezifischen Lernmethoden während des Identifikationsvorganges in der ödipalen Phase, von denen er annimmt, daß sie alle späteren Lernprozesse determinieren. Seine Analyse ist an der typischen Mittelschichtfamilie ausgerichtet, die durch die außerhäusliche Berufstätigkeit des Vaters und die ausgeprägte Haushaltstätigkeit der Mutter gekennzeichnet ist. Die Ausführungen dürften im wesentlichen aber auch die Tendenzen in der Unterschicht erfassen.

Nach Lynn lernt das Mädchen seine Geschlechtsrolle, indem es im direkten Kontakt mit der Mutter spezifische Verhaltensweisen von ihr imitiert. Der Junge muß in der ödipalen Phase sein Identifikationsobjekt wechseln. Ein unmittelbares Identifikationsobjekt steht ihm nur in geringem Maße zur Verfügung, da die männliche Rolle vorwiegend durch die außerhäusliche Berufstätigkeit definiert ist. Da der Junge außerdem weniger Kontakt mit Männern hat, lernt er seine Geschlechtsrolle primär durch negativ definierte Verhaltensweisen weiblicher Bezugspersonen (Mutter, Kindergärtnerin, Lehrerin). Jungen identifizieren sich daher weitgehend mit einem kulturellen Stereotyp der männlichen Rolle, Mädchen dagegen mit konkreten Aspekten der Rolle ihrer Mutter.

Der Junge muß für seine Geschlechtsrollenidentifikation nach Lynn eine Lernmethode anwenden, die durch drei wesentliche Elemente charakterisiert ist:

1. Definition des Identifikationszieles, 2. Umstrukturierung der Situation durch Wechsel des Identifikationsobjektes; 3. Erlernen von Prinzipien, die aus dem Verhalten weiblicher Bezugspersonen abgeleitet werden. Der Identifikationsvorgang verlangt vom Jungen also Problemlösungsversuche.

Das Mädchen erwirbt eine Lernmethode, die 1. auf eine unmittelbar erfahrbare Beziehung gerichtet ist und durch belohnendes Verhalten der Mutter unterstützt wird; 2. eher Imitation eines konkreten Verhaltens als die Rekonstruktion der Situation und das Abstrahieren von Prinzipien erfordert.

Lynn unterscheidet also eine Identifikation mit einer konkreten Person und eine Identifikation mit einer sozialen Rolle.

Aus den unterschiedlichen Identifikationsvorgängen werden von ihm Hypothesen über unterschiedliche kognitive und motivationale Strukturen bei Jungen und Mädchen abgeleitet.

1. Mädchen haben ein größeres Anschlußbedürfnis als Jungen, da ihre Lernsituation in der ödipalen Phase wesentlich stärker durch persönliche Bindung und belohnendes Verhalten der Mutter charakterisiert ist.

2. Mädchen sind mehr als Jungen von den äußeren Bedingun-

gen einer Situation abhängig und zögern mehr als Jungen, davon abzuweichen. Dieses Verhalten der Mädchen wird darauf zurückgeführt, daß es für sie nicht notwendig ist, sich von dem gegebenen konkreten Verhalten der Mutter zu lösen.

3. Jungen haben ausgeprägtere Problemlösungsfähigkeiten, da das Erlernen ihrer Geschlechtsrolle die Abstraktion von der gegebenen Situation und ihre Umstrukturierung verlangt.

4. Mädchen sind eher bereit, die Regeln anderer zu akzeptieren, da ihr Geschlechtsrollenlernen sich auf vorgegebene Verhaltensweisen bezieht.

Aus der Art der Geschlechtsrollenidentifikation wird von Lynn also eine grundlegende motivationale Orientierung abgeleitet, die Dependenz. Diese bestimmt das gesamte Verhalten des Mädchens sowohl im kognitiven als auch emotionalen Bereich. Ihr Verhalten entspricht somit der Definition der weiblichen Rolle, die von der Frau weniger Autonomie als vom Mann fordert.

Einige empirische Ergebnisse über die Beziehung zwischen Geschlechtsrollenidentität und intellektueller Leistung

»Empirische Untersuchungen über geschlechtsspezifische Unterschiede haben immer wieder erbracht, daß die Dependenz bei Mädchen stärker ausgeprägt ist als bei Jungen: Sie bleiben länger abhängig von der Familie, haben ein ausgeprägtes Bedürfnis nach Zustimmung anderer Personen und entwickeln seltener eine intrinsische Motivierung (Streben nach Leistung ohne äußere Belohnung, d. Verf.). Diese Persönlichkeitsmerkmale bilden ein Syndrom, zu dem auch Kontaktbereitschaft, Angepaßtheit, Passivität, geringe Aggression und größere Angstbereitschaft gehören« (Krais, 1969, S. 25).

a) Leistungsmotivation

Die ausgeprägte Dependenz des Mädchens hat wesentliche Auswirkungen auf die Ausbildung seiner Leistungsmotivation, die sich wiederum in seinem Schulerfolg niederschlägt.

Heckhausen definiert Leistungsmotivation »als das Bestreben, die eigene Tüchtigkeit in allen jenen Tätigkeiten zu steigern oder möglichst hochzuhalten, in denen man einen Güte-Maßstab für verbindlich hält und deren Ausführung deshalb gelingen oder mißlingen kann« (1969, S. 194 f.).

Wesentlich ist also, daß das Individuum unabhängig von äußerer Belohnung eine Leistung zu vollbringen versucht.

Die Leistungsfähigkeit des Mädchens ist aber weitgehend abhängig von der Zustimmung anderer Personen. Sein Bedürfnis nach Leistung beruht entscheidend auf einem Bedürfnis nach sozialer Anerkennung. Untersuchungsergebnisse, die bessere Schulleistungen von Mädchen bis zur 4. Klasse auf allen Gebieten feststellten, auch auf den typisch männlichen, unterstützen diese These. Der Wunsch nach Zustimmung scheint das Mädchen zu diesen Leistungsanstrengungen anzuregen. Sein Leistungsabfall in der Adoleszenz kann damit erklärt werden, daß gute Schulleistungen dem Mädchen jetzt nicht mehr die Anerkennung der männlichen Peers garantieren und ebenfalls nicht mehr eindeutig die Bestätigung durch die Eltern. Dies trifft besonders für Väter zu, die sich eher besorgt zeigen, wenn sie die für den Sohn geschätzten Qualitäten an der Tochter bemerken (Bub, 1968, S. 88). Die intellektuelle Leistung des Mädchens symbolisiert jetzt eher einen Mangel an Weiblichkeit und nicht mehr Wohlverhalten wie in den ersten Schuljahren. Das Mädchen realisiert also jetzt aufgrund von drohenden Rollenkonflikten nicht mehr sein Begabungspotential.

Entsprechend sind in den oberen Klassen der höheren Schule etwa zwei Drittel Knaben und nur ein Drittel Mädchen. Unter den Studierenden an westdeutschen Universitäten sind Mädchen nur etwa mit einem Fünftel vertreten, in den oberen Berufspositionen sind Frauen kaum zu finden.

Die schlechten Noten der Jungen in den ersten Schuljahren können dadurch erklärt werden, daß die Schulatmosphäre von ihnen als weiblich definiert wird – in den ersten Klassen unterrichten fast ausschließlich Lehrerinnen – und sie in Schwierigkeiten mit ihren Bemühungen um eine stabile Geschlechtsidentität bringt.

Die Leistungsschwierigkeiten adoleszenter Mädchen können noch durch ein anderes Element ihrer Geschlechtsrolle erklärt werden: Die bereits früh festgestellten stärkeren Aggressionshemmungen bei Mädchen verhindern, daß sie sich an den wettbewerbsbezogenen und damit aggressiven Leistungssituationen stärker beteiligen (Kagan, 1964, S. 158).

b) Kognitive Fähigkeiten

Die Hypothese Lynns, daß aus der Geschlechtsrollenidentifikation der Mädchen kognitive Strategien resultieren, die ein autonomes, aktives und ausdauerndes Problemlösungsverhalten verhindern, wird ebenfalls durch empirische Untersuchungen bestätigt.

Mädchen im Schulalter weisen geringere Fähigkeiten im analytischen Denken auf als Jungen. Die für das analytische Denken wichtigen Fähigkeiten der Feldunabhängigkeit und der Umstrukturierung bekannter Faktoren zu neuem Wissen sind beim Mädchen weniger ausgeprägt. Die stärkere Dependenz führt zu einer größeren Störanfälligkeit, so daß ihr Denkprozeß eher zu unterbrechen ist.

Die verbalen Fähigkeiten des Mädchens scheinen trotz unterschiedlicher Untersuchungsergebnisse, global gesehen, besser zu sein als beim Jungen. Dies könnte durch die größere Bedeutung der sozialen Kommunikation für Mädchen erklärt werden.
Zusammenfassend ist zu sagen, daß im Hinblick auf die allgemeine Intelligenz keine Unterschiede zwischen den Geschlechtern gefunden wurden. Allerdings zeigen sich geschlechtsspezifische Unterschiede in bestimmten Bereichen der intellektuellen Begabung (Maccoby, 1966).
Eine der männlichen Intelligenz gleiche Entwicklung der kognitiven Fähigkeiten des Mädchens würde einen Erziehungsstil voraussetzen, der eine Distanzierung von der Mutter erlaubt. Gleichzeitig wäre eine liebevolle Unterstützung von seiten des Vaters nötig, der das Mädchen in seiner Geschlechtsrolle bestätigt. Da die Definition grundlegender weiblicher Rollenattribute im Hinblick auf den Mann erfolgt, ist eine positive Vater-Beziehung für das Mädchen notwendig, um in einer weiblichen Geschlechtsrolle bestätigt zu werden. Zugleich unterstützt eine liebevolle Beziehung zum Vater die Lösung aus der Abhängigkeit von der Mutter und hemmt die zu starke Ausprägung von Passivität, durch die intellektuelles Leistungsstreben verhindert wird (Johnson, 1963, Heilbrun, 1965).
Die ›sozialen‹ Eigenschaften des Mädchens, die hier vor allem in ihren negativen Auswirkungen beschrieben wurden, dürfen nicht ihre positiven Wirkungen vergessen lassen. Die starke Personenzentrierung und das intensive Einfühlungsvermögen sind in einer durch Sachbeziehungen charakterisierten Gesellschaft ein emanzipatorisches Moment.
Der Ansatz von Lynn, der die besseren Ausgangsbedingungen in der ödipalen Phase für die intellektuelle Entwicklung des Jungen darstellt, berücksichtigt nicht seine Identifikation mit der Mutter. Die starke Verdrängung der weiblichen Charakterzüge, die durch eine Identifikation mit der Mutter entstanden sind, sind als Charakteristikum einer patriarchalischen Gesellschaft zu sehen. Die typisch weiblichen, personenzentrierten Eigenschaften werden in der ödipalen Phase unterdrückt zugunsten von leistungsbezogenen, sich auf sachliche Probleme konzentrierenden Eigenschaften.

Schichtspezifische Unterschiede

Zu diesem Thema liegt kaum Literatur vor. Deshalb werden im folgenden Abschnitt nur vereinzelte und oft nur hypothetische Aussagen dazu gemacht werden können (s. Lit. bei Bub 1968).
Im Vergleich zur Mittelschicht orientieren die Eltern der Ar-

beiterschicht ihre Erziehungsziele und -techniken stärker am Geschlecht ihrer Kinder. Gute Manieren, Sauberkeit und Folgsamkeit gelten in der Arbeiterschicht als mädchenhaft, Zuverlässigkeit, Ehrgeiz und Selbstbehauptung als männlich. Schichtspezifische Unterschiede werden besonders in bezug auf die Rolle des Mädchens deutlich. Während es dem Mädchen in der Mittelschicht auch erlaubt ist, Interesse in bezug auf die Spielsachen und Aktivitäten des anderen Geschlechts zu entwickeln, ist dies dem Mädchen der Arbeiterschicht kaum möglich. Das frühe Interesse des Mädchens in der Arbeiterschicht an hetero-sexuellen Beziehungen wird von Kagan auch im Zusammenhang mit der traditionellen Frauenrolle gesehen, die in der Arbeiterschicht stärker betont wird. Die Beschäftigung mit ihrer Attraktivität, das Eingehen einer Liebesbeziehung entspricht den traditionellen Geschlechtsrollen-Vorstellungen und wird deshalb in der Jugendkultur der Arbeiterschicht positiver bewertet als in der Mittelschicht (Kagan, 1964, S. 153). Diese Interpretation erscheint schon deshalb fragwürdig, weil die traditionelle Frauenrolle an den Vorstellungen der Mittelschichten ausgerichtet ist, die Tugendhaftigkeit und Passivität auch in sexueller Hinsicht betonen. Vielmehr sollte dieses Verhalten interpretiert werden als eine realitätsgerechte Antwort auf die geringen Befriedigungsmöglichkeiten in den unteren Schichten, die einen Befriedigungsaufschub auch in sexueller Hinsicht zugunsten etwa einer langfristigen Ausbildung unsinnig erscheinen lassen.

Auch in der Mittelschicht gelten — wenn auch weniger stark ausgeprägt — unterschiedliche Erziehungsziele für die Geschlechter, die besonders vom Vater vertreten werden. Er erwartet von seinem Sohn, daß er die Voraussetzung für eine erfolgreiche Berufslaufbahn mit sich bringt; Verantwortungsbewußtsein, Eigeninitiative, gute Schulleistungen werden von ihm gefordert. Das Mädchen dagegen wird weniger nach seinen Leistungen, als nach den für eine Heirat wichtigen Eigenschaften wie Attraktivität, Wohlerzogenheit, Freundlichkeit u. ä. beurteilt.

Die elterlichen Erziehungstechniken, die gegenüber Jungen und Mädchen angewandt werden, unterscheiden sich ebenfalls stärker in der Arbeiterschicht. Mädchen werden nachsichtiger behandelt, Jungen öfter körperlich gezüchtigt. Die trotzdem in der Arbeiterschicht überwiegend für beide Geschlechter angewandten machtorientierten Erziehungtechniken führen zur Steigerung ihres Aggressionspotentials. Die Inkonsistenz der Eltern, die offene Aggressivität in der Familie bestrafen, aber außerhalb der Familie als Selbstbehauptung unterstützen, verstärken diese Tendenz (Bandura u. Walters, 1959, 1963).

Mit steigendem sozialen Status nimmt die unterschiedliche Be-

handlung beider Geschlechter ab. Die Autoritätsausübungen gegenüber dem Jungen und die Nachgiebigkeit gegenüber dem Mädchen treten weniger ausgeprägt auf. Vor allem in der oberen Mittelschicht fällt der übermäßige Schutz für Mädchen weitgehend ebenso weg wie die direkte körperliche Bestrafung für den Jungen. Die in der unteren Mittelschicht ausgeprägten liebesorientierten Techniken dürften gerade beim Mädchen zu einer starken Aggressionshemmung führen, ein starkes destruktives Potential bleibt allerdings bestehen, das durch die ständigen Blockierungen noch vergrößert wird. Ähnliches dürfte auch für die Mädchen der oberen Mittelschicht gelten, obwohl sie vergleichsweise weniger Frustrationen ausgesetzt sind und weniger in ihrer Aggressionsabfuhr blockiert werden. Die vorhandenen Sublimierungsmöglichkeiten sind aber auch hier für die Mädchen relativ gering.
Die Beziehung zwischen Mutter und Tochter in der Unterschicht läßt dem Mädchen kaum die Möglichkeit, sich aus seiner Abhängigkeit von der Mutter zu lösen, da diese ihre in Ehe und Beruf frustrierten Bedürfnisse durch eine starke Abhängigkeit der Kinder von ihrer Person zu kompensieren versucht. Gleichzeitig ist zu erwarten, daß der Vater aufgrund seiner bedrückenden Berufssituation und unbefriedigenden Ehesituation das Mädchen oft unbewußt als Gatten-Ersatz behandelt. Seine unregelmäßigen Zuneigungs-Bezeugungen lassen die Entwicklung einer stabilen Vater-Tochter-Beziehung nicht zu. Zudem dürften die aggressiven Handlungen des Vaters in der Familie eine Solidarisierung mit der Mutter fördern und damit eine stärkere Zuwendung zum Vater verhindern. Somit besteht in der Unterschicht die Tendenz, daß das Mädchen sich nicht aus seiner prä-ödipalen Mutterbindung löst, stark abhängig bleibt und keine flexible Geschlechtsrollenidentität entwickeln kann, da die Bestätigung in ihrer weiblichen Rolle durch eine stabile Vater-Beziehung fehlt. Die starre Einhaltung der traditionellen weiblichen Rollenerwartungen, Passivität und Dependenz dürften die Folge einer solchen Erziehungssituation sein.
Die Identifikationssituation für den Sohn in der Unterschichtfamilie stellt sich ähnlich problematisch dar. Die negative Einstellung der Mutter zum Vater teilt sich ebenfalls dem Sohn mit. Der Vater wiederum begegnet dem Sohn mit besonderer Feindseligkeit, da er ihn als Rivalen um die Gunst der Mutter begreift. Die Übernahme der männlichen Geschlechtsrolle wird damit grundlegend erschwert, da weder die Mutter auf den Vater als Rollenvorbild verweist noch der Vater eine Identifikation durch eine zärtliche Beziehung zum Sohn unterstützt. Durch diese Tendenzen wird eine Identifikation mit der Mutter wahrscheinlich, die typisch männlichen Züge werden äußer-

lich rigide vertreten, ihnen liegt eine feminine Orientierung zugrunde, die stark verdrängt werden muß.

»Dabei besteht keine direkte Beziehung zwischen sozialem Status und Identifikationsneigung. Diese Beziehung ist vielmehr vermittelt durch das dem jeweiligen Status innewohnende Aggressionspotential. Der niedrige berufliche und soziale Status stellt an sich kein Hindernis für eventuelle Identifikationsversuche dar, was die Berufswünsche von Kindern deutlich zeigen (Traktorfahrer, Briefträger etc.)« (Soz. u. komp. Erz., 1969, S. 127).

Die männliche Geschlechtsrolle wird dann vor allem in den Kindergruppen ausagiert, wo eine gegenseitige Bestätigung in den als jungenhaft definierten Verhaltensweisen stattfindet. Die Gruppe dient u. a. als Vaterbild, an dem die nicht gelungene Identifikation kompensiert wird.

Das emotionale Engagement, das der Vater in der oberen Mittelschicht an der Erziehung seines Sohnes zeigt, kann entsprechend darauf zurückgeführt werden, daß er eine relativ hohe Befriedigung aus seiner Berufsrolle empfängt und deshalb kein so starkes Aggressionspotential in die Familie hineinträgt.

Nach diesen Ausführungen soll noch einmal kurz die Möglichkeit dargestellt werden, die psychischen Dispositionen der Arbeiterschicht als Verarbeitung der im Sozialisationsprozeß der Individuen sich durchsetzenden gesellschaftlich bedingten Unterdrückung zu interpretieren, die nicht nur die Chance zur Anpassung enthält, sondern auch zum Widerstand.

Für Jungen und Mädchen der Arbeiterschicht führen die sowohl in materieller als auch emotionaler Hinsicht früh erfahrenen Frustrationen zur Entwicklung eines hohen Aggressionspotentials. Dieses wird durch alle späteren Erfahrungen stabilisiert, da kaum Sublimierungsmöglichkeiten dafür vorhanden sind. Im Vergleich zum Jungen hat das Mädchen sehr viel weniger Möglichkeiten, dieses Potential ungestraft zu aktualisieren, da es in stärkerem Ausmaß ans Haus gebunden ist und der familialen Kontrolle unterliegt. Auch als Erwachsene sind ihr meist nur subtile Formen der Aggressionsabfuhr erlaubt. Die Aggressionshemmungen dürften aber kaum verinnerlicht sein und richten sich primär an äußeren Kontrollinstanzen aus. Das hohe Aggressionspotential der Arbeiterschicht, das nur wenig durch Über-Ich-Strukturen blockiert wird, ist bis jetzt – neben spontanen Äußerungsformen – überwiegend in stereotypen Rollenvorstellungen gebunden, in spezifischen Formen des Traditionalismus und Autoritarismus. Es könnte aber als revolutionäres Potential in einem historischen Lernprozeß wirksam werden, in dem die gesellschaftliche Ursache der erfahrenen Unterdrückung erkannt und bekämpft wird.

Die bei Jungen und Mädchen sich bereits früh ausprägenden dependenten Dispositionen könnten als Grundlage der für die Arbeiterschicht charakteristischen kollektiven Abwehrstrategien interpretiert werden. Sie wären damit Ausdruck einer sozialen Situation, in der Individualität und Unabhängigkeit fast immer zum psychischen Zusammenbruch führen müssen. Die dependenten psychischen Dispositionen könnten die Voraussetzung für kollektiv-solidarische Verhaltensweisen im politischen Bereich sein, auch wenn sie sich zur Zeit nur im privaten Bereich in begrenzter und verzerrter Form äußern und zugleich der Anpassung an unmenschliche Produktionsverhältnisse dienen.
Die Schwierigkeit der Frau, ihr Aggressionspotential politisch umzusetzen, kann nicht durch ihre Doppelbelastung erklärt werden. Die bestehende emotionale Rückzugsmöglichkeit in die Familie, die fehlende Solidarität der Männer und die noch nicht hergestellte politische Solidarität unter den Frauen dürften dafür verantwortlich sein. Sie verstärken die lebenslange Erfahrung, offene Aggressionen aufgrund der eigenen schwachen Position unterdrücken zu müssen. Die Solidarität unter Frauen ist wesentliche Voraussetzung einer Emanzipationsbewegung; sie ist um so notwendiger, je stärker die Blockierung durch die Männer ist. Sie wird sich notwendigerweise immer auch gegen die in allen Bereichen die Frau individuell unterdrückenden Männer richten, bevor oder auch während die gesellschaftlichen Ursachen dieser Unterdrückung bekämpft werden.
Man könnte annehmen, daß auf dem Hintergrund der gemeinsam erfahrenen Unterdrückung gerade das in allen Schichten vorhandene latente Aggressionspotential der Frauen und ihre ausgeprägte Dependenz dazu führen könnten, daß die Frauen in einer gemeinsamen Emanzipationsbewegung die Schichtbarrieren innerhalb der Arbeiterklasse überwinden. Zur Zeit ist aber das energetische Potential dafür weitgehend in Fixierungen gebunden, die sich in einer individuellen Ausrichtung am privaten Bereich, insbesondere an den Männern, darstellen und damit individuelle Problemlösungsversuche auch am Arbeitsplatz steckenbleiben.

Weitere Literatur: Brandt u. a. 1973; Bönner 1973; Broyelle 1974; Linnhoff 1974; Pross 1973; Rolff 1973; Schmidt u. a. 1973; Zinnecker 1972

14. Krankheit, Neurosen, Psychosen

»Die Medizin ist eine soziale Wissenschaft, und die Politik ist weiter nichts als Medizin im großen.«
Rudolf Virchow

Krankheit

Es lohnt sich, über dieses Wort von Rudolf Virchow nachzudenken. Eine noch zu schreibende Sozialgeschichte der Medizin könnte vermutlich besser Auskunft geben über das konkrete Dasein der Menschen in Vergangenheit und Gegenwart als die meisten Leistungen bisheriger Geschichtsschreibung. Ich halte es auch nicht für zufällig, daß so viele Sozialisten, ich erinnere nur an Victor Adler und Rudolf Hilferding, ihre Laufbahn als Mediziner begannen. Umgekehrt soll Sigmund Freud am Ende seiner Schulzeit an ein Rechtsstudium gedacht haben, um sich später einer sozialen Tätigkeit zuzuwenden (Jones, 1960, 47).
Darüber hinaus beeinflußte medizinische Denkweise nicht nur von der Zielsetzung (Heilen-wollen) her die Sozialwissenschaften, sondern auch in wissenschaftstheoretischer und methodischer Hinsicht. Das erste theoretische System der politischen Ökonomie, das der Arzt François Quesnay in seinem ›Tableau Economique‹ (1758) darlegte, war am medizinischen Kreislaufmodell orientiert. Und die empirische Sozialforschung in Deutschland kann neben Friedrich Engels den Arzt Rudolf Virchow zu ihren Vorläufern zählen. Seine Schriften ›Die Not im Spessart‹ (1852) und ›Mitteilungen über die in Oberschlesien herrschende Typhus-Epidemie‹ (1849) könnte man, wären sie bekannter, zu den klassischen Schriften unserer Disziplin zählen. Sie wurden seinerzeit Medizinern vorgetragen. Ein Zeichen dafür, daß damals bloße Fachidiotie noch nicht zu den Idealen wissenschaftlichen Arbeitens zählte. — Lange Zeit war die Soziologie in den staatsökonomischen Ländern eine geächtete Wissenschaft. Interessanterweise gedieh soziologische Forschung dennoch ganz gut, in der DDR vor allem im Umkreis der Lehrstühle für Sozialhygiene. Hier entstanden u. a. wichtige Arbeiten zur Familiensoziologie (vgl. das Sammelreferat von Geißler, 1965).
Leider ist auch die Medizin weithin dem Zerfall sozialer Bewußtseinsbildung unterlegen. Hierbei handelt es sich keineswegs nur um eine Folge fortschreitender Arbeitsteilung in den Wissenschaften. Je weiter die Arbeitsteilung fortschreitet, desto eher wird ja deren Integration unter gesamtgesellschaftlichen Gesichtspunkten nicht nur nötig, sondern auch möglich.
Vermutlich hat der Zerfall sozialer Bewußtseinsbildung eine wesentliche Ursache darin, daß Reflexion über menschliche Be-

ziehungen überall dort gescheut wird, wo diese die Veränderung gesellschaftlicher Verhältnisse als Konsequenz nahelegt. »Die Untersuchung der sozialen Vorgänge läßt diese Vorgänge nicht unberührt, sondern wirkt ziemlich stark auf sie ein. Sie wirkt ohne weiteres revolutionierend. Dies ist wahrscheinlich der Grund, warum die maßgebenden Kreise tiefer schürfende Untersuchungen auf dem sozialen Gebiet so wenig ermutigen« (Bertolt Brecht, ›Flüchtlingsgespräche‹). Das ängstliche Ausweichen vor möglichen politischen Konsequenzen führt dann zu jener ›Zerstörung der Vernunft‹, die Georg Lukacs (1962) für die Philosophie nachgewiesen hat, die wir aber auch in den anderen wissenschaftlichen Disziplinen beobachten können.

Das Wissen von den Verflechtungen des Kranken mit seiner Umwelt ging dennoch nie ganz verloren. Der Hausarzt der Vergangenheit erwarb es ohnehin durch unmittelbare Erfahrung. Die Industrialisierung des Arztberufes läßt heute jedoch diese unmittelbare Erfahrung nur noch selten zu. Hier versucht die Soziologie lehrbar zu machen, was nicht mehr spontan erfahren werden kann. Dabei darf nicht verleugnet werden, daß nur zu häufig Medizinsoziologie Herrschaftswissen liefert. Aber auch von Herrschaftswissen kann revolutionäre Kraft ausgehen, wenn es von den Beherrschten erworben und in ein Instrument der Emanzipation umgewandelt wird.

Im Zusammenhang mit seinen Beiträgen zur Sozialisationsforschung hat Talcott Parsons (1968) auch Probleme der Medizinsoziologie erörtert. Persönlichkeitssystem, soziales System und kulturelles System werden von ihm im Sinne der Kybernetik als Systemverbund sich selbst regulierender Prozesse verstanden. Von Freud übernimmt er die Vorstellung der Dreiteilung des psychischen Apparates in Es, Ich und Über-Ich. Tritt jedoch das Es bei Freud als asoziales, als anarchistisches Element auf, so erscheint es bei Parsons ebenso wie Über-Ich und Ich als durch Objektbeziehungen strukturiert. Damit aber erhält er die Möglichkeit, das real antagonistische Verhältnis zwischen Individuum und Gesellschaft einseitig zugunsten der Gesellschaft zu lösen. Die Triebbedürfnisse des Individuums werden nicht nur den Normen der jeweils gegebenen Gesellschaft unterworfen, sie können mit Hilfe der Theorie Parsons' weitgehend geleugnet werden.

Entsprechend einseitig bestimmt Parsons die Kriterien von Gesundheit und Krankheit: »Gesundheit kann als der Zustand optimaler Leistungsfähigkeit effektiv für Erfüllung der Aufgaben und Rollen, für die ein Individuum sozialisiert ist, definiert werden. Sie ist somit im Hinblick auf die Beteiligung des Individuums am sozialen System definiert« (Parsons, 1968, S. 344). Auch Krankheit ist »ein sozial institutionalisierter Rollentyp. Sie wird am allgemeinsten charakterisiert durch die ihr zugeordnete verallgemeinerte Störung der Fähigkeit des Individuums zur normalerweise erwarteten Aufgaben- und Rollenerfüllung, die nicht spezifisch ist für eine Bindung an irgendwelche besonderen Aufgaben, Rollen, Kollektive, Normen oder Werte« (Parsons, 1968, S. 345). Keine Rede ist hier von den Glücksbedürfnissen und -möglichkeiten des Individuums. So läuft Parsons' Theorie auf eine Rechtfertigung der totalen Vergesellschaftung des Menschen hinaus. Gerade deswegen definiert sie klar und realistisch – fast zynisch –, was in Gesellschaften, die am Primat des Leistungsprinzips orientiert sind, unter Krankheit und Gesundheit verstanden wird.

Einen gesellschaftlichen Ansatz für die Erforschung des Verhältnisses zwischen Krankheit und Gesellschaft wählte Alexander Mitscherlich (1966). Er fragt: »Was setzt die Physiologie unter Druck, so daß die Funktion sich ins Krankhafte verändern muß? Unsere Hypothese lautet: letztlich ist die Erlebnisverarbeitung, die das Individuum zu leisten hat, die Antriebskraft hinter vielen – eben den psychosomatischen, den seelisch-leiblichen Krankheiten. Erlebnisverarbeitung: das meint, wie ein Mensch mit den Grenzen seiner Begabung, mit den Fakten seiner Mitwelt, mit den Gesetzen der Sittlichkeit seiner Gesellschaft zu Rande kommt – oder nicht. In dieser Auseinandersetzung zwischen wahrnehmendem Ich und Innenwelt und zwischen Ich und Welt läßt die Entstehung einer Krankheit eine Rückzugslinie sichtbar werden« (Mitscherlich, 1966, S. 9).

Die Erforschung des Bedingungszusammenhangs zwischen Gesellschaft und Krankheit erhielt starke Impulse von seiten der Psychoanalyse. In der Entwicklung einer kausalen Theorie und Therapie der Neurosen wurde klar, »daß es sich hier um erlebnisbedingte Störungen handelte, die zu seelischen wie körperlichen Leistungseinbußen führten, und daß man in der Therapie nach Methoden der Erlebniskorrektur suchen müßte, um wirksam Hilfe bieten zu können« (Mitscherlich, 1966, S. 12). Immer deutlicher wurde, wie sehr unbewußte seelische Tätigkeit die somatischen Funktionen beherrscht. Eine besondere Disziplin: die psychosomatische Medizin entstand. Diese sucht die Entstehungsbedingungen vieler menschlicher Krankheiten im Konfliktfeld von Leben als biologischem und als geschichtlichem Ablauf. Ihrer Auffassung nach gerät die geschichtliche, d. h. die sozial beeinflußte Lebenslage häufig mit ihren Forderungen in einen unlösbaren Konflikt mit der biologischen Leistungsbreite des Organismus und führt zur pathologischen Leistungsstörung (Mitscherlich, 1966, S. 32).

Wenn diese Annahme richtig ist, dann muß es auch so etwas wie ›soziale Krankheiten‹ geben. Hierzu müßte man die physischen und psychischen Schädigungen zählen, zu denen die Kinderarbeit in der Frühzeit des Kapitalismus führte, die vielen Be rufskrankheiten unserer Gegenwart. Mitscherlich geht aber noch weiter. Er meint, man solle nicht nur diese pathologischen Verhaltensweisen unter sozialer Krankheit verstehen, sondern »nach der besonderen Bewußtseinslage fragen, die zu solchen Ausbeutungen führte, die Kindern oder Gruppen von Arbeitern bestimmte Rollen zudiktiert, in denen das Leben nicht gedeihen kann; diese Bewußtseinslage ist es wohl, die daran hindert, sich mit den Ausgebeuteten identifizieren zu können [...] Die bürgerlichen Unternehmer identifizierten sich untereinander, eine Einfühlung in das Arbeiterkind war durch diese Identifizierung ausgeschlossen. Daß Arbeitskräfte etwas Auszubeutendes seien, hielten sie für selbstverständlich; es entsprach ihrer Bewußtseinslage und durchaus ihrem Ideal von Anstand. So wurde die Ausbeutung praktiziert, ohne daß sich deswegen das Gewissen der Gesellschaft gerührt hätte« (Mitscherlich, 1966, S. 17).

Zur Abgrenzung von Neurosen und Psychosen

Über einige bescheidene Forschungsansätze hinaus ist die Medizinsoziologie noch nicht gekommen. Umgekehrt liegen von seiten der psychosomatischen Medizin meines Wissens nur Untersuchungen vor, die noch zu wenig Auskunft über die Beziehungen zwischen Krankheit und Gesellschaft geben. Im Hinblick auf die Probleme der Sozialisation bieten Neurosen- und Psychosenforschung aber doch einiges Material, das soziologische Bearbeitung verdient. Daß Neurosen etwas mit sozialen Interaktionen zu tun haben, hat die Psychoanalyse nachdrücklich verdeutlicht. Die Erforschung der Psychosen, besonders der Schizophrenie, hat, wie wir noch sehen werden, durch Aufnahme soziologischer Fragestellungen besondere Fortschritte gemacht.

Eine klare Unterscheidung zwischen Neurosen und Psychosen ist ziemlich schwierig. Die Übergänge sind fließend, aber fließende Übergänge sind noch kein Argument gegen klassifizierende Unterscheidungen. Burke formulierte: »Though now man can draw a stroke between the confines of night and day, yet light and darkness are upon the whole tolerably distinguishable« (zitiert bei Kuiper, 1968, S. 81). Halten wir uns also vorerst an die Unterscheidung, die Freud bietet: Anläßlich der Untersuchung der Entstehung und Verhütung von Psychosen kam er zu einer einfachen Formel, »welche die vielleicht wichtigste genetische Differenz zwischen Neurose und Psychose behandelt: die Neurose sei der Erfolg seines Konfliktes zwischen dem Ich und seinem Es, die Psychose aber der ana-

loge Ausgang einer solchen Störung in den Beziehungen zwischen Ich und Außenwelt« (Freud, Bd. 13, S. 287).
Bei der Neurose steht das Es im Konflikt mit dem Ich, das im Dienst des Über-Ichs steht. Bei der Psychose steht das Ich im Dienste des Es: »Das Ich schafft sich selbstherrlich eine neue Außen- und Innenwelt, und es ist kein Zweifel an zwei Tatsachen, daß diese neue Welt im Sinne der Wunschregungen des Es aufgebaut ist, und daß eine schwere, unerträglich erscheinende Wunschversagung der Realität das Motiv dieses Zerfalls mit der Außenwelt ist. Die innere Verwandtschaft dieser Psychose mit dem normalen Traum ist nicht zu verkennen. Die Bedingung des Träumens ist aber der Schlafzustand, zu dessen Charakteren die volle Abwendung von Wahrnehmung und Außenwelt gehört« (ders., Bd. 13, S. 387). Freud weist darauf hin, daß die gemeinsame Ätiologie für den Ausbruch einer Neurose oder Psychose immer die Versagung »eines jener ewig unbezwungenen Kindheitswünsche« sei. »Diese Versagung ist im letzten Grunde immer eine äußere; im einzelnen Fall kann sie von jener inneren Instanz (im Über-Ich) ausgehen, welche die Vertretung der Realitätsforderung übernommen hat. Der pathogene Effekt hängt nun davon ab, ob das Ich in solcher Konfliktspannung seiner Abhängigkeit von der Außenwelt treu bleibt und das Es zu knebeln versucht, oder ob es sich vom Es überwältigen und damit von der Realität losreißen läßt« (Bd. 13, S. 390). Neben Neurose (Übertragungsneurose) und Psychose stellt Freud noch die narzißtische Neurose – eine ihrer Erscheinungsformen ist die Melancholie –, die er aus dem Konflikt zwischen Ich und Über-Ich zu erklären versucht (Bd. 13, S. 290; vgl. auch Bd. 10, S. 120 f.). Es wäre ohne Zweifel interessant, das Vorkommen psychischer Krankheiten mit jenen Sozialisationsweisen in Verbindung zu setzen, die David Riesman als traditions-geleiteten, innen-geleiteten und außen-geleiteten Verhaltensstil unterscheidet (1961). Es spricht einiges dafür, daß in traditions-geleiteten Gesellschaften, in denen es zur Bildung eines Gruppen-Ichs und Clangewissens kommt, Konflikte des einzelnen mit der Gruppe weniger mit Angst und Schuldgefühlen als mit depressiven Gefühlen der Verlassenheit und des Verlustes beantwortet werden (Loncke, 1970). Wir hätten also Anlaß, in solchen Gesellschaften mit einer besonderen Häufigkeit narzißtischer Neurosen zu rechnen.
In innen-geleiteten Gesellschaften müßten hysterische und Zwangsneurosen vorherrschen. Dafür sprechen vorerst die Erfahrungen des Viktorianischen Zeitalters. In außen-geleiteten Gesellschaften könnten wir auf ein Ansteigen des Vorkommens von Psychosen schließen. Was hier für ›Gesellschaften‹ vermutet wird, ließe sich leicht auf soziale Schichten übertragen, sofern man diesen besondere Sozialisationsstile zuschreiben kann.

Wie wir wissen sprechen in der Tat einige Untersuchungen dafür, daß in der oberen Mittelschicht ein Erziehungsstil geübt wird, der zur Innenlenkung und Anfälligkeit für Neurosen führt, in den Unterschichten ein anderer, dessen Resultate häufig Außenlenkung und Psychosenanfälligkeit sind.
Zu dieser Frage haben u. a. Miller und Swanson Studien vorgelegt (M. u. S., 1960, S., 1961). Sie gehen von Anna Freuds Arbeit ›Das Ich und die Abwehrmechanismen‹ aus und konzentrieren sich besonders auf die gegen die Realität gerichtete Verleugnung sowie auf die gegen das Subjekt gerichtete Verdrängung. Zum ersten Typ werden Projektion, Einschränkung des Ichs, Verleugnung in der Phantasie, Verleugnung in Wort und Handlung gerechnet, zum zweiten Typ Wendung gegen die eigene Person, Isolierung, Reaktionsbildung, Ungeschehenmachen. Der Psychotiker wird eher zur Verleugnung, der Neurotiker zur Verdrängung neigen. Rigide Erziehungstechniken scheinen eine defensive Identifikation und den Aufbau eines externalisierten Über-Ichs zu fördern. Einer solchen Erziehung unterworfen, lernt das Kind eher Mechanismen der Abwehr nach dem Verleugnungstyp. Es wird also in extremen Belastungssituationen in psychotischen Konfliktlösungen Zuflucht suchen. Umgekehrt fördert eine gewährende Erziehungspraxis eine anaklitische Identifikation mit der Pflegeperson, damit die Bildung eines relativ gut internalisierten Über-Ichs. Das Kind lernt hier eher Mechanismen der Abwehr nach dem Verdrängungstyp. Es wird im Konfliktfall zur Neurose neigen. Wenn es stimmt, daß rigide Erziehungstechniken in den Unterschichten, gewährende in den oberen Schichten bevorzugt werden, hätten wir hier eine Erklärung für schichtspezifische Erkrankungsarten, auf die auch von Hollingshead und Redlich (1958), Myers und Roberts (1959) sowie Sanua (1961) hingewiesen wird.
Hier sei lediglich die sogenannte ›New Haven Study‹ von Hollingshead und Redlich zitiert (1958, hier 1965[2]). Diese Untersuchung erfaßte von der 237 000 Einwohner umfassenden Bevölkerung New Havens alle jene, die sich zwischen dem 31. Mai und 1. Dezember 1950 in psychiatrischer Behandlung befanden. Das waren 1891 Personen. Darüber hinaus wurde noch eine repräsentative Stichprobe aus 5 Prozent der Gesamtbevölkerung als Kontrollgruppe herangezogen. Zur Schichteinteilung wurde aus gewichteten Daten über Beruf, Ausbildung und Wohngegend ein ›Index of Social Position‹ gebildet. Es ergab sich folgende Schichteinteilung:
Schicht I: Besitzer und Leiter von großen Betrieben oder Instituten mit Universitätsabschluß. *Schicht II:* Das mittlere Management, eine sehr status- und aufstiegsbewußte Gruppe. *Schicht III:* Angestellte, kleine Geschäftsleute, Techniker.

Schicht IV: Facharbeiter, konsolidierte Einwanderer. *Schicht V:* an- und ungelernte Arbeiter, Einwanderer, heruntergekommene ›Yankees‹, im wesentlichen Slumbevölkerung.
Für Schichtzugehörigkeit und Anteil der Kranken und Nicht-Patienten in der Bevölkerung ergab sich folgende Verteilung (S. 199):

	Bevölkerung %	
Schicht	Kranke	Nicht-Patienten
I	1,0	3,0
II	7,0	8,4
III	13,7	20,4
IV	40,1	49,8
V	38,2	18,4
	n = 1891	36940 P ‹0,001›

Es zeigte sich also, daß zwischen der Gesamtbevölkerung der Stadt und der Krankenpopulation hinsichtlich der Schichtzugehörigkeit bedeutsame Unterschiede bestanden. Psychosen waren in der untersten Schicht deutlich überrepräsentiert.
Weiter geht aus der folgenden Tabelle hervor, daß im psychiatrischen Krankheitsfall offensichtlich in der Oberschicht die Neurosen vorherrschen (S. 233):

Schicht	% Neurosen	% Psychosen
I–II	65	35
III	45	55
IV	23	77
V	9	91

Schizophrenie und Familie

Die von der Soziologie beeinflußte Schizophrenieforschung kann als ein ermutigendes Beispiel für interdisziplinäre Zusammenarbeit angeführt werden. Es sei hier vor allem auf die Sammelbände ›Schizophrenie und Familie‹ (1969) und ›Die Familienumwelt des Schizophrenen‹ (1959) hingewiesen. Da es mir nicht möglich ist, eine einigermaßen umfassende Übersicht über das dort gebotene Material zu geben, begnüge ich mich damit, einige Ergebnisse und Gedanken des Aufsatzes ›Auf dem Weg zu einer Schizophrenie-Theorie‹ (Bateson u. a., 1969) darzulegen.
Bateson und seine Mitarbeiter gehen in ihrer Studie von ihren verschiedenen Erfahrungen in Anthropologie, Kommunika-

tionsanalyse, Psychotherapie, Psychiatrie und Psychoanalyse aus. Sie machen darauf aufmerksam, daß in der zwischenmenschlichen Kommunikationsweise verschiedene Kommunikationsarten wie: Spiel, Nicht-Spiel, Phantasie, Ritual, Metapher verwendet werden. Diese Formung und Markierung von Botschaften und sinnvollen Handlungen erreichen »einen beträchtlichen Grad an Komplexität, wobei es seltsam ist, daß unser Wortschatz für solche Nuancen noch immer spärlich entwickelt ist und wir überwiegend auf averbale Vermittlungen angewiesen sind: Körperhaltung, Gestik, Gesichtsausdruck, Tonfall und den Kontext für die Kommunikation dieser hochgradig abstrakten, aber lebenswichtigen Markierungen« (Bateson u. a., 1969, S. 12 f.). Die Schwierigkeit des Schizophrenen, der mit schwacher Ich-Funktion versehen ist, besteht nun gerade darin, daß er die verschiedenen Kommunikationsweisen nicht unterscheiden kann. Er zeigt in drei Bereichen dieser Funktion Schwächen:

»a) Er hat Schwierigkeiten, den Botschaften, die er von anderen empfängt, den richtigen Kommunikationsmodus zuzuordnen.

b) Er hat Schwierigkeiten, Botschaften, die er selber verbal oder averbal äußert, den richtigen Kommunikationsmodus zuzuordnen.

c) Er hat Schwierigkeiten, seinen eigenen Gedanken, Empfindungen und Wahrnehmungen den richtigen Kommunikationsmodus zuzuordnen« (Bateson u. a., 1969, S. 14).

Diese Schwierigkeiten versucht die soziologische Schizophrenie-Forschung aus der *double-bind*-Situation zu erklären. Notwendige Bestandteile einer *double-bind*-Situation sind folgende:

1. Es müssen mindestens zwei Personen vorhanden sein, eine davon das ›Opfer‹, eine zweite, in der Regel: die Mutter.

2. Wiederholte Erfahrung, d. h. ein einzelnes traumatisches Erlebnis reicht nicht aus, um die entsprechenden Effekte auszulösen.

3. Ein primäres negatives Gebot.

4. »Ein sekundäres Gebot, das mit dem ersten auf einer abstrakten Ebene in Konflikt gerät und wie das erste durch Strafen oder Signale durchgesetzt wird, die das Leben bedrohen.«

5. »Ein tertiäres Gebot, das dem Opfer untersagt, das Feld zu räumen.«

6. »Schließlich ist die komplette Serie von Einzelelementen unnötig geworden, wenn das Opfer gelernt hat, sein Universum in der Schablone des double bind wahrzunehmen. Fast jedes Teil einer double-bind-Sequenz kann dann ausreichen, um Panik oder Wut auszulösen. Die Struktur der widerstreitenden Gebote kann sogar von halluzinatorischen Stimmen übernommen werden« (Bateson u. a., 1969, S. 16 ff.).

Die Schizophrenie verursachende Wirkung der *double-bind*-Situation besteht nun darin, daß die in ihr gefangene Person die Fähigkeit verliert, zwischen logischen Typen zu unterscheiden:

»1. Das Individuum ist in eine intensive Beziehung verstrickt; das heißt in eine Beziehung, in der es ihm als lebenswichtig erscheint, ganz genau zu unterscheiden, welche Art von Botschaft ihm übermittelt wird, damit es entsprechend reagieren kann.

2. Das Individuum ist in einer Situation gefangen, in der die andere Person in der Beziehung zwei Arten von Botschaft ausdrückt, von denen die eine die andere aufhebt.

3. Und das Individuum ist nicht in der Lage, sich mit den geäußerten Botschaften kritisch auseinanderzusetzen, um seine Entscheidung, auf welche Botschaft es reagieren soll, zu korrigieren, d. h. es kann keine metakommunikative Feststellung treffen« (Bateson u. a., 1969, S. 19).

Wer sein Leben in einer *double-bind*-Situation verbracht hat, ist nach dem psychotischen Zusammenbruch nicht mehr in der Lage, zu beurteilen, was ein anderer wirklich meint. In seiner Not kann er zu folgenden Alternativen greifen:

»Er kann zum Beispiel annehmen, daß hinter jeder Äußerung eine Bedeutung verborgen ist, die ihm zum Schaden gereicht. Er wird dann ein übertriebenes Interesse an verborgenen Bedeutungen zeigen und entschlossen sein zu demonstrieren, daß man ihn nicht täuschen kann – so wie man ihn sein ganzes Leben getäuscht hat. Greift er zu dieser Alternative, so wird er ständig hinter dem, was die Leute sagen, und hinter zufälligen Vorkommnissen in seiner Umgebung nach Bedeutung suchen und ausgesprochen mißtrauisch und trotzig sein.« Er wird also paranoid reagieren.

»Vielleicht wählt er auch eine andere Alternative und neigt dazu, alles wörtlich zu nehmen, was andere ihm sagen; widersprechen sie in Ton, Gestik oder Kontext dem, was sie sagen, so wird er sich lachend über diese metakommunikativen Signale hinwegsetzen. Er wird es aufgeben, den Versuch zu machen, zwischen verschiedenen Ebenen der Botschaft zu unterscheiden, und alle Botschaften behandeln, als wären sie unwichtig oder zum Lachen.« Die Psychiater werden bei ihm Hebephrenie diagnostizieren.

»Wenn er nicht mißtrauisch gegen metakommunikative Botschaften geworden ist oder nicht versucht, sie mit Lachen abzutun, wird er vielleicht den Versuch machen, sie zu ignorieren. Dann wird er es für nötig halten, immer weniger von dem zu hören und zu sehen, was um ihn herum vor sich geht, und sein Äußerstes tun, seine Umgebung zu keiner Reaktion zu veranlassen. Er wird versuchen, sein Interesse von der Außenwelt

abzuziehen und sich auf die Vorgänge in seinem Inneren zu konzentrieren [...]« Er wird also in eine katatonische Schizophrenie fliehen (Bateson u. a., 1969, S. 22 f.).
Die Vermutung lag nahe, daß die *double-bind*-Situation aus einer bestimmten Familiensituation resultiert. Um dieser Vermutung nachzugehen, haben die Untersucher die schriftlichen und mündlichen Berichte von Psychotherapeuten studiert, die mit derartigen Patienten intensiv therapeutisch gearbeitet haben; sie haben Tonbandaufnahmen von psychotherapeutischen Interviews mit Patienten ausgewertet, die Eltern von Schizophrenen interviewt und die Besprechungen auf Band aufgenommen; zwei Mütter und ein Vater haben sich bei ihnen einer intensiven Psychotherapie unterzogen; schließlich wurden Eltern und Patienten zusammen interviewt und auch hier die Interviews auf Band aufgenommen. Auf der Grundlage dieses Materials kamen die Untersucher zu folgender Hypothese über die allgemeinen Merkmale der Familiensituation eines Menschen, der schließlich an Schizophrenie erkrankt:
»1. Ein Kind, dessen Mutter Angst bekommt und sich zurückzieht, sobald es auf sie reagiert wie auf eine liebende Mutter. Das heißt, die bloße Existenz des Kindes hat für die Mutter eine spezielle Bedeutung, die in ihr Angst und Feindseligkeit erregt, sobald die Gefahr besteht, daß sie mit dem Kind in innigen Kontakt gerät.
2. Eine Mutter, die ihr Gefühl der Angst und Feindseligkeit gegenüber dem Kind nicht akzeptieren kann und es deshalb verleugnet, indem sie ein liebevolles Verhalten an den Tag legt, um das Kind zu veranlassen, in ihr die liebevolle Mutter zu sehen, und um sich zurückzuziehen, wenn das Kind das nicht tut. ›Liebevolles Verhalten‹ impliziert nicht unbedingt ›Zuneigung‹; es kann zum Beispiel Teil eines Bemühens sein, das Richtige zu tun, ›Güte‹ einzuflößen usw.
3. Das Fehlen von jemand in der Familie, z. B. eines starken und einsichtigen Vaters, der sich in die Beziehung zwischen Mutter und Kind einmischen und das Kind angesichts der aufgetretenen Widersprüche unterstützen kann« (Bateson u. a., 1969, S. 24).
Diese Hypothese ist statistisch nicht überprüft. Sie bedarf sicherlich auch noch inhaltlicher Differenzierung. Ich halte sie jedoch für äußerst interessant. Immerhin geben uns Bateson und seine Mitarbeiter Beispiele, die ihre Hypothese zu stützen vermögen. Die Überprüfung und Anwendung ihrer Hypothesen kann auch Aufschluß geben über die schichtspezifische Verteilung von Psychosen. Im Hinblick auf diese Fragestellung wäre zu untersuchen: 1. Welche Verhaltensweisen, Einstellungen, Kommunikationsformen und Erziehungspraktiken verursachen bzw. begünstigen Psychosen in der Primärsozialisation. 2. Wie

verteilen sich diese auf die verschiedenen sozialen Klassen, Schichten und Gruppen? 3. Welche Belastungen im Leben der Heranwachsenden und Erwachsenen führen später zum psychotischen Zusammenbruch? Wieweit sind diese Belastungen klassen-, schicht- und gruppenspezifisch? 5. Wieweit erzwingen diese Belastungen wiederum eine Psychosen begünstigende Erziehung in den Familien? Ich muß an dieser Stelle die Erörterung abbrechen, möchte aber ermutigen, sich mit den soziologischen Aspekten der Psychosenforschung zu beschäftigen.

Auf zwei Probleme möchte ich noch hinweisen. Das ist erstens die Tatsache, daß die Wahnvorstellungen des Schizophrenen keine bloßen Hirngespinste sind. Vor dem psychotischen Zusammenbruch hat er sie in der Realität erlebt: er ist verfolgt worden, hat Desinteresse, Kontaktlosigkeit und Verwahrlosung erfahren. Meistens war es die Mutter, die ihm, selbst äußersten Schwierigkeiten ausgesetzt, nicht geben konnte, was er brauchte. Zumal in den Unterschichten werden die objektiven Belastungen oft so groß sein, daß jenen, die ihnen ausgesetzt sind, kein anderer Weg bleibt als der in die Schizophrenie.

Das andere Problem liegt darin, daß uns das Gebiet der Psychosen unheimlich ist. Wir sollten bedenken, daß uns das Unheimliche besonders häufig im Doppelgänger begegnet (Freud, Bd. 19). Wieso müssen wir im Psychotiker den Doppelgänger fürchten? Ist die Antwort wirklich so schwer? Im Traum erleben wir alle psychotische Zustände. Der Traum läßt uns an unserem eigenen Ich irre werden. In ihm erleben wir den Verlust unserer Ich-Funktion. Wie der Schizophrene können wir in ihm nur noch wahnhaft die äußere und die innere Realität registrieren. So ist uns die Erlebnisweise des Psychotikers nur allzu vertraut. Er unterscheidet sich von uns eigentlich nur darin, daß die Wahnwelt seiner Träume nicht nur seinen Schlaf, sondern auch sein Wachen beherrscht. Die Grenzen zwischen ihm und dem Normalen ist so unsicher wie die zwischen Tag und Nacht. Unsere Nachbarschaft zum Irren erinnert uns eindrucksvoll daran, daß der Begriff des Normalen eine Rechengröße ist, die in der Wirklichkeit nicht vorkommt. Das ist gewiß unangenehm und unheimlich. Der Umgang mit dem Unheimlichen ist aber auch verlockend und kann vielleicht sogar befreiend sein, wenn wir in ihm unsere gefesselten Möglichkeiten erkennen.

Weitere Literatur: Bettelheim 1973; Bräutigam/Christian 1973; Ästhetik und Kommunikation 15/16, 1974; Dührssen 1972; Gleiss u. a. 1973; Goffman 1972; Laing 1972; Neumann-Schönwetter 1973; Vinnai 1973; Watzlawick u. a. 1969; Wieser 1973

15. Das individuelle Gewissen

Normales und abweichendes Verhalten

Um definieren zu können, welches Verhalten als ›abweichend‹ bezeichnet werden soll, muß zunächst danach gefragt werden, was als das ›Normale‹ bezeichnet werden kann. In der Regel meinen die mit dem Thema befaßten Autoren, das in einer Gesellschaft Übliche sei als das ›Normale‹ zu begreifen. Sie verkennen dabei, daß – zumindest in den Gesellschaftsformationen mit hohem Differenzierungs- und Industrialisierungsgrad – dieses ›übliche‹ Verhalten von den kleinbürgerlich-mittelständischen Gruppen repräsentiert wird.

Aber auch diese Gruppen sind nicht in der Lage, originär normenstiftend zu wirken; im Gegenteil, gerade diese Gruppen unterliegen einem enormen Anpassungsdruck, der von denen ausgeht, die darüber zu befinden die Macht haben, welche Verhaltensweisen ihrer Herrschaft nutzen und welche diese in Frage stellen könnten. Es ist doch immerhin auffällig, daß es in unserer Gesellschaft die Angehörigen der besonders hoch- und die der besonders unterprivilegierten Gruppen sind, die sich dem kleinbürgerlich-mittelständischen Konformitätsdruck entziehen. In der Mitte, innerhalb der Gruppen, die am intensivsten am Kampf um den besseren Status, um die steilere Karriere teilnehmen, muß naturgemäß der Anpassungsdruck an die von den real Herrschenden ausgegebenen erwünschten Verhaltensmuster am stärksten sein.

Aus diesem Grund lohnt es sich, den Zusammenhang von Normen, Moral und Herrschaft noch einmal hervorzuheben.

Herrschende Moral und Herrschaftsinteresse

Unter einer ›Moral‹ verstehen wir ein komplexes System verhaltenssteuernder Regeln und normativer Setzungen, deren Annahme durch die Individuen einer konkreten Gesellschaft ihre Interaktionen berechenbar macht. Eine gemeinsame Moral schafft damit die Voraussetzungen des Zusammenlebens schlechthin, erweist sich aber zugleich als eines der wichtigsten Instrumente der Durchsetzung und Stabilisierung von Macht und Herrschaft. Denn »[. . .] der Ausübung von Macht entspricht auf seiten der Unterlegenen [. . .] ein Sich-Fügen aus

Interesse: Man will Sanktionen, die bei einem Andershandeln zu befürchten sind, vermeiden, oder man erhofft von einem erwartungsgemäßen Verhalten Vorteile« (Hofmann, 1969, S. 30).

Hiermit ist auch angedeutet: Machtbeziehungen können, ja müssen sich in gewissem Maße verinnerlichen. Jede gegebene Machtordnung drängt danach, äußeren Druck durch die Herstellung innerer Konformitätsbereitschaft bei den Machtunterlegenen nicht nur zu ergänzen, sondern nach Möglichkeit auch zu ersetzen. »[. . .] Kein Machtsystem, dem es nicht gelingt, sich durch Entwicklung einer gewissen Bereitschaft zum erwartungsgemäßen Verhalten bei den Machtbefohlenen selbst zu internalisieren, könnte sich dauerhaft behaupten« (ders., S. 30).

Man kann davon ausgehen, daß in nahezu jeder bisherigen Moral die Elemente, die der Macht- und Herrschaftsdurchsetzung dienen, dominieren. Lediglich als Nebenprodukt fallen auch Regelungen ab, die für die Beziehungen der Machtunterworfenen untereinander hilfreich sind. Herrschaftspositionen können in dem Maß als gesichert betrachtet werden, in dem es den herrschenden Moralstiftern und ihren Ideologen gelingt, das Sonderinteresse der Herrschenden als ›Gemeinsames Interesse aller‹ erscheinen zu lassen. (›Ich kenne keine Parteien mehr, ich kenne nur noch Deutsche‹, Wilhelm II. ›Wer sich nicht in die Klassengemeinschaft einfügt . . .‹ ›Wer den Betriebsfrieden stört . . .‹ usw. usw.)

›Moralen‹ sind das Resultat langfristiger historischer Prozesse. Sie sind nicht ad hoc außer Kraft zu setzen und durch neue zu ersetzen. In jeder herrschenden Moral spiegeln sich daher nicht nur gegenwärtige Produktions- und Herrschaftsverhältnisse, sondern auch die vergangener Epochen. Selbst archaische Muster sind in ihr enthalten. Sie wurden im Sozialisationsprozeß von Generation zu Generation weitertransportiert.

Diese Traditionselemente einer Moral können gegenwärtige Herrschaftsinteressen erheblich stören: Beispielsweise wird Profitausweitung durch raschen Verschleiß und Verschwendung erschwert, wenn in einer Gesellschaft Sparsamkeit und Bescheidenheit als Tugend konserviert sind. Alexander Mitscherlich beschreibt diesen Tatbestand so: »[. . .] auch das Gebot der Sparsamkeit steht, obwohl für den einzelnen fraglos noch immer von Wert, den Interessen der Wirtschaft und damit denen der gegenwärtigen Gesellschaft strikt entgegen. Das Gebot der Sparsamkeit stellt in einer notwendig auf Verschleiß eingerichteten (kapitalistischen, d. Verf.) Wirtschaft der Vollbeschäftigung und des Wohlstandes ein retardierendes Element erster Ordnung dar. Wer spart, handelt aus Eigennutz, dem Interesse aller entgegen – so scheint es jedenfalls. [. . .] Die volle Hingabe an die Konsumwelt in allen Schattierungen befriedigt nicht nur die irdischen Gelüste des einzelnen; es heißt auch, dies sei moralisch, weil es den Wohlstand aller fördere« (Mitscherlich, 1963, S. 102).

Immer aber läßt sich eine überkommene Moral sehr viel besser in den Dienst reaktionärer und konservativer Regimes stellen denn in den Dienst gesellschaftlichen Fortschritts. Der psychische Ort, an dem Normen festgemacht werden, ist das sogenannte Gewissen. Es empfiehlt sich daher, diese psychische Instanz mit Hilfe der von der Psychoanalyse gelieferten Theorie kritisch zu betrachten.

Die individuelle Seite der Widersprüche

Das Gewissen des einzelnen ist weder als Stimme Gottes in uns noch als Widerspiegelung irgendeines Absoluten zu begreifen. Allein schon die Tatsache, daß das Gewissen der Individuen in verschiedenen Kulturen völlig andere Normen enthält, führt jede solche Annahme ad absurdum: »So ist aus China allgemein bekannt, wie sehr man die Alten und die Ahnen verehrt, mit ihnen geradezu einen Kult treibt. Ein anderes mongolisches Volk, die Einwohner von Kamtschatka, tötet die Greise. Es ist so Brauch von uralters her und verursacht den Mördern keinerlei Gewissensbisse. Die afrikanischen Stämme des Mundang, Schilluk [. . .] und Bum töten ihre Könige nach einer bestimmten Regierungszeit; das Amt des Mörders übernimmt der Oberpriester, der Mutterbruder [. . .] oder der eigene Sohn. Sie vollziehen die Tat ohne Gewissensbisse. In der Nähe [. . .] leben andere, die ihre Könige fast wie Götter verehren und den Königsmord als eines der schwersten Verbrechen ansehen. Malinowski berichtet, daß auf den Trobriand-Inseln Stämme dicht beieinander leben, die in bezug auf die Sexualmoral sich gänzlich gegenteilig verhalten [. . .]« (Zulliger, 1953, S. 13 f.). ›Gewissen‹ – in der Sprache der Psychoanalyse Über-Ich genannt – ist vielmehr als jene psychische Instanz zu begreifen, die das Individuum befähigt und es zwingt, mit dem Kollektiv und dessen Verhaltenserwartungen in Übereinstimmung zu leben. Der Mensch ist ein geselliges Lebewesen, das nur in geringem Maße von Instinkten gesteuert wird. Also muß er lernen, mit seiner Umwelt auszukommen, mit ihr ein erträgliches, halbwegs harmonisiertes Verhältnis durch die Beachtung internalisierter Regeln zu erzielen. Ein ›schlechtes Gewissen‹ ist zunächst nichts anderes als das Gefühl, mit der sozialen Umwelt und ihren Erwartungen im Widerstreit zu liegen. So erklärt sich auch die Tatsache, daß Menschen, die ein von der sozialen Norm abweichendes Verhalten zeigen, die Tendenz haben, sich ist. Zudem sind Neugeborene zunächst un-sozial, weil sie zwar die Befriedigung ihrer Bedürfnisse von ihrer sozialen Umwelt fordern, dafür aber zu keinerlei Gegenleistung bereit und fähig sein können. Ein Neugeborenes verfügt also über eine Trieborganisation; Ich und Über-Ich entstehen erst in der Konfrontation mit der Realität, also vor allem der sozialen Umwelt (Freud, Bd. 6, S. 218).

Obwohl Über-Ich nach der Auffassung Freuds mehr umfaßt, als ›Gewissen‹, ist andererseits deutlich, daß das Über-Ich als Ort des ›Moralischen‹ verstanden werden muß. Man kann es auch als verinnerlichte Autoritätensammlung begreifen.

Der mit der Entwicklung des Über-Ichs einmal ›erlernte‹ Weg, reale Ohnmacht durch Identifizierung mit dem real Mächtigen zu kompensieren, ist ganz sicher eine der wichtigsten Ursachen des massenweisen Auftretens autoritätshöriger und autoritätssüchtiger Charaktere. Allerdings ist zu fragen, inwieweit die seit Freuds Beobachtungen stattgefundenen Wandlungen der Vaterrolle (die eine Folge geänderter Produktionsweisen sind) zu einer partiellen Revision dieser Aussagen Anlaß geben. In einer zur Vergesellschaftung der Sozialisation tendierenden Gesellschaft werden in immer stärkerem Maße andere Personen an der Über-Ich-Herstellung beteiligt, die Gewichtungen zwischen den Eltern einerseits und den übrigen Beteiligten verschieben sich (s. dazu Fromm, 1936, S. 32 f.).

Rationalität, intellektuelle Einsicht, kritische und selbstkritische Reflexion, kurzum alle für den gesellschaftlichen Fortschritt notwendigen Fähigkeiten der Individuen sind hochdifferenzierte Funktionen des Bewußtseins, also Ich-Funktionen. Das Ich, entstanden in der Auseinandersetzung mit der Realität, Produkt vieler, unter dem massiven Druck der Verhältnisse stattgefundener Modifikationen und Mutationen der einstigen ›Affen‹-Natur, muß in jedem neuen menschlichen Wesen immer wieder neu herausgebildet werden.

Bürgerliche Pädagogik war auf die Herausbildung eines starken Über-Ich gerichtet. Ähnliches gilt auch für die Erziehung in den Ländern des autoritären Sozialismus, wo man allerdings versucht hat, die normativen Inhalte des Über-Ich zumindest partiell auszutauschen. Da dies meist mit massivem Druck versucht wurde, »besteht die Gefahr, nur ein schlechtes Gewissen zu verursachen, das heißt eine Diskrepanz zwischen dem, was ich fühlen sollte und dem, was ich wirklich fühle, zu verursachen. Es entsteht eine hohe, gefühlsmäßige Spannung, aber selten folgt daraus ein ›richtiges‹ Verhalten« (Kurt Lewin, 1953, S. 102).

Jede progressive, emanzipatorische Erziehung muß auf die Herausbildung eines starken Ich gerichtet sein. Wenn man das Interdependenz-Verhältnis zwischen dem Ich und den es einschränkenden Faktoren: Realität, Es und Über-Ich in Rechnung stellt, wird deutlich, daß sowohl Veränderungen der Realität wie des Über-Ich, als auch eine weitere bewußtseinsmäßige Durchdringung des Es erforderlich sind, wenn das Ich eine Chance erhalten soll, zu wachsen. Denn es kann dies nur in der Auseinandersetzung mit seinen antagonistischen Widersachern tun.

Das kann – zumindest für unsere historische Periode – gewiß nicht bedeuten, daß man das Über-Ich vollends abschaffen könnte. Denn es stellt einen der Kontrahenten in einem innerpersonalen quasi-dialektischen Prozeß dar; wo dieser Faktor ausfällt, ist Desorientierung und Delinquenz die Folge. Aber das Über-Ich bedarf der Umstrukturierung: »Der Umbau des Über-Ich von einer unbewußt wirkenden, zwanghaft verinnerlichten Exekutive sozialer Normen zu einer von Spontaneität, Realitätseinsicht und Realitätskritik geleiteten entscheidungsfähigen Instanz, mit welcher das Ich sich verhandelnd auseinanderzusetzen vermag, ist ... ein Vorgang der Aufklärung, dem die kollektiven Übereinkommen und die sozialen Wertbegriffe unterworfen werden« (Mitscherlich, 1968, S. 102).

In einer in Klassen aufgespaltenen Gesellschaft sind aber gerade die Chancen für die Stärkung des Ich ungleich verteilt. Denn: »In dem Maße, wie der Mensch die äußere Natur planvoll und vernünftig zu beherrschen lernt, wächst sein Ich und damit die Fähigkeit, seine Triebwelt statt durch Verdrängung mit Hilfe dieses erstarkten Ichs zu leiten. Entsprechend den unterschiedlichen Funktionen der Klasse im gesellschaftlichen Prozeß ist aber die Ich-Entwicklung innerhalb der Gesellschaft ungleichmäßig. Die Klasse, die als leitende den größten Überblick hat, ist während der Blüte ihrer Herrschaft auch die fortgeschrittenste in ihrer Ich-Entwicklung. Je mehr aber die gesellschaftlichen Gegensätze sich vertiefen, je weniger die herrschende Ordnung ihrer Aufgabe in einem rationellen und fortschrittlichen Sinne gerecht wird, desto weniger führt auch die gesellschaftliche Rolle der Leitenden zu einer Stärkung ihres Ichs, und desto mehr wird der Prozeß des Ich-Wachstums auf andere gesellschaftliche Gruppen übergehen. [...] Das Ich erweist sich in diesem Sinne als ein Teil des seelischen Apparates des Menschen, der sich selbst mit der Entfaltung der Produktivkräfte und der gesellschaftlichen Lebenspraxis entwickelt und seinerseits wiederum als eine Produktivkraft in die gesellschaftliche Lebenspraxis eingeht« (Fromm, 1936, S. 32 f.; s. auch Bernfeld, 1967, S. 98 ff.).

Diese Gedanken Erich Fromms machen erklärbar, weswegen es gerade die Kinder der sogenannten unteren Unterschicht sind, denen man quasi von Geburt an eine Neigung zu abweichendem Verhalten zuschreibt. Es liegt auf der Hand, daß die Kinder extrem deklassierter Eltern nicht nur daran gehindert werden, ein starkes Ich zu entwickeln, sondern daß sie darüber hinaus auch in ihrer Über-Ich-Entwicklung desorientiert werden müssen.

Deklassiertes Proletariat – oder der Zwang zum abweichenden Verhalten

Jede Gesellschaft, die in Klassen gespalten ist und in der eine steile Pyramide sozialer Hierarchien besteht, benötigt eine untere Unterschicht. Zyniker nennen diese Schicht den ›Bodensatz‹. Es handelt sich um Menschen, die aufgrund verweigerter Qualifikationschancen den Anschluß an das Gros des Proletariats verloren haben, ja im Extremfalle selbst das Konkurrenzverhältnis zur übrigen Arbeiterschaft aufgeben mußten. Sie bilden eine ›neue‹ Schicht im Spätkapitalismus, die Wohlfahrtsschicht genannt werden könnte.
Diese Gruppe, die, wenn überhaupt noch am Produktionsprozeß beteiligt, zur Annahme unterbezahlter, unqualifizierter und gelegentlicher Arbeit gezwungen ist, ist das bevorzugte Klientenfeld der Sozialbürokratie, deren Aufgabe es ist, alle für das System gefährlichen Krisenherde unter Kontrolle zu bringen und diejenigen ruhig zu halten, die von ihrer Lage her am ehesten Veranlassung hätten, die Verhältnisse insgesamt in Frage zu stellen. Die ökonomischen Ressourcen der Kapitalistenklasse, die sie ihrer politischen Agentur, dem Staat, in Form von Steuern zur Verfügung stellen, machen es möglich, dieser Gruppe ein zwar miserables, aber doch noch erträgliches Auskommen zu bieten. Dies geschieht durch die karitative, almosenspendende Sozialarbeit, deren ›Hilfe‹, es den Deklassierten ermöglicht, notfalls auch ohne Arbeit zu leben.
Diese Gruppe hat eine gewichtige gesellschaftliche Funktion. Ihre pure Existenz demonstriert denjenigen, die sich Tag für Tag in die Mühle kapitalistischer Produktion und Distribution einspannen lassen, was ihnen widerfährt, wenn sie die Hergabe von Arbeitskraft verweigern würden. Wo diese Wirkung nicht unmittelbar zu erzielen ist – etwa durch tagtäglichen Augenschein –, sorgen die Berichte der Medien für den notwendigen Horroreffekt.

Unterschiedliche Wertorientierung (Gewissensbildung) in verschiedenem klassen- und schichtenspezifischem Milieu

Wenn die Lebenspraxis selbst jene Überlebenstechniken erzwingt, die sich sodann in den Wertorientierungen niederschlagen, diese wiederum im Prozeß der Über-Ich-Bildung auf die nächste Generation übertragen werden, so muß eine unterschiedliche Lebenspraxis auch zu unterschiedlicher Wertorientierung und Gewissensbildung in unterschiedlichen Schichten und Klassen führen. Diese Unterschiede sind auch ohne Schwierigkeit zu beobachten.

Aus der Arbeit mit Jugendlichen aus der sogenannten unteren Unterschicht (oder sogenannten Randgruppen) wissen wir, daß sie, wenn überhaupt, nur über ein sehr undifferenziertes Über-Ich verfügen. Es enthält etwa folgende Gebote: Du mußt dem, der Macht über dich hat, gehorchen. Wenn du die Forderungen nicht erfüllen kannst, die an dich gerichtet werden, mußt du versuchen, unter diesen Forderungen wegzutauchen, du darfst also nicht auffallen. Versuche, wo immer es möglich ist, dir durch Einsatz von Körperkraft und Brutalität unter den Angehörigen der gleichen Schicht eine Machtposition zu sichern. Wo das nicht gelingt, füge dich, ordne dich unter. Im übrigen ist jedes Mittel erlaubt, das zur Befriedigung deiner unmittelbaren Bedürfnisse führt, auch das des Verstoßes gegen die übrigen Gebote, wenn du nur sichergestellt hast, daß du nicht erwischt und bestraft wirst. Diese Grundtendenz ist die Folge elterlicher Erziehungspraktiken, insbesondere der Tatsache, daß man in dieser Schicht für die gleiche Handlung einmal bestraft werden kann, das andere Mal belacht wird. Außerdem wurde man für die Wirkungen von Handlungen und nicht für die dahinterstehende Absicht bestraft.

Jugendliche aus dieser Gruppe sind häufig desorientiert und in besonders starkem Maße auf der Suche nach äußeren Autoritäten, die ihnen helfen sollen, in der als bedrohlich erlebten Welt den ›richtigen‹ Weg zu finden. Deshalb sind sie bereit, sich den Befehlen der Führer in der Gruppe zu beugen.

»So spiegelt sich in den jugendlichen Gangs genau das hierarchische Schema der Gesellschaft wider. Der Rocker gehorcht freiwillig einem Vorgesetzten, dem Boß, anerkennt eine (archaisch-faschistoide) Wertordnung der Gruppe, der er sich unterworfen hat, und kommt er einmal in die Lage, andere als Untergebene zu haben, versucht er, seine ihm zugefallene Machtposition auszuspielen. Der Rocker hat die Machtverhältnisse in der Gesellschaft extrem verinnerlicht« (aus einem Frankfurter Erfahrungsbericht).

Anders ausgedrückt: Die Kinder des deklassierten Proletariats haben kaum eine Chance, ein gut integriertes Über-Ich zu entwickeln. Da ein starkes Ich nicht entwickelt werden konnte, das durch die Fähigkeit rationalen und selbstkritischen Denkens gekennzeichnet ist, ist allein Desorientierung die Folge der geschilderten Erziehungspraxis und der schon in den ersten Schuljahren erlittenen hoffnungslosen Unterlegenheits-Erlebnisse.

Bernfeld hat — damals für das proletarische Kind schlechthin — den Unterschied zur bürgerlichen Sozialisationsform deutlich herausgearbeitet (1928/29): »Denn das an der Mutter enttäuschte Kind dieses (proletarischen, d. Verf.) Milieus ›floh‹ schon drei- oder vierjährig auf die Straße und lebte dort seiner Trauerarbeit; dort tobte es seinen Vaterhaß aus, dort lernte es, sich selbständig oralen Libidoersatz zu beschaffen (stehlen) und anale Trotzhandlungen zu begehen. Während das Kind im bürgerlichen Milieu durch Zwang zuerst, durch Ichtriebinteressen und durch sublimierte Libidobindungen sodann bis ans Ende der Pubertät an die Affektstätte (Elternhaus) gebunden ist, kann und muß das proletarische sie schon sehr früh fliehen. Jenes vollzieht die Flucht innerlich, dieses führt sie real aus« (Bernfeld, 1969, S. 210).

Diese Aussagen Bernfelds werden durch unsere eigenen Beobachtungen der Erziehungspraxis der Eltern der sogenannten unteren Unterschicht (aus dem Märkischen Viertel in Berlin) voll bestätigt. Es handelt sich aber eben nicht mehr um das Proletariat in seiner Gesamtheit, sondern um jenen Teil des Proletariats, dem jene Qualifikationschancen verweigert wurden, die wahrzunehmen allein den Anschluß an die Erfordernisse des technisch-ökonomischen Prozesses ermöglicht. Verstärkt tritt der ›desorientierende Sozialisationstyp‹ da auf, wo diese Deklassierung verschärft wird durch: Arbeitslosigkeit; Frühinvalidität; physische und psychische Arbeitsunfähigkeit; Alkoholismus; wo die Eltern selbst Objekte der Sozialarbeit wurden, z. B. Heimerziehung hinter sich haben, und wo der Verlust des sozio-kulturellen Milieus zum Beispiel durch Stadtsanierung auftritt und die Eltern selbst aus deklassierten Familien stammen oder Vorstrafen, Gefängnisjahre vorliegen (nach den Protokollen einer Randgruppen-Konferenz, Berlin 1969).

Immerhin ist der desorientierende Sozialisationstyp in etwa 20 Prozent der Bevölkerung potentiell möglich und wahrscheinlich. Siehe folgende Tabelle:

(*Scheuch*, 1961)		(*Moore/Kleining*, 1960 [Beispielberufe])	
2,5 %	Oberschicht	1 %	Großunternehmer, Spitzenfinanz, Hochadel, Spitzenpolitiker
6,1 %	Obere Mittelschicht	5 %	Leit. Angest. und Beamte, Professoren, Ärzte, Richter, Rechtsanwälte
14,6 %	Mittlere Mittelschicht	15 %	Mittl. Angest. und Beamte, Ingenieure, Fachschullehrer, mittl. Geschäftsinhaber, Apotheker

20,7 %	Untere Mittelschicht	17 %	Untere Angestellte und Beamte, Malermeister, Friseurmeister, Kleinhändler
		13 %	Werkmeister, höchstqualifizierte Arbeiter
36,6 %	Obere Unterschicht	10 %	Unterste Angestellte u. Beamte, Kellner, Fleischergeselle, Kleinsthändler
		18 %	Qualifizierte Industriearb., auch qualifiz. Angelernte
19,5 %	Untere Unterschicht	17 %	Straßenarbeiter, Landarbeiter, Matrosen (harte Arbeit, z. T. im Freien)
		4 %	Soz. Verachtete, z. B. Handlanger.

(Tabellen zit. nach Bolte, 1966, S. 76 ff.)

So unzulänglich die Versuche auch sind, allein nach Beruf und Statusaufbau Schichtungsmodelle zu entwickeln, so zeigen sie doch, wie schwer es ist, typische Sozialisationsmerkmale für bestimmte soziale Gruppen herauszuarbeiten. So dürfte es heute nahezu unmöglich sein, für das Proletariat in seiner Gesamtheit einen einheitlichen Sozialisationstyp zu beschreiben. Diese Schwierigkeit resultiert unter anderem aus der Tatsache, daß es dem neuen Kapitalismus (nach Henry Ford I und Keynes) gelungen ist, viele Arbeiter durch die Verstärkung der Ausbeutung über den Konsumzwang und durch die Schaffung der Bewußtseinsindustrie (»[. . .] abgeschafft wird nicht Ausbeutung, sondern deren Bewußtsein [. . .]«, Enzensberger) um ihr Klassenbewußtsein (». . . die Ethik des Proletariats«, Lukács) zumindest vorübergehend und teilweise zu bringen. Dabei ist nicht zu unterschätzen, daß die materielle Besserstellung, die durch die Entfaltung der Produktivkräfte und die Verschärfung der Ausbeutung möglich geworden ist, ohnehin Annäherungen an den kleinbürgerlichen Verhaltens- und damit Sozialisationstypus nahelegt. Gerade derjenige, dessen realer Status am Arbeitsplatz gering bewertet ist, neigt dazu, diese Diskriminierung durch die Anhäufung demonstrativ wirkender und prestigefördernder Konsumgüter zu kompensieren. Es liegt nahe, daß unter diesen Bedingungen ein großer Teil des Proletariats sich dem kleinbürgerlich-rigiden Sozialisationstyp nähert, um so mehr als anzunehmen ist, daß eine klassenbewußt-proletarische Erziehung auch früher nur von den Angehörigen und Kadern der proletarischen Kampforganisationen praktiziert wurde.

Der kleinbürgerlich-rigide Sozialisationstyp ist gekennzeichnet durch die Dominanz der (mühsam erworbenen) Gegenstände und Wertobjekte im Haushalt. Der Schutz und die Schonung dieser Gegenstände erzwingen eine rigide Sauberkeitsdressur und die Einschränkung des kindlichen Bewegungsspielraums. Geld und Eigentum bestimmen die Wünsche und Werthaltungen der Erwachsenen, Geld selbst wird zum Erziehungsmittel. Das Geldverdienen erfordert Leistungsbereitschaft und technische Fertigkeiten. Sie werden dominant anerzogen. Da die Eltern selbst unter den Folgen von Unpünktlichkeit in ihrer von der Stechuhr oder den Augen des Vorgesetzten kontrollierten Arbeitssituation sehr zu leiden hätten, wird Pünktlichkeit streng gefordert. Da man selber Vorgesetzten gegenüber stets höflich bleiben muß, wird nachgiebige Höflichkeit auch von den Kindern gefordert; kritischer Widerspruch wird geahndet. Die Wohnungen liegen meist in Distrikten dichter sozialer Kontrolle, ›man‹ muß also lernen, sich so zu verhalten, daß die Nachbarn nichts zu reden haben. Da auf dem Arbeitsmarkt und im Konsumwettlauf jedermann Konkurrent ist, ist Solidarität nur in der Familie erwünscht. Alle diese Verhaltensweisen können nur durch strikte Gehorsamsforderungen durchgesetzt werden. Auch dies entspricht der Lage am Arbeitsplatz.

Je herrschaftsnäher der Status der Eltern angesiedelt ist, desto stärker spielen auch differenziertere Anpassungstechniken eine wesentliche Rolle. Hier erst wird es nötig, den ›liebevoll-repressiven Sozialisationstyp‹ zu entwickeln. Hier wird Rigidität durch Manipulation ersetzt, um so schwerer ist es für die Kinder dieser Gruppe, sich der im unbewußten Teil des Über-Ichs gespeicherten Normen zu entledigen. Dieser Sozialisationstyp beherrscht das Erziehungsgeschehen der bürgerlichen Mittelschichten, er ähnelt jenen Formen der Über-Ich-Bildung, die die Klassiker der Psychoanalyse beschrieben haben, am stärksten. Die Inhalte der vermittelten Wertorientierungen sind vielfältiger als in den Unterschichten, sie differieren stärker von Familie zu Familie.

Lediglich Eltern, deren Ausbildung und beruflicher Status sie insofern privilegiert, als sie die intellektuellen Fertigkeiten und die materiellen Möglichkeiten entwickeln konnten für Tätigkeiten, in denen kritischer Widerspruch und Kreativität gefordert oder zumindest geduldet werden, können ihre Kinder nach dem ›repressionsarmen und widerspruchfördernden Sozialisationstyp‹ erziehen. Das Verfahren findet seine Grenzen an den eigenen Sozialisationsfolgen, den Charakterbildungen.

Vor dem Hintergrund dieser Informationen gewinnt die Beschäftigung mit dem Thema ›Verbrechen‹ eine neue Dimension. Die landläufig-naive Betrachtung der Kriminalität muß in einem weiteren Absatz durch die Einbeziehung der Zusammenhänge zwischen Herrschaft und Verbrechen problematisiert werden.

Weitere Literatur: vgl. Kap. 16

16. Delinquentes Verhalten

Das Auge des Gesetzes sitzt im Gesicht der herrschenden Klasse. *Ernst Bloch*

Problemkreis

Kriminell ist nicht schlechthin jeder, der tötet oder morden läßt. Niemand kommt auf den Gedanken, Generäle, Soldaten, Henker oder schießende Kriminalbeamte allein wegen der durch sie ausgeführten Tötungen vor Gericht zu stellen oder gar zu verurteilen. Kriminell ist nicht jeder, der raubt oder stiehlt. Unternehmen, die etwa sogenannte Entwicklungsländer ausplündern, genießen in ihren Heimatländern hohes Ansehen; auch wird niemand ein Krimineller genannt, der ›seine‹ Arbeiter oder den Staat (durch gigantische Steuerhinterziehung) betrügt. Auch wer andere um eines Vermögensvorteiles willen in Gefahr für Leib und Leben bringt (indem er lebensgefährliche Autos oder ungenügend erprobte Medikamente auf den Markt bringt), wird nicht als gemeingefährlicher Verbrecher bewertet und behandelt. (Im übrigen ›begehen‹ meist anonyme ›juristische Personen‹ Taten dieser Art.)
Daraus folgt:

These 1
Krimineller wird jemand nicht aufgrund der Erfüllung objektiver Tatbestände, sondern aufgrund von Definitionen dessen, was kriminell genannt wird. Diese Definitionen werden von den jeweils (ökonomisch und politisch) herrschenden Gruppen festgelegt, verkündet und durchgesetzt.

These 2
»Die Gesetze werden von und für die Herrschenden gemacht« (S. Freud). Alle bisherigen Gesetze enthalten demnach – bei aller Berufung auf das sogenannte Gemeinwohl – einen hohen Anteil Interesse: Interesse der herrschenden Gruppen an der Erhaltung ihrer Machtpositionen und an deren ökonomischen Grundlagen.

These 3
Die ungleichen Machtverhältnisse in einer Gesellschaft geben den in ihr herrschenden Gruppen auch die Macht und das ›Recht‹ zu definieren, was strafwürdig, was ›kriminell‹ ist. Das Interesse der Herrschaft* ist daher darauf gerichtet, Handlungen,

* Hofmann, Werner: Grundelemente der Wirtschaftsgesellschaft, Reinbek bei Hamburg 1969, Seite 30 f.: »Unter Herrschaft sollte [...] etwas sehr Bestimmtes verstanden werden: nämlich ein Grundverhältnis der Gesellschaft, das gekennzeichnet ist durch die Aneignung fremder Arbeitsleistung durch Nichtarbeitende, und zwar auf Grund von Herrengewalt an den entscheidenden Wirtschaftsmitteln. Dieses zu-

die zwar objektiv der Allgemeinheit schaden, nicht als kriminell zu definieren, wenn diese Handlungen zur Ausweitung und Erhaltung ihrer Machtpositionen oder Gewinnquellen nützlich sind.

Im geschriebenen Recht dominiert ›gefrorenes‹ Herrschaftsinteresse. Dies gilt auch und besonders für die Strafgesetze. Sie dienen der gewaltsamen Verteidigung der Herrschaft in der jeweiligen Gesellschaftsformation: »In der gesellschaftlichen Produktion ihres Lebens gehen die Menschen bestimmte, notwendige, von ihrem Willen unabhängige Verhältnisse ein, Produktionsverhältnisse, die einer bestimmten Entwicklungsstufe ihrer materiellen Produktivkräfte entsprechen. Die Gesamtheit dieser Produktionsverhältnisse bilden die ökonomische Struktur einer Gesellschaft, die *reale* Basis, worauf sich ein *juristischer* und *politischer* Überbau erhebt und welcher bestimmte gesellschaftliche Bewußtseinsformen entsprechen« (Marx-Engels, Ausg. Schriften, Bd. 1, 1952, S. 337 ff.).

Erst vor diesem Hintergrund gewinnt die Beschäftigung mit unserem Thema jene Dimension, die es gestattet, die systemimmanenten Definitionen kriminellen Verhaltens in Frage zu stellen, die entweder tautologisch das als kriminell bezeichnen, was gegen die Strafgesetze verstößt, oder mit einer ›wertneutralen‹ Begriffsbestimmung von ›sozial und antisozial‹ auszukommen suchen: »Verbrechen, im Sinne des StGB eine mit Zuchthaus oder mit Einschließung von mehr als 5 Jahren bedrohte Straftat (z. B. Mord, Totschlag, Raub, Erpressung), § 1 StGB« (Knaurs Lexikon, 1966). – »Ein Verbrechen ist immer eine Handlung, die, ob kodifiziert oder nicht, im Widerspruch zu einem von der Gesellschaft erwarteten Verhalten steht. Es ist also von gesellschafts- oder gruppeneigenen Normen abhängig« (A. Mergen, 1967, S. 30).

Wesentlich präziser ist schon die folgende, weitere Definition von Mergen: »Wir sehen im Verbrechen eine Handlung, die der Gesellschaft, in der sie begangen wird, schädlich ist oder die als schädlich angesehen wird von der Gruppe von Menschen, welche die Macht haben, ihre Ansicht durchzusetzen, und die Handlung mißbilligen oder bedauern« (ders., S. 31).

Diejenigen, die die Macht haben zu definieren, was als kriminell zu bezeichnen ist, haben auch die Macht, die Lebensverhältnisse der machtunterworfenen Mehrheiten so zu gestalten, daß illegitime Wege für einige zur adäquaten Überlebenstechnik werden. Schon Pestalozzi wußte: »Viele Edelleute schinden ihre Bauern, daß sie zu Schelmen, Dieben und Unmenschen

nächst sozio-ökonomisch zu bestimmende Verhältnis zwischen Produzenten und Nutznießenden wird ergänzt und vervollständigt durch ein System außerökonomischer (politischer, militärischer, rechtlicher etc.) Herrschaftssicherung [. . .] Zwischen dem eigentlichen Inhalt von Herrschaft und den wahrnehmbaren Formen der Herrschaftssicherung ist sorgfältig zu unterscheiden.«

werden müssen, und die Gerichte vermögen gegen die Quellen der Unmenschlichkeit nichts [. . .] Die Verbrechen der Gefangenen sind meistens Folgen, die man nicht verhütet, und wenn man [. . .] Menschenliebe im Herzen hätte, so würde man da dem Verbrechen Einhalt tun und der Quelle derselben abzuhelfen suchen« (Pestalozzi, ›Arners Gutachten über Kriminalgesetzgebung‹).
Verfolgt man die von Pestalozzi gewiesene Spur, liegt es nahe, den Zustand der Machtgruppen einer Gesellschaft auf seine kriminalitätsauslösenden Faktoren zu untersuchen. Hier werden über die allgemeinen Depravierungstendenzen hinausgehende spezifisch kriminalisierende Elemente von Herrschaftsausübung und Herrschaftssicherung zu bedenken sein.

Zunahme des Verbrechens: Eine Auswirkung und ein Spiegelbild der Politik der herrschenden Klasse

»Jedes Jahr werden in den USA 20 000 Menschen ermordet [. . .] Jede Minute wird ein Gewaltverbrechen begangen, alle 2 1/2 Minuten ein Raubüberfall, alle 19 Minuten eine Vergewaltigung. Die Kriminalität wächst 6mal schneller als die Bevölkerung.« (*Stern* 26/1970, S. 76 ff.)
Es liegt nahe, die zu beschreibenden allgemeinen Aussagen über den gesellschaftlich hergestellten Zwang zur Benutzung illegitimer (krimineller) Wege zur Erreichung gesellschaftlich determinierter Erfolgsziele am Beispiel der US-Gesellschaft darzustellen. Dies liegt nahe, weil (1) diese Gesellschaft nahezu idealtypisch-ungebrochen die innere Struktur einer monopolkapitalistisch organisierten Gesellschaft widerspiegelt; (2) sich die USA teils real, teils selbsternannt als ›Führungsmacht der westlichen Welt‹ begreifen (›Was gut ist für Amerika, ist gut für die Welt‹); (3) viele Erscheinungen zunächst in den USA auftreten und sich (als Folge von 2) über den Einflußbereich der USA zeitlich versetzt ausbreiten, und (4) zudem das umfangreichste Forschungsmaterial und die ausgedehnteste wissenschaftliche Diskussion zum Thema in den USA über die USA vorliegt.
Die zitierten Wissenschaftler gehören meist der strukturell-funktionalen soziologischen Schule an, einer soziologischen Richtung, die ihre Forschungsobjekte (sowohl in bezug auf die Gesellschaft als Ganzes als auch auf einzelne gesellschaftliche Prozesse, Erscheinungen) als ein System wechselseitig miteinander verbundener strukturell funktionaler Einheiten begreift, wobei eine kausale Erklärung und eine historische Betrachtung der Forschungsobjekte unterbleiben. Dieser Mangel macht bei aller

kritischen Potenz den systemimmanenten Charakter dieser Richtung und ihrer Aussagen aus*.
Andererseits haben diese Soziologen (Sutherland, Merton, Wilkins, Cloward und Ohlin, Cohen) mit ihren Arbeiten erheblich dazu beigetragen, die traditionellen biologistischen, individualpsychologischen und von der Annahme menschlicher Willensfreiheit ausgehenden Erklärungsmodelle kriminellen Verhaltens in ihrer engen Begrenztheit darzustellen und zurückzuweisen (s. dazu Cohen, 1968).
Folgen wir zunächst Robert K. Merton: »Unter den verschiedenen Elementen kultureller und sozialer Strukturen sind zwei von unmittelbarer Bedeutung (für die Erklärung kriminellen Verhaltens, G. S.). Sie sind analytisch voneinander trennbar, obwohl sie in konkreten Situationen miteinander verbunden sind. Das erste Element besteht aus *kulturell festgelegten* Zielen, Absichten und Interessen, die allen oder unterschiedlich plazierten Mitgliedern der Gesellschaft als legitime Zielsetzungen dienen. Die Ziele sind mehr oder weniger aufeinander abgestimmt und in einer Art Werthierarchie angeordnet [. . .] Sie stellen die ›erstrebenswerten‹ Dinge dar [. . .]
Ein zweites Element der kulturellen Struktur bestimmt, reguliert und kontrolliert die erlaubten Wege zur Erreichung dieser Ziele [. . .] Die Sozialstruktur gerät in Spannung zu den kulturellen Werten, indem sie wert- und normadäquates Handeln den Inhabern bestimmter Positionen in der Gesellschaft ohne weiteres ermöglicht, anderen dagegen erschwert oder unmöglich macht [. . .] Wenn die kulturelle und die soziale Struktur schlecht integriert sind, wenn die erstere Verhalten und Einstellungen verlangt, die die zweite verhindert, dann folgt daraus die Tendenz zum Zusammenbrechen der Normen, zur Normlosigkeit« (Merton, 1957, S. 286 f.).
Es liegt auf der Hand, daß die Erfolgsziele ein Resultat der ökonomischen Voraussetzungen einer Gesellschaft sind. Der Grad der Entfaltung der Produktivkräfte ist davon nur ein Faktor. (Kein Tibetaner und kein Europäer des Mittelalters hätte im demonstrativen Konsum von Gütern einen — statusbedingten — Lebenssinn erblickt.) Bedeutsamer sind die Produktionsverhältnisse und die aus ihnen resultierende Klassenstruktur. Was von den Angehörigen einer Kultur als erstrebenswertes Lebensziel angesehen wird, was sie in Bewegung setzt, was sie veranlaßt, Mühe, Versagungen und Anstrengungen auf sich zu nehmen, das sind die in einer Gesellschaft als ›Lebenserfolg‹ definierten Ziele. Diese werden von denen definiert, die Herrengewalt an den entscheidenden Produktionsmitteln haben und die damit auch über jene Apparate verfügen, die diese Er-

* Siehe dazu die Einleitung des im folgenden zitierten Aufsatzes von Merton, in dem der wissenschaftstheoretische Ansatz explizit formuliert ist.

folgsziele verkünden, verbreiten und allgemein durchsetzen können. Dies ist die entscheidende Funktion der Bewußtseinsindustrie in allen ihren Zweigen, vom Marketing bis zu den Massenmedien. Daneben wirken auch die Lebensweisen derer, die zur beneideten Oberschicht der Gesellschaft zählen, als Stimuli. Was sich die oberen Zehntausend – die Upper-Jet-Class – leisten können, wirkt auf die große Mehrheit als Motivationsfaktor des eigenen Handelns zurück, weil nahezu jeder hofft, es eines Tages ihnen gleichtun zu können. Weil das nicht gelingen kann, suchen Millionen Trost in der Identifikation mit den Erfolgreichen (Soraya-Presse) und in der wöchentlich neuen Hoffnung auf Lottoglück. Die Bereitstellung dieser Illusionen wird damit als wichtiger Teilbereich der Herrschaftssicherung erkennbar.
Halten wir fest: Um die Motivationsbasis für die Hergabe von Arbeitskraft (also für den Fortgang der Mehrwertgewinnung) zu schaffen und zu erhalten, sind die herrschenden Gruppen gezwungen, ihre eigenen Privilegien als erreichbare Ziele für jedermann zu proklamieren – gleichzeitig müssen sie dafür Sorge tragen, daß der übergroßen Mehrheit der Zugang zu diesen Zielen verschlossen bleibt.
Dies geschieht durch die Definition legitimer und illegitimer Wege zum Erfolg. Diese schlagen sich in den Gesetzen nieder, insbesondere in den Strafgesetzen. Diese codierten Normen müssen so beschaffen sein, als würden sie jedermann in gleicher Weise nützen, begünstigen oder bedrohen; in Wirklichkeit müssen sie aber als Instrumente der Erhaltung der Ungleichheit handhabbar sein.
Der Widerspruch zwischen der (klassengesellschaftlich notwendigen) Proklamierung von Erfolgszielen und der gleichzeitigen Verriegelung der Zugangswege zu diesen Erfolgszielen für die Machtunterworfenen ist nur um den Preis einer weiteren Kette von Widersprüchen zugunsten der herrschenden Gruppen zu kaschieren.
Denn letztlich weiß jeder der Machtunterworfenen, daß ehrliche Arbeit allein nicht zum materiellen und immateriellen Erfolg führt. – Beispiel: Angenommen, jemand verdient 1500 DM netto pro Monat. Das sind im Jahr 18 000 DM. Nimmt man an, daß der Betreffende 40 Jahre arbeitet, so verdient er in seinem ganzen Leben 720 000 DM, eine knappe 3/4 Million.
Axel Cäsar Springer verdient (laut *Spiegel* 27/1968) pro Jahr 100 Millionen DM. Unser Zeitgenosse müßte für den gleichen Betrag 4720 Jahre arbeiten und dürfte von dem Geld nichts verbrauchen.
Jedermann weiß, daß zur Anhäufung großer Vermögen eine Reihe von Manipulationen, betrügerischen Handlungen, Täuschungen, Brutalitäten und gewagten Transaktionen erforder-

lich sind. Letztlich ist die Ausbeutung der Arbeitskraft anderer selbst bereits als Raub, Erpressung und Betrug zu definieren. Alle diese Handlungen sind aber ›legal‹ — in dem Sinne, daß sie nicht per Gesetz mit Strafe bedroht werden.

Die amerikanischste Form dessen, was als Verbrechen im landläufigen Sinne bezeichnet wird, ist das Gangstertum. Hans Magnus Enzensberger hat in seiner ›Chikago-Ballade‹ (1964, S. 97 ff.) nachgewiesen, daß Männer wie der sagenumwobene Al Capone viel eher als Prototyp des cleveren Geschäftsmannes begriffen werden müssen, denn als der des Verbrechers. »Wie jede andere Industrie unterlag das Alkohol-Geschäft (in der Ära der Prohibition Capones Geschäftsgrundlage — G.S.) den Gesetzmäßigkeiten der kapitalistischen Entwicklung. Der Trend zur Konzentration des Kapitals war offensichtlich. Die Konkurrenz der Außenseiter beunruhigte nicht nur den Markt, sie widersetzte sich den Wachstumstendenzen der Industrie und hielt sie im Stadium des anarchischen Konkurrenzkampfes gefangen [. . .] Capone (sah) die Möglichkeiten, die eine monopolistische Wirtschaftsform bot. Als Vorstufe bot sich ein Oligopol der marktbeherrschenden Firmen an. Im Grunde hielt Alphonse das Maschinengewehr für eine Waffe, die bereits veraltet war und die er durch modernere und schrecklichere Instrumente, nämlich durch Kartellabsprachen, durch Kapitalverflechtung und Konzernbildung zu ersetzen gedachte [. . .] Es sollte sich bald zeigen, daß Capone die ökonomische Vernunft seiner Kollegen überschätzt hatte. Schon ein Vierteljahr nach Vertragsabschluß gingen die Revolver wieder los. Der Bandenkrieg flackerte weiter. Capones Position konnte er nicht mehr gefährden. Sechs Jahre lang hat er sich als unbestrittener Herr der Stadt behauptet. Anfang der dreißiger Jahre konnte er eine recht eindrucksvolle Bilanz ziehen. Der Bruttogewinn aus dem Alkoholgeschäft war auf 100 Mill. Dollar pro Jahr gestiegen, Capones Privatvermögen belief sich auf 40 Mill. Dollar. Das Syndikat hatte einen neuen und äußerst verheißungsvollen Geschäftszweig eröffnet: die Infiltration der Gewerkschaften. Sobald die Gewerkschaft dem Syndikat gleichgeschaltet war, wurden Arbeiter und Arbeitgeber systematisch erpreßt [. . .]«

Es wird deutlich: Das Gangstertum ist nichts als die Fortsetzung des Geschäfts mit anderen Mitteln. Das Beispiel Capone macht auch deutlich, auf wessen Kosten der Reichtum der ›Erfolgreichen‹ entsteht. Am Ende der Ära Capone war das Gemeinwesen Chikago kollektiv verarmt: »Die Stadtverwaltung war nicht nur korrupt, sie war bankerott. Die Verschuldung der Stadt belief sich 1930 auf 300 Mill. Dollar; das war dreimal soviel wie Capones Bruttogewinn. Die Stadt konnte ihre Lehrer, die Büroangestellten und die Feuerwehrleute nicht mehr bezahlen. Die Müllabfuhr brach zusammen, Chikagos Anteil an den 12 Mill. Arbeitslosen der Vereinigten Staaten war der höchste unter den Städten des Landes [. . .]« (ders., Seite 119 ff.).

Enzensberger verfolgt die historische Entwicklung der Kollegen des erfolgreichen Capone: »Sie tragen keine Revolver, und sie zahlen pünktlich ihre Steuern. Sie investieren mit der gleichen Sorgfalt im Importgeschäft wie im Rauschgifthandel, in der Textilindustrie wie in der Glücksspielbranche; die Terrorisierung einer Gewerkschaft betreiben sie ebenso sachlich wie ihre Maklerbüros, und ihre Callgirl-Ringe bauen sie so rationell auf wie eine Generalvertretung [. . .] Sie bleiben stets korrekt und anonym,[. . .] durchschnittliche, normale Haifische aus der upper middle class: Figuren aus einem Lehrbuch der amerikanischen Soziologie« (ders., S. 136 f.).

Ein solches Lehrbuch ist Sutherlands Studie über die Kriminalität der ›weißen Kragen‹. Sie stellt einen Versuch dar, »einen Vergleich der Verbrechen der oberen oder White-collar-Klasse, die aus respektablen Geschäftsleuten und anderen gehobenen Berufen besteht, mit Verbrechen der unteren sozialen Schichten« (Sutherland) zu leisten. Er erklärt ausdrücklich, die Studie habe lediglich »den Zweck, die Theorie des kriminellen Verhaltens weiterzuentwickeln, und nicht den Zweck, im Schmutz herumzurühren oder irgend etwas *außer* der Kriminologie zu verbessern«, was darauf hindeutet, wie stark der Druck war, dem er ausgesetzt war oder den er verinnerlicht hatte.

Hier einige der Ergebnisse der Sutherland-Studie:

»Die These dieses Aufsatzes ist, daß die Konzeption bzw. Erklärung des Verbrechens (die auf der angenommenen Korrelation mit Armut, Geistesschwäche, psychopathischen Abweichungen, ›schlechten‹ Familienverhältnissen, Slum-Nachbarschaften beruht, d. Verf.) [. . .] irreführend und falsch ist, daß Verbrechen in Wirklichkeit *nicht* mit Armut oder mit den psychopathischen und soziopathischen Bedingungen, die mit Armut auftreten, korreliert und daß eine adäquate Erklärung kriminellen Verhaltens einen ganz anderen Weg gehen muß. Die konventionellen Erklärungen sind hauptsächlich deshalb ungültig, weil sie auf verzerrten Samples basieren. Die Samples sind verzerrt, weil sie weite Bereiche kriminellen Verhaltens von Personen, die nicht zur Unterklasse gehören, unberücksichtigt lassen [. . .]

Die heutigen White-collar-Verbrecher, die verbindlicher und weniger leicht zu erkennen sind als die ›Räuberbarone‹ (des 19. Jahrhunderts), werden repräsentiert von Kreuger, Stavisky, Whitney, Mitchell, Foshay, Insull, den Van Swerinens, Musica-Coster, Fall, Sinclair und vielen anderen fürstlichen Kaufleuten und Kapitänen der Finanz und der Industrie und einem großen, weniger bedeutenden Gefolge. Ihre Kriminalität wurde immer und immer wieder demonstriert durch die Nachforschungen bei Katasterämtern, Eisenbahnen, Versicherungen, in der Kriegsindustrie, bei Banken, öffentlichen Einrichtungen, Börsen, der Ölindustrie, bei Konkursen und in der Politik. Einzelne Fälle solcher Kriminalität werden häufig berichtet, und oft kann man wichtigere Nachrichten über Verbrechen im Wirtschaftsteil von Zeitungen als auf den vorderen Seiten finden [. . .] Die Kosten der White-collar-Verbrechen sind wahrscheinlich etliche Male so hoch wie die Kosten aller Verbrechen, die gewöhnlich im ›Kriminalitätsproblem‹ eingeschlossen werden« (Sutherland, 1940, S. 188 ff.).

Wohlgemerkt: Sutherland beschreibt hier nur Praktiken, die selbst nach den Strafgesetzen der USA als kriminell definiert werden. Von der Tatsache, daß die Politik der USA selbst unter dem Druck des Profitinteresses der in ihr herrschenden Gruppen verbrecherisch war und ist (etwa die Interventionen in Guatemala, Santo Domingo, Schweinebucht-Abenteuer, Vietnam, Laos, Kambodscha usw. und die CIA-Aktionen in Griechenland, der Türkei, im Nahen Osten, in Indonesien etc.), ist bei ihm nicht die Rede.

Es läßt sich schlußfolgern: Verbrechen sind ein konstitutiver Anteil der auf Profitmaximierung gerichteten Politik der ökonomisch herrschenden Klasse.

Der Nutzen der eigenen Verbrechen der Oberschicht besteht in der Sicherung und Steigerung des Profits und im Zugewinn von Macht. Die Verfolgung von Verbrechen dieser Art kann nicht — oder nur gelegentlich stattfinden, weil die Handlungen nicht strafrechtlich kriminell definiert sind oder weil die Verurteilung solcher Taten »durch Druck auf das Gericht oder eine andere Stelle« (ders., S. 194) verhindert werden kann.

Überschreitet das Oberschichten-Verbrechen einen gewissen Zulässigkeitsspiegel, wirken die Verhaltensmuster der dominierenden Klasse als Auslöser und Verstärker sozialer Desorganisation in der Gesamtgesellschaft.

Das Verbrechen und die Mittelklasse

Wallerstein und Wyle haben in einer New Yorker Untersuchung, über die Merton berichtet, folgendes herausgefunden: »Eine Untersuchung von 1700 vorwiegend der Mittelschicht zugehörigen Personen ergab, daß nicht-aufgedeckte Verbrechen unter völlig ›ehrbaren‹ Mitgliedern der Gesellschaft nichts Besonderes sind. 99 % der Befragten gaben zu, einen oder mehrere von 49 Verstößen gegen die Strafgesetze des Staates N.Y.

begangen zu haben, wobei jeder dieser Verstöße so schwer war, daß er mit einer Höchststrafe von einem Jahr Gefängnis belegt werden konnte. Die durchschnittliche Anzahl von Verstößen unter Erwachsenen – damit sind alle Verstöße ausgeschlossen, die im Alter unter 16 Jahren begangen wurden – lag bei 18 für Männer und 11 für Frauen. 64 % der Männer und 29 % der Frauen gaben einen oder mehrere Fälle von Kapitalverbrechen zu, die, nach New-Yorker Gesetzen, mit der Entziehung aller Bürgerrechte geahndet werden können [...] Auf der Grundlage dieser Ergebnisse folgern die Autoren vorsichtig, daß die Anzahl der Handlungen, die rechtlich als Verbrechen gelten, bei weitem die Anzahl der offiziell gemeldeten übersteigt. Gesetzwidriges Verhalten ist also keineswegs ein abnormes soziales oder psychisches Phänomen, sondern in Wirklichkeit weit verbreitet« (Merton, 1957, S. 295).

Man muß hinzufügen: ... wo Menschen unter Bedingungen leben, die sie nötigen, im Verbrechen eine adäquate Überlebenstechnik zu sehen, wie etwa auch jener Pfarrer, der Waren unter falschen Angaben verkauft hatte (von dem in der gleichen Studie berichtet wird) und der mitteilte: »Ich versuchte es zuerst mit der Wahrheit, aber damit kommt man ja nicht immer weiter.«

Dabei muß bedacht werden, daß die Gesetze selbst so sehr gegen die übliche Lebenspraxis gerichtet sein können (Homosexualitäts-, Abtreibungs- oder Prohibitions-Paragraphen), daß für spezifische Personengruppen ihre Übertretung unumgänglich wird.

Es bleibt festzuhalten: Jene Teile der Machtunterlegenen, die gemeinhin als Mittelschicht bezeichnet werden, begehen mit äußerst großer Wahrscheinlichkeit ebenso viele Straftaten wie diejenigen, denen man gemeinhin das ›Monopol der Verbrechensbegehung‹ zuschreibt, also jene, die an der Basis der gesellschaftlichen Hierarchiepyramide existieren müssen. Insofern irrte Brecht: ›Die im Dunklen‹ sieht man sehr wohl. Sie werden sehr rasch entdeckt, überführt, verurteilt, wenn sie gegen die Gesetze verstoßen. Die Quote der Dunkelziffer unaufgeklärter Straftaten der Angehörigen der Mittelschicht dürfte die Differenz in der offiziellen Kriminalitätsstatistik zuungunsten der Unterschicht voll ausgleichen.

Der Nutzen, den die Gesellschaftsinhaber aus der unaufgeklärten Mittelschicht-Delinquenz ziehen, liegt auf der Hand: Menschen mit schlechtem Gewissen und Schuldgefühlen zeigen einen starken Hang zu äußerer Konformitätsbereitschaft und verstärken die (nach Marcuse) ohnehin vorhandene Tendenz der Mittelschichten, Idolen zu applaudieren und Schuldgefühle nach unten zu projizieren: auf die in den Medien markierten Sündenböcke, die zugleich potentielle Konkurrenten sind.

Auf dem Proletariat lastet der gesamte Druck, der von den übrigen Schichten und Klassen – und ihren Verbrechen – ausgeht. Um so erstaunlicher ist es, daß unter diesem Druck nicht weitaus mehr Proletarier versuchen, diesem Druck durch delinquente Überlebenstechniken zu entfliehen. Inwieweit das geschieht, hängt (neben den bereits beschriebenen Desorganisations- und Desorientierungstendenzen von oben) davon ab, welcher Grad von Hoffnungslosigkeit sich in einer bestimmten Region, in einem Wohnquartier ausbreitet. Individualistische Aktionen zur Verbesserung der eigenen Lage sind für Proletarier, die gemeinhin sehr viel kollektiver als die Angehörigen der Mittelschichten leben, eher eine Ausnahme. Treten in einer bestimmten historischen Periode oder in einem geographischen Gebiet ökonomische und politische Zustände ein, die es den betroffenen Proletariern als aussichtslos erscheinen lassen, durch die Hergabe von Arbeitskraft auch nur die Mittel zum Überleben zu erlangen, so kommt es häufig zu einer epidemieähnlichen Ausbreitung delinquenter Verhaltensweisen. Danilo Dolci hat in seiner Studie ›Banditen in Partenico‹ einen solchen Vorgang in einer sizilianischen Region eindrucksvoll beschrieben. Bezeichnend ist, daß die Versuche, die Lage durch delinquente Taten zu ändern, auch dort kollektiv unternommen wurden, mangels Kenntnis und theoretischer Einsichten aber zu Banditenaktionen abglitten, denen dennoch Elemente des Klassenkampfes anhaften. Diese Versuche wurden von der Obrigkeit mit großem Gewaltaufgebot und geringem Erfolg zu unterdrücken versucht, was ein Vielfaches der Mittel verschlang, die für eine Sanierung des Gebietes hätten aufgewandt werden müssen: »Allein in diesem Dorfe wurden für die Aufrechterhaltung von ›Ruhe und Ordnung‹ eine halbe Milliarde Lire ausgegeben. Mit dieser halben Milliarde hätte man der Dorfbevölkerung auf Jahrhunderte hinaus ein gesichertes Leben verschaffen können, ohne daß jemand getötet worden wäre, ohne daß die ›Ordnungskräfte‹ Verluste zu beklagen hätten« (Dolci, 1962, S. 24 f.).

Erst da, wo Proletarier in großer Zahl aus ihren mehr oder weniger bewußt solidarischen Lebensumständen gerissen werden oder wo sie auf besonders brutale Weise zusätzlich deklassiert werden (etwa ethnischen Minderheiten angehören oder aus deklassierten Familien stammen, wo sie auf desorientierende Weise sozialisiert wurden), zeigen sich individualistisch-delinquente Verhaltensweisen. Es ist bezeichnend, daß biologisch orientierte Forscher bei Delinquenz-Studien in Chikago (Montagu, 1941, S. 226 ff.) herausfanden, daß dort jene Afro-Amerikaner eher kriminell wurden, die »deutliche Merkmale biologischer Überlegenheit« (was immer das heißen mag) aufwiesen. Letztlich ist es das äußere Merkmal robusten Körperbaus, der seinen Inhaber veranlaßt, sich nicht zu fügen, sondern von seiner Robustheit Gebrauch zu machen, wenn dies ihm sozial notwendig und unumgänglich erscheint. Er bringt dann ›seine Stärke‹ ins Spiel, was in einer sozialdarwinistisch organisierten Gesellschaft an sich eine angemessene Verhaltensweise ist.

Bürgerliche Wissenschaft und ihre Erklärungsmodelle delinquenten Verhaltens

Die bisher beschriebenen, tief in der Struktur der Gesellschaft verankerten Ursachen kriminellen Verhaltens müssen stets mitbedacht werden. Erst dann gewinnen die vorhandenen Ursachenmodelle für Devianz und Delinquenz den Stellenwert, der ihnen zukommt. Zum großen Teil sind sie selbst Bestandteil der ideologischen Rechtfertigung des Bestehenden; lediglich einige neuere Forschungsergebnisse können helfen, pädagogische Entscheidungsprozesse und Arrangements mit dem Ziel der Vermeidung krimineller Taten besser vorzustrukturieren. Es ist aber mehr als zweifelhaft, ob es gelingen kann, durch pädagogisches Handeln allein (re-)sozialisierend in einer asozialen Gesellschaft zu wirken.

Die älteren Erklärungsversuche kriminellen Verhaltens

Das gegenwärtige Strafwesen basiert de facto noch immer auf der ältesten aller Annahmen, die von der Willensfreiheit des Täters ausgeht. Man nimmt an, der Täter habe sich auch anders entscheiden können; weil er dies nicht getan hat, muß er bestraft werden. Diese Annahme übersieht die sozialen und sozial hergestellten psychischen Determinanten menschlichen Handelns. Für Resozialisierungsansätze taugt die Annahme nicht.

Dagegen ist die zweite, die biologistische Annahme von einem strengen Determinismus bestimmt. Diese Tradition geht auf den italienischen Arzt Cesare Lombroso zurück. Dieser ging absolut positivistisch vor, indem er Straftäter maß und sezierte und dabei zu der Überzeugung gelangte, daß es den »geborenen Verbrecher« gebe, der aufgrund eines in der körperlichen Konstitution liegenden Mangels zum Verbrecher werden müsse, falls das soziale Milieu den vorhandenen Atavismus (= Rückschlag zum Ahnentypus; hier als Rückstand vormenschlicher, physisch-psychischer Entwicklungsstufen gemeint) aktiviere. Er kam zu dem Schluß (1899): »Die Untersuchung der Ursachen von Verbrechen mindert nicht den schicksalhaften Einfluß des organischen Faktors, der sicherlich bei 35 % und möglicherweise bei 40 % aller Verbrechen als Ursache zu betrachten ist; die sogenannten Ursachen von Verbrechen sind oft nur die letzten Anlässe, die Heftigkeit der angeborenen Triebe aber die eigentliche Ursache« (Lombroso, 1918, S. 376).

Seine Theorie beherrschte etwa 35 Jahre die europäische Kriminologie, ohne die Praxis des Strafwesens tatsächlich zu wandeln. Denn gäbe es wirklich die von ihm beschriebenen Determinanten, wäre es unlogisch und praktisch unsinnig, die Täter zu bestrafen; zu keiner Zeit haben seine Theorien aber dazu geführt, das Element der Vergeltung aus der Strafjustiz zu verbannen.

Der biologistische Ansatz ist inzwischen von mehreren Seiten her widerlegt und in Frage gestellt. Dennoch ist nicht auszuschließen, daß es Tätergruppen gibt, die aufgrund konstitutionell-physiologischer Besonderheiten stärker in der Gefahr stehen (s. dazu Moore, 1968), kriminell zu werden, als andere. (Ganz sicher ist allerdings, daß Personen, die auffällige äußere Kennzeichen haben, besser beschrieben und deshalb im Falle tatsächlicher Täterschaft eher gefaßt werden.)

Eine verfeinerte Variante der biologisch-konstitutionell orientierten Ansätze stellen die Forschungen von Hooten, Sheldon und dem Ehepaar Glueck dar, wenn diese Arbeiten auch ein äußerst unterschiedliches wissenschaftliches Niveau aufweisen. Das Ehepaar Glueck kommt nach der vergleichenden Untersuchung von 500 delinquenten Jugendlichen (und einer gleich starken Kontrollgruppe), in der nicht nur Körperbautypen, sondern auch 67 Persönlichkeitsmerkmale und 42 sozio-kulturelle Faktoren ermittelt wurden, zu dem Schluß, daß der mesomorphe Körperbautyp bei den Delinquenten signifikant höher war, 40 Prozent von ihnen waren jedoch nicht-mesomorph. Sie kommen daher zu folgenden Vermutungen: »Die Delinquenz ist möglicherweise zum großen Teil der direkte und unkomplizierte Ausdruck seiner ›ursprünglichen Anlage‹ ungewöhnlich triebhafter Energie und schwacher und unberechenbarer Hemmungsmechanismen« (zit. nach Cohen, 1968, S. 94).

Dies kann beim mesomorphen Konstitutionstyp etwas häufiger auftreten. Cohen bemerkt dazu: »Wenn es zutrifft, daß die Menschen im allgemeinen nach den Beschäftigungen streben, für die sie am besten ausgerüstet sind, so kann man mit Recht sagen, daß der athletische Mesomorphe sich zur Delinquenz eher hingezogen fühlt als der pummelige Endomorphe und der magere Ektomorphe. Kurz, man könnte bei ihm aus demselben Grund ein höheres Delinquenz-Potential wie ein höheres Schul-

sport-Potential erwarten. In beiden Fällen bringen die ›Spielregeln‹ für den Mesomorphen Vorteile mit sich« (Cohen, 1968, S. 95).
Alle biologistischen Ansätze bergen die Gefahr in sich, daß sie überbetont werden (was von reaktionären Regimen häufig getan wird) und lediglich die Alternative Liquidierung oder Isolierung der Täter übriglassen, obendrein auch zu biogenetischen Manipulationen (Zuchtwahl) Anlaß geben können, wie sie z. B. Sheldon forderte.

Der rollentheoretische und der sozialpsychologische Ansatz

Es scheint nützlich, zunächst die antagonistischen Gegenpositionen zu den biologistischen Ansätzen darzustellen, bevor wir uns den individualpsychologischen und psychoanalytischen Ansätzen zuwenden, weil sie das kritische Korrektiv für allzu individualisierende Ansätze darstellen.
Die wichtigsten Erkenntnisse dieser lern- und rollentheoretisch orientierten Forschungen stammen aus der Chikagoer Schule von Sutherland und Cressey. Kurz zusammengefaßt kam Sutherland zu folgenden Aussagen:
1. Kriminelles Verhalten ist erlernt.
2. Kriminelles Verhalten wird in einem Prozeß der Interaktion und der Kommunikation mit anderen Personen erlernt.
3. Der wichtigste Teil des Erlernens kriminellen Verhaltens erfolgt in kleinen (*intimate personal*-) Gruppen.
4. Wenn kriminelles Verhalten erlernt wird, so schließt dieses Lernen ein: a) Techniken des Begehens von Verbrechen, die manchmal sehr kompliziert, manchmal sehr einfach sind. b) Die spezielle Ausrichtung der Motive, Triebrichtungen (*drives*), Rationalisierungen und Attitüden ...
5. Die spezielle Ausrichtung der Motive und Triebrichtungen ist eine Folge des Lernens der Definitionen der legalen Gesetze als vorteilhaft oder unvorteilhaft (*favorable or unfavorable*).
6. Eine Person wird delinquent wegen des Überwiegens derjenigen Definitionen, die es ihr vorteilhaft erscheinen lassen, die Gesetze zu brechen, gegenüber denjenigen Definitionen, die ein solches Verhalten als unvorteilhaft erscheinen lassen.
7. Unterschiedlich verbundene Einflüsse (*differential associations*) bewirken Unterschiede der Häufigkeit, der Dauer und der Zielrichtung des delinquenten Verhaltens.
8. Am Prozeß des Lernens krimineller Verhaltensmuster sind alle Mechanismen beteiligt, die auch bei jeder anderen Art des Lernens wirksam sind.

9. Obwohl sich im kriminellen Verhalten eine Reaktion auf die allgemeinen Bedürfnisse und Werte ausdrückt, ist es nicht aus diesen heraus zu erklären, da auch nicht-kriminelles Verhalten aus ihnen hervorgeht (Arbeit und Diebstahl dienen der Geld-[Konsum-]Beschaffung) (Sutherland/Cressey, 1966, S. 81).

Die Gedankengänge Sutherlands stellen die Basis für eine Reihe weiterer Forschungen dar. Sie beruhen auf der Einsicht, daß ein Mensch kriminell wird, weil er an kriminellen Kulturmustern teilhat (Punkt 6); ungeklärt bleibt bei Sutherland selbst, wie diese kriminellen Subkulturen entstehen. Fragestellungen dieser Art überschreiten allerdings die Grenzen der systemimmanenten amerikanischen Soziologie; nur ein marxistischer Ansatz kann den Zusammenhang von Herrschaft und der von ihr ausgehenden Nötigung zur Bildung solcher Subkulturen erkennen. Jener Teil der Bevölkerung, der, an der Basis der Hierarchiepyramide lebend, den massivsten Repressionen ausgesetzt ist, bedarf solcher Subkulturen, um überleben zu können. (In den Nazi-KZs wurden auch bis dahin rechtschaffen lebende Menschen gezwungen, ›kriminelle‹ Akte zu begehen und solche Subkulturen zu bilden; s. dazu Kogon, 1956, Borowski, 1946).

Aus unserer Arbeit mit zunächst stark delinquenten und devianten Jugendlichen aus dem Märkischen Viertel in Berlin wissen wir, daß letztlich nur eine Veränderung des realen Seins diese negativen Verhaltensweisen abbauen kann. Allerdings wirken die einmal erlernten Überlebenstechniken noch lange nach, sie sind eingeschliffen und werden auch noch angewandt, wenn sie überflüssig geworden sind. Es braucht Zeit, bis ein verändertes Milieu, verbunden mit einem Wechsel der Bezugsgruppen, neue Verhaltensweisen erlernen läßt. Straftaten können nicht unterdrückt, sie können nur überflüssig gemacht werden. Diese Voraussetzungen sind in der gegenwärtigen Gesellschaft nicht gegeben, allenfalls können durch intensiven Einsatz konkreter Hilfsmaßnahmen zur Selbsthilfe einige einzelne vom Zwang zur Delinquenz befreit werden. Keinesfalls helfen dabei Appelle und verbale Angebote anderer Normen und Werte. Ähnliches hat Clinard herausgefunden: »Die Hinführung von Gruppen zur sozialen Re-Integration wird begünstigt [...] durch die Übernahme der Rolle einer nicht-devianten Person als eine Form der Sozialisation; durch anteilnehmende Gefühle und gemeinsame Prüfung der selbsterfahrenen Probleme in einer gewähren lassenden, nichtzensierenden Gruppe, in die man eingebettet ist; durch die Identifizierung mit anderen, die als Nicht-Deviante angesehen werden; durch die Stabilisierung von Loyalität und Verpflichtung gegenüber der (neuen) Gruppennorm, und eventuell auch durch die Neuorientierung der Attitüden und des öffentlichen Auftretens« (Clinard, 1963, S. 780).

Dies aber setzt voraus, daß die Umwelt einer solchen Gruppe nicht aufs neue jenen unheilvollen Kreislauf in Gang setzt, den man als Zuschreibung delinquenter Rollen bezeichnen kann. Über diesen Prozeß und die Bedeutung von Information für seine Verhinderung schreibt L. Wilkins sinngemäß:

1. Starre Typen von Informationen, in Beziehung zu starren Systemen, führen zu mehr Akten, die als abweichend definiert werden.
2. Ein Individuum, das in deviant definierte Akte verwickelt wird, wird abgeschnitten (*cut off*) von den Werten des umgebenden sozialen Systems durch den Prozeß der faktischen Definition.
3. Der definierende Akt schafft über die Individuen, die er betrifft, ein Informationsbündel, und sie beginnen, sich selbst als deviant zu begreifen, sich zu verhalten, wie sie beschrieben wurden.
4. Die von der Gesellschaft unternommenen Aktionen und das Resultat der Selbst-Definition der Betroffenen als Deviante führt diese in die Isolation und Entfremdung von ihrer Umwelt.
5. Dies ist der erste Teil der Herstellung eines sich selbst immer weiter steigernden Systems. Die Definition der Gesellschaft führt zur Selbstwahrnehmung als ›deviant‹, zur Rolle des Außenseiters, und es kann als sicher angesehen werden, daß Menschen, die aus einem sozialen System ausgeschlossen werden, ihr Selbst-Ansehen als ein Teil von ihr behalten wollen.
6. Die devianten Gruppen beginnen, eigene Normen und Werte zu entwickeln, die im Gegensatz zu denen des Herkunftssystems stehen, also zu dem System, das sie als Außenseiter abgestempelt hat.
7. Die Vergrößerung der Abweichung, die von den devianten Gruppen demonstriert wird (als Folge des eskalierenden Prozesses), resultiert in mehr und kraftvolleren Aktionen der konformen Gruppen gegenüber den Nonkonformisten.
8. Dieser Kreislauf verschärft sich, weil die konformen Gruppen Informationen erhalten, die sie veranlassen, immer mehr Handlungen als ›abweichend‹ zu definieren (Wilkins, 1967, S. 91 f.).

Daß dieses Erklärungsmodell nicht nur für in krimineller Weise abweichende Gruppen zutrifft, wird deutlich, wenn man es auf das Verhältnis Berliner Bevölkerung – Studenten überträgt. Es kann zur Erklärung des Vorurteils schlechthin beitragen.

Wie aber kommt es zum ersten, eine Person oder Gruppe als ›deviant‹ definierenden Akt? Wir wiesen bereits auf die Aussagen von Merton hin, der die für Teile der Bevölkerung unüberwindliche Diskrepanz zwischen den gesellschaftlich proklamierten Erfolgszielen und den legitimen Möglichkeiten, diese zu erreichen, dargestellt hat. Dies gilt in besonderem Maße für die Kinder jener Bevölkerungsschichten, die in besonderer Weise depraviert, diskriminiert und unterprivilegiert sind.

Wem Bildung und Berufsqualifikation aufgrund des Klassencharakters des Bildungswesens und fehlender Anreize in der Ursprungsfamilie verweigert wurden, wird von der Realität selbst auf illegitime Wege zu den gleichen Erfolgszielen verwiesen.

Aber auch die illegitimen, als kriminell definierten Wege und Techniken zum Erfolg müssen gelernt werden. Cloward und Ohlin haben diese Spur verfolgt und sind zu wesentlichen Aussagen über die Bedeutung devianter Subkulturen für ihre Mitglieder gelangt. Insbesondere untersuchten sie den Zusammenhang zwischen dem Allgemeinzustand eines Wohnquartiers und den jeweils spezifischen Organisations- und Aktionsformen in den devianten Subkulturen des jeweiligen Gebiets. Sie kamen zu folgenden Ergebnissen: Existiert in einem gewachsenen Wohngebiet eine erwachsene kriminelle Subkultur, so besteht die Möglichkeit, sich ihr anzuschließen und eine kriminelle Karriere zu ergreifen. Existiert diese Möglichkeit nicht, kommt es zu scheinbar sinnlosen Gewalttätigkeiten zwischen einzelnen Jugendlichen oder Gangs, die aber von den Jugendlichen als Kampf um Statuspositionen, um die Stellung in der Hierarchieordnung inszeniert werden. Wird durch den Einsatz staatlicher Machtmittel auch diese Form der Statussuche unterbunden, treten in der Regel Rauschmittel-Subkulturen auf. Die Jugendlichen geben den Kampf auf, sie flüchten nach innen (siehe dazu Cloward/Ohlin, 1960).

Für das Individuum haben diese Subkulturen mit delinquentem Normensystem eine wichtige, entlastende Funktion. Denn wenn es nicht in der Lage ist, dem Normendruck der Gesamtgesellschaft gerecht zu werden, so bietet die Subkultur durch ihr vom einzelnen erfüllbares abweichendes Normensystem eine Chance der Neutralisierung der Wirkung der (verletzten) sogenannten allgemeingültigen Normen. Wie Sykes und Matza (1957) in der Kritik an Cohen herausgearbeitet haben, ist die Wirkung der Neutralisierung aber keineswegs so, daß die allgemeinen Verhaltensnormen unter dem Einfluß der Subkultur aus dem Bewußtsein der Individuen verschwinden. Sie entwickeln vielmehr ein gespaltenes Wertsystem, das durchaus als Quelle neuen Leidensdrucks erlitten werden kann.

Auch hier zeigt sich also, daß die ungerechte Verteilung von Lebenschancen in einer von Profitstreben und Machtinteressen bestimmten Gesellschaft meist den Trend zur Kriminalität erst hervorruft. Auch in diesem Punkt bestätigen unsere Erfahrungen der letzten Zeit im Märkischen Viertel die theoretischen Aussagen.

Individualpsychologische, in der Sozialisation hergestellte Gründe für Delinquenz

Bevor wir uns den psychologisch empiristischen Erklärungsmodellen für Delinquenz zuwenden, sei noch einmal ausdrücklich auf die Gefahr verwiesen, die dort auftaucht, wo die gesellschaftlichen Ursachen mit Hilfe einer Zurückverweisung an das Individuum verschleiert werden. Siegfried Bernfeld hat 1926 bereits klar definiert, inwiefern Psychologie überhaupt dazu beitragen kann, sozial hergestellte Dissozialisierungserscheinungen zu bekämpfen. Er weist darauf hin, daß man neuerdings sagt – »es seien rein seelische Fehlentwicklungen, die durch Erziehung und geeignete Heilbehandlung (Psychotherapie) korrigiert werden können. Diese Anschauung ist eine Art Koalition der bürgerlichen Klasseninteressen mit der wissenschaftlichen Wahrheit: seelische Behandlung wird zugegeben, aber um damit zugleich den Gedanken zu ersticken, daß es außerdem der gesellschaftlichen Umwälzung bedarf. Es gibt Fälle, für welche die psychologische Theorie und Behandlung zutrifft, es gibt Fälle, bei welchen sie ganz und gar nicht anwendbar ist. Eine Gruppe von Verwahrlosungen besteht tatsächlich in psychischer Fehlentwicklung, aber diese selbst ist entstanden infolge der sozialen Situation. Wollen wir also die Psychologie richtig verwenden, so muß sie uns helfen, die Schäden aufzuweisen, zu deren Behebung der *politische Kampf der Arbeiterschaft* das alleinige Mittel ist, und jene, wo Psychologie wirklich – neben diesem Kampf – am Platze ist« (Bernfeld, 1968, S. 275).
Erst vor diesem Hintergrund können die individualpsychologischen Forschungsansätze – hier am Beispiel der Arbeiten des Ehepaars Glueck in Chikago – erwähnt und interpretiert werden.

Merkmal	Prozentsätze der kriminellen Jugendlichen	Prozentsätze der nichtkrim. Jugendlichen
Vater kriminell	66,2	32,0
Schlechte Arbeitsgewohnheiten des Vaters	62,4	33,5
Fehlender Selbstrespekt in der Familie	43,2	10,1
Schlechte Leitbilder in der Familie	90,4	54,0
Ungenügende Beaufsichtigung durch die Mutter	63,9	13,0
Fehlender Familienzusammenhalt	84,0	38,3
Aufziehen durch Ersatzeltern	46,0	12,0

Merkmal	Prozentsätze der kriminellen Jugendlichen	nichtkrim. Jugendlichen
Gleichgültigkeit oder Feindseligkeit des Vaters gegenüber dem Jungen	59,8	19,4
Ungeeignete Disziplinarmaßnahmen des Vaters (lasch, überstreng, unstet)	94,3	49,8
Ungeeignete Disziplinarmaßnahmen der Mutter (lasch, überstreng, unstet)	95,8	34,4
Körperliche Bestrafung durch den Vater	67,8	34,7
Häufiger Wohnungswechsel (achtmal und mehr)	53,6	18,6
Gleichgültigkeit und Feindseligkeit des Jungen gegenüber dem Vater	67,3	34,9

(Zit. in der Übersetzung von Jantzen, 1969, S. 64)

Die Studie der Gluecks zeigt, in wie starkem Maße die Sozialisationsbedingungen für die Schaffung von Dispositionen zum delinquenten Verhalten verantwortlich zu machen sind. Der empirische Beweis, der lange vorher bereits in dieser Richtung ausgesprochenen Annahmen sollte ausreichen, die bisherige Anwendung von Strafmaßnahmen einer radikalen Revision zu unterziehen.
Statt dessen zeigt sich die Neigung, die von den Gluecks entwikkelten Prognosetafeln als ein zusätzliches Herrschaftsmittel zu gebrauchen. Er scheint faszinierend zu sehen, in welch hohem Grade kriminelles Verhalten vorausgesagt werden kann: »Von insgesamt 301 Jungen, die an der Untersuchung (mit Voraussagetafeln) beteiligt waren, sagten die Gluecks 33 eine kriminelle Zukunft voraus. 243 stellten sie eine günstigere Prognose und bei 25 Jungen waren sie der Ansicht, daß gleich große Chancen beständen, kriminell zu werden oder unbestraft zu bleiben.
10 Jahre später waren diese Voraussagen fast völlig bestätigt. Von den 33 Jungen, die als kriminell gefährdet galten, hatten sich 28 (85 %) schwere Delikte zuschulden kommen lassen. Von den 243 günstig beurteilten waren es 236, die straffrei geblieben waren (97 %). Von den 25 Jungen mit ungewisser Zukunft hatten 9 Straftaten begangen, 16 nicht.« (Jantzen, 1969, S. 69)
Es scheint also naheliegend, die Glueckschen Prognosetafeln in breitem Umfang einzusetzen. Bei schematischer und technokratischer Anwendung besteht allerdings die Gefahr, daß die Testinstrumente selbst diskriminierend wirken, ja, daß durch sie Rollenzuschreibungen zustande kommen, die das delinquente Verhalten erst hervorrufen. So werden auch in Berlin Verfahren entwickelt, die auf Lochkarten gespeicherte Lebensdaten summieren, um auf diese Weise ›Verwahrlosung‹, ›Ver-

wahrlosungsgefahr‹ zu ermitteln. Die Zahl der ermittelten Punkte entscheidet dann zumindest mit, welchem Heim und welcher ›Behandlungsart‹ der ›Proband‹ zugewiesen wird.
Andererseits zeigen neuere Forschungen in Deutschland die Fragwürdigkeit von Prognosetafeln: Dieter Höbbel (1968, S. 262 f.) hat vier Prognosetafeln einer Kritik unterzogen und kommt zu dem Ergebnis, daß sich statistische Prognosetafeln bisher nicht bewährt haben, ja daß sie nicht einmal dem bisher meistverbreiteten ›intuitiven‹ Verfahren überlegen seien.
Ein genereller Mangel der Glueckschen Untersuchung liegt im Verzicht auf die Rückfrage nach den gesellschaftlich bedingten Ursachen des elterlichen Erziehungsverhaltens. Da zum Beispiel autoritäre Härte und Gleichgültigkeit der Eltern als wesentliche Ursachen ermittelt wurden, muß man fragen, in welchen Schichten diese Eltern-Verhaltensweisen in besonders starkem Maße auftauchen. Hätte man die Fragen weiterverfolgt, so wäre man auch auf diesem Wege zu der Antwort gelangt, daß es vorwiegend diejenigen sind, denen unangemessene Arbeits- und allgemeine Lebensbedingungen zugemutet werden, die selbst gehorchen müssen und die deshalb diese Unterdrükkungsmethoden an ihre Kinder weitergeben. Auf der anderen Seite finden sich diejenigen, denen der harte Konkurrenzkampf weder Zeit noch Nerven läßt, sich um ihre Kinder zu kümmern. (So sind etwa Kinder von Eltern aus Gastronomie-Berufen besonders gefährdet.)

Geschlechtsspezifische Trends der Kriminalität (Jugendlicher)

Vorwiegende Vergehen bei männlichen Jugendlichen 1967
10 % aller Straffälligen

Kfz-Diebstahl, Gebrauchs-Diebstahl	54,2 %
Automaten-Diebstahl	38,0 %
Fahrrad- und Gebrauchs-Diebstahl	26,4 %
Sprengstoff-, Munitions- und Waffendiebstahl	25,5 %
Schwerer Diebstahl in Boden- oder Kellerräumen	23,3 %

Vorwiegende Vergehen bei weiblichen Jugendlichen 1967
1,2 % aller Straffälligen

Tötung neugeborener Kinder	18,2 %
Diebstähle aus Kaufhäusern und Selbstbedienungsläden	6,0 %
Taschendiebstähle	3,3 %
Herstellung von Falschgeld	3,7 %
Abtreibung	2,7 %

(Prozentualer Anteil an der einschlägigen Gesamt-Kriminalität; Glueck/Glueck, zit. in der Übersetzung von Jantzen, 1969, S. 75)

Diese Zahlen zeigen, in wie starkem Maße geschlechtsspezifische Sozialisationspraktiken auch das delinquente Rollenverhalten von Mädchen bestimmen: »Nach der altväterlichen Ansicht, die Frau gehöre ins Haus, ist auch heute noch die Bindung der Mädchen an Eltern und Familie intensiver als die der Jungen. Sogar bei den unteren sozialen Schichten steht die Tochter unter viel schärferer Kontrolle als der Sohn. Hinzu kommt, daß die Frau ohnehin geneigt ist (besser: dazu erzogen wird – Anm. d. V.), sich nicht allzu sehr zu exponieren, sondern die gesellschaftliche Ordnung zunächst einmal hinzunehmen. Bricht ein Mädchen dennoch frühzeitig aus, müssen die häuslichen Verhältnisse besonders schlimm sein. Diese ›Rollenprägung‹ der Frau ist ein Hauptgrund dafür, daß auch ihre kriminellen Handlungen in gelenkten Bahnen ablaufen. Zum Einbrecher fehlen ihr schon die technischen Voraussetzungen. Wie sollte sie einen Tresor knacken? Sie würde vermutlich von ihren Emotionen irritiert, wollte sie sich etwa mit einem Wagen durch dichten Verkehr schnell vom Tatort entfernen. Schußwaffen etwa steht sie mit einer gewissen Scheu gegenüber, auch wenn sie sonst durchaus zu Skrupellosigkeit fähig ist« (*Frankfurter Rundschau*, 14. 11. 1968).

In jeder Straftat eines Jungen steckt immer auch ein wenig aktiver Protest gegen die ihn bedrückende Umwelt. Er hatte auch minimale Chancen, Fertigkeiten zu erwerben, die für die Verbrechensbegehung unerläßlich sind. Dagegen ist den Mädchen in der Regel sogar dazu der Zugang verwehrt. So kann es nicht verwundern, daß die häufigste weibliche Devianzerscheinung – die Prostitution – auch besonders deutlich den Charakter der die ›Verwahrlosung‹ auslösenden Gesellschaft widerspiegelt: eine Gesellschaft, die nicht nur die Arbeitskraft, sondern den Menschen selbst zur Ware macht, käuflich und disponibel. Mädchen, die im Heim ganze 80 Pfennig Lohn pro Tag erhalten, sind, wenn sie Ausgang haben, gezwungen, auf irgendeine Weise Geld zu verdienen. Sie finden rasch ihren Ausbeuter, den Zuhälter, der ihnen ein Minimum an physischem Schutz gewährt und dafür vom Verkauf der Ware Mensch gut lebt. Für viele dieser Mädchen gibt es bald keinen einleuchtenden Grund mehr, warum sie sich statt auf der Straße in einer Fabrik verkaufen sollen. Ihre letztlich passive Überlebenstechnik bringt Demütigungen mit sich, gewiß, aber diese unterscheiden sich nur graduell und nicht prinzipiell von denen, die sie im Heim, in der Fabrik oder als billige Haussklavin zu erdulden haben. Zuzeiten kann man als Prostituierte sogar am großen Luxus der Reichen teilhaben, zumindest an dem, was man dafür hält.

Konsumfilme, Werbung und Romane hämmern den Frauen Tag für Tag ein, daß sie sich zum attraktiven Lustobjekt präparieren müssen, um Erfolg beim anderen Geschlecht zu haben.

Sie werden so veranlaßt, passiv auf denjenigen zu warten, der ihnen für die Hergabe von Geschlechtsverkehr Sicherheit zu gewähren bereit ist. Darin liegt die gesellschaftlich hergestellte Aufforderung zur Aufgabe des Anspruchs, selber Subjekt, handelnder Mensch zu sein. Prostitution ist letzten Endes nur eine durch besondere soziale und psychische Bedingungen hervorgerufene Extremreaktion auf diesen permanenten Appell. Eben deshalb können die Wurzeln der Prostitution nur durch politischen Kampf beseitigt werden, nicht aber durch noch so gut gemeinte Umerziehungsprogramme. Eine befreite Gesellschaft macht Prostitution überflüssig.

Psychoanalytische Deutungsversuche delinquenten und devianten Verhaltens

Siegfried Bernfeld nennt drei verschiedene Ursachen der ›Verwahrlosung‹, die zu vier verschiedenen Täterkategorien führen: (Nach Bernfeld, 1969, S. 192 ff.)

1. *›Verwahrlosung‹ als mangelhafte Über-Ich-Entwicklung*

Während der primären Sozialisation ist die Identifizierung mit den Eltern (bzw. dem gleichgeschlechtlichen Elternteil) nicht geglückt (weil es etwa nicht vorhanden war, sich völlig abweisend oder feindselig verhielt). Bernfeld: »Beachtet man noch die Rolle, welche die orale und die anale Zone im Leben und in der Liebe dieser Kinder spielen, die Bedeutung, die depressive Zustände mit Besitz- und Trotzkonflikten für sie haben, so ist [...] der Rahmen für die Psychologie eines Typs von Verwahrlosung gegeben.« Diese Gruppe ist relativ klein, eine geeignete Therapie, die die Über-Ich-Entwicklung nachvollziehen müßte, könnte in der Bereitstellung von Identifizierungs-Personen liegen, die auf dem Wege der Übertragung die Akzeptierung einiger normativer Grundlagen bewirken sollten.

2. *Die ›neurotische Verwahrlosung‹*

Täter dieser Gruppe verfügen über ein besonders rigides Über-Ich. Ihre kriminellen Handlungen sind als Übersprungs-Handlungen zu begreifen. Ihnen selbst meist unerklärlich, begehen sie diese Taten unter dem Ansturm der Affekte, die, ansonsten stets unterdrückt, nach einem Ventil suchen und sich explosiv entladen. Sie sind die eigentlichen Klienten des Psychoanalytikers, dessen Aufgabe es ist, den Ursprung der Verdrängungen aufzulösen und damit Schuldentlastung zu bewirken, um dem Ich Handlungsspielraum zu schaffen.

3. *›Verwahrlosung‹ als ›realitätsgerechtes‹ Handeln*

Diese Gruppe ist ohne Zweifel die größte. Bernfeld beschreibt sie so: »Ich sehe [...] einen dritten Typ (von Verwahrlosung) deutlich, der durch Fehlen neurotischer Symptome ausgezeichnet ist, bei dem eine volle Ödipusentwicklung statthatte, die ihren Niederschlag in einem Über-Ich gefunden hat, der Schuldgefühle besitzt und bei genügender Intelligenzbildung durchaus realitätsfähig ist, oder besser, wäre, wenn er nicht in schwer vermeidbare Realkonflikte mit der Polizei, dem Jugendamt und dem übrigen Staatsapparat kommen müßte [. . .] Weder die Vagabundage, noch die mannigfaltigen Delikte, die nach außen für diesen Typus charakteristisch zu sein scheinen, sind neurotische Symptome, sondern die Realfolgen des eigentlichen Symptoms; Folgen, die sich an dem sozialen Ort des Großstadtproletariats bei Polizei, Schule, Jugendamt, Arbeitslosigkeit mit absoluter Notwendigkeit ergeben, schon aus den Folgen der Ernährungs-, Wohn- und Lebensbedingungen dieses Jugendlichen [. . .] Darum hat der Verwahrlosungstyp, den ich hier meine, [. . .] im Gegensatz zur herrschenden Ansicht sogar sehr günstige (Prognosechancen), wenn es gelingt, den Kindern (und Jugendlichen) eine Umwelt zu schaffen, die sie allmählich so bindet, daß sich in ihr Triebverzichte lohnen, Verinnerlichungen der (zu beobachtenden) Flucht notwendig werden.« Diese Überlegungen führen zu Versuchen, Jugendkommunen einzurichten, wo durch die Verpflichtung dem Kollektiv gegenüber – in dem zu leben ›lohnen‹ muß – gewisse Sozialisationsdefizite ausgeglichen werden könnten. Dieser Weg ist dann erfolgversprechend, wenn diese Kommunen – wie bei Makarenko (1952) – produzierende Genossenschaften sind, die es den Kommunarden gestatten, der Fremdbestimmung ihrer Arbeit und damit ihres Lebens zu entrinnen. Inwieweit solche Inseln sozialistischer Produktions- und Lebensweisen in einer kapitalistischen Umwelt herstellbar sind, müssen Experimente erweisen. Es ist aber damit zu rechnen, daß diese Experimente zwar zugelassen werden, spätestens aber dann, wenn sie auf breiter Front realisiert werden sollen, auf den erbitterten Widerstand des Systems stoßen werden, weil sie es radikal in Frage stellen.

Kriminalität und der Kampf der Klassen

Die ›Verbrechen‹, von denen wir jeden Tag auf den Titelseiten der Massenpresse lesen, sind eine Folge des antagonistischen Charakters unserer Klassengesellschaft; sie geschehen meist, weil die Menschen, die sie begehen, von den sie bedrängenden Verhältnissen dazu genötigt werden. Die Justiz im bürgerlichen Staat kann als Spezialeinrichtung zur Niederhaltung der machtunterlegenen Klassen begriffen werden, als Klassen-

justiz. Menschen sind nicht von Natur zu delinquenten Verhaltensweisen geschaffen. Unter veränderten Bedingungen wandeln sich sogenannte hartgesottene Verbrecher, wie etwa die Geschichte der ehemaligen Sträflingskolonie Australien beweist.
Einen anderen Beweis haben die Länder des immer noch autoritären Sozialismus ermöglicht. Während die Kriminalitätskurve in der spätkapitalistischen Gesellschaft ansteigt, sinkt sie in den Ländern Osteuropas. Während in den USA die Mordstatistik eine stark anschwellende Tendenz zeigt (jeweils auf 100 000 Einwohner umgerechnet: 1946: 8,5 – 1969: 20), sinken die Vergleichswerte etwa in der DDR weiter ab (1964: 0,67 – 1969: 0,51 – einschließlich Mordversuche).
Die Zunahme der Kriminalität wirkt sich politisch zugunsten der herrschenden Gruppen aus. Überall ist der Ruf nach ›Law and Order‹ ein Hauptwahlschlager der Reaktion. Mobilisierte Ängste zahlen sich aus. Damit zeigt sich ein weiterer ›Nutzen‹ des Verbrechens: Seine Existenz und seine Zunahme erweist sich als Faktor der Stabilisierung anachronistischer Zustände, die Urheber der Zustände dürfen auch diesen Vorteil verbuchen.
Dies ist ein besonderer Ausfluß einer ohnehin herrschaftsbegründenden Qualität des Verbrechens: Das Vorhandensein von Personen, die sich delinquent verhalten, kann als halbwegs rationale Begründung von politischer Herrschaft angesehen werden: »Im Naturzustand gibt es weder Gut noch Böse, weder Konformität noch abweichendes Verhalten, keine wirklichen Beschränkungen des dem Menschen angeborenen (???) Hanges, nur seine eigenen Interessen zu wahren. Vernunftbegabte Menschen sehen demgegenüber nur eine Lösung, nämlich sich zusammenzuschließen und einem einzelnen oder einer Körperschaft – dem Souverän – unbeschränkte Macht zu übertragen, entsprechende Gesetze zu erlassen und die Untertanen zu zwingen, sie zu befolgen« (Cohen, 1968, S. 12).
Wenn auch anzuzweifeln ist, daß es einen dem Menschen angeborenen Hang zur Wahrnehmung nur seiner eigenen Interessen gibt: sicher ist, daß es Personen und Personengruppen gibt, denen er *anerzogen* wurde. Dies gilt allerdings auch für die, die in ihrer Sozialisation auf eine Weise dissozialisiert wurden, daß die dabei hergestellten neurotischen, psychotischen und Über-Ich-Mängel sie zu einer permanenten Gefahr für die Allgemeinheit werden lassen.
Wie bereits Marx feststellte, ist das Lumpenproletariat in der Geschichte stets ein Parteigänger der Reaktion gewesen. Auch wir haben (während der Arbeit mit Rockern) Jugendliche kennengelernt, die ›gelernt‹ haben, vom Verbrechen gut zu leben, sehr viel besser, als jene Gleichaltrigen, deren Mopeds sie stahlen und weiterverkauften. Gerade jene waren es auch, die am leidenschaftlichsten für die Beibehaltung der bestehenden Ge-

sellschaftsordnung eintraten. Einer sagte: »Im Sozialismus müßte ich ja arbeiten.« Es wäre ein Trugschluß, zu glauben, daß diese (sehr kleine) Personengruppe aufgrund ihrer (nur scheinbaren) Protesthaltung ein Parteigänger im Klassenkampf sein könnte. Diese Leute sind Spiegelbild und Opfer der sie dissozialisierenden Umwelt. Dennoch muß gesagt werden, daß sie – wie einst Al Capone, wenn auch mit weniger Erfolg – in einem Grade Nutznießer der bestehenden Zustände geworden sind, daß ihnen gegenüber leider auch ein partielles Zusammengehen mit der bürgerlichen Staatsgewalt notwendig werden kann. Denn sie sind Schmarotzer an der Klasse, die sie hervorgebracht hat. Ihre Opfer sind ihre Klassengenossen. Es muß aber noch einmal betont werden, daß diese Gruppe nur einen winzigen Prozentsatz derer ausmacht, die Jahr für Jahr straffällig werden, und die, wie Bernfeld meint, »gute Chancen in der Prognose haben, wenn es gelingt, eine Umwelt zu schaffen, die sie so bindet, daß Triebverzichte lohnend sind« (Bernfeld, 1969, S. 109 ff.).
Die eigentliche Schwierigkeit liegt hier in dem Problem, angemessene Instrumente der Diagnose und Differenzierung zu finden. Und es versteht sich von selbst, daß derjenige, der letztlich ohne eigene ›Schuld‹ an seinen Taten ist, weil »sein Verhalten ein Reflex einer von ihm nicht zu vertretenden Konstellation von Faktoren ist [. . .]« (Sack, 1968, S. 436) – trotz des berechtigten Interesses der Allgemeinheit, vor Wiederholungstaten geschützt zu werden, den Anspruch auf Menschenrechte, auf die Anstrengung aller, ihm durch Therapie sowie durch Bereitstellung neuer Bezugspersonen und -gruppen zu helfen, behalten muß.
Die andere – und im Kapitalismus nicht lösbare Aufgabe – besteht darin, für jene, die von der Realität immer aufs neue zu Straftaten gedrängt werden, eine solche Veränderung der Umwelt zu bewerkstelligen, wie sie Bernfeld als für eine günstige Prognose unabdingbar hält. Diese Einsicht ist nicht neu. Schon Pestalozzi hat die Notwendigkeit der völligen Umweltveränderung gesehen: »Die Fäden, womit ein Verbrecher an sein altes Leben angebunden, abzuschneiden und ihm neue anzuspinnen, die ihn zu einem besseren führen, ist das einzige Mittel, den Verbrecher zu bessern; und es ist wahr: wenn man dieses Mittel nicht (ge-)braucht, so ist alles, was man sonst an ihm tut, wie ein Tropfen Wasser ins Meer« (Pestalozzi, ›Lienhard und Gertrud‹).
Einigen wenigen mag durch eine radikale Veränderung ihrer Lebensbedingungen zu einem neuen Lebenssinn und einer veränderten Motivationsstruktur verholfen werden können, der großen Mehrheit dieser Gruppe ist unter den gegenwärtigen Bedingungen nicht zu helfen.

»Die Rechtsstrafe wird bekanntlich nach Meinung ihrer Theoretiker durch die Zwecke der Besserung, der Verhütung und der allgemeinen Abschreckung (sog. Generalprävention) gerechtfertigt. Dem steht das ernstlich kaum bestreitbare Faktum gegenüber, daß Besserung und Verhütung in Wirklichkeit nicht errreicht werden*, und daß die Abschreckung nur sehr unsicher bestimmbar ist. Da aber die Vorstellung nicht so leicht erträglich ist, daß eine so bedeutende und in das Schicksal von Millionen so tief eingreifende Institution zwecklos und sinnwidrig sein könne, wird sich der Gedanke einstellen: die wirklichen Zwecke seien dahinterliegend. (Die Psychoanalyse) ... weist darauf hin, daß der Zweck, den die Strafe wirklich erfüllt, in der *Befriedigung* von *Trieben* und *unbewußten Wünschen* liegt« (Bernfeld, 1969, S. 192 f.).

Nun, zunächst ist die Bestrafung ein Akt diffamierender Definition, der den Diffamierten brandmarkt. Bernfeld bezeichnet dies als den entscheidenden Zweck der Strafe: »Es teilt die Menschen in zwei Klassen: Brave und Schlimme, Gute und Böse, Wohlanständige und Verbrecher, Ehrliche und Unehrliche, Vorbestrafte und Tadellose. Diese Wirkung ist banal und selbstverständlich, aber darin erweist sich ihre Allgemeinheit. Der Gestrafte ist diffamiert; Strafe ist Schande. Soweit angedrohte Strafen abschreckende Wirkung haben, also Menschen Verzichte ertragen, um nicht von der Strafe ereilt zu werden, geht diese Wirkung nicht in erster Linie von den Leiden und Einschränkungen des Strafvollzuges, sondern von diesen Wirkungen aus. So weit das Strafsystem Furcht erzeugt, die abschreckend und hemmend wirkt, haftet sie vor allem an der Diffamierung und Schande in der Familie, bei den Berufskollegen und bei den Nachbarn. Sie hat den Charakter der ›sozialen Angst‹ [...]« (Bernfeld, 1969, S. 193).

Über die Wirkung dieser Diffamierung schreibt Eva-Maria Brauneck in ihren Vorlesungsmanuskripten:

»Die Bestrafungen, obwohl die Furcht vor ihnen einen Druck zur Konformität ausübt, können bei dem Bestraften selbst nach allgemeinen Erfahrungen auch gerade das Gegenteil bewirken. Freiheitsstrafen ... diffamieren, und zwar oft mehr als die Tat selbst, so daß der aus der Haft zurückgekehrte Täter sich vor Schwierigkeiten im Beruf und im allgemeinen sozialen Kontakt finden kann, die ihn u. U. zu neuen Straftaten treiben [...]« (Brauneck, o. J., S. 80).

Insofern sind die ironischen Sätze G. K. Chestertons voll be-

* Nach Mergen schwanken die Angaben der Autoren über die Häufigkeit von Rückfallverbrechen zwischen 22 und 60 Prozent.

rechtigt: »Ich verurteile Sie hiermit zu drei Jahren Gefängnis in der festen und von Gott eingegebenen Überzeugung, daß das, was Ihnen wirklich nottut, ein dreiwöchiger Aufenthalt an der See ist« (G. K. Chesterton, ›The Club of Queer Trades‹).
Doch verfolgen wir die sozialpsychologisch-psychoanalytische Spur weiter. Alexander und Staub haben bereits 1929 einen interessanten Versuch unternommen, die Psychologie der strafenden Gesellschaft zu deuten. »Klar wird die Funktion der Strafe erst dann, wenn wir uns erneut die Abhängigkeit des Über-Ichs von den äußeren Autoritäten vor Augen halten [. . .], (wobei) eine gewisse Abhängigkeit bei den meisten Erwachsenen während des ganzen Lebens fortdauert. Die Macht des Über-Ichs über das Triebleben wird nicht nur durch strenge und ungerechte Urteile erschüttert, sondern auch dann, wenn der Täter straflos bleibt und für seine Taten nicht büßen muß. Die Straflosigkeit bedeutet ja, daß der Richter dem Täter das erlaubt, was man sich selbst verbietet. In dieser Situation bleibt nur übrig, entweder die eigenen Hemmungen aufzugeben und den asozialen Tendenzen nachzugeben oder die Strafe für den Täter zu verlangen. Die Angst vor der Absetzung des eigenen Über-Ichs und vor dem Durchbruch der so schwer gezähmten Triebe ist es, die aus Selbstschutz nach Sühne ruft. Je lauter also der Mensch nach der Bestrafung des Übeltäters ruft, um so weniger hat er mit den *eigenen asozialen* Trieben zu kämpfen. Es ist geradezu ein diagnostisches Merkmal asozialer Tendenzen, wenn jemand sich allzu eifrig in den Dienst des Sühnegedankens stellt. Die oft merkwürdige unterirdische *Affinität* zwischen *Verbrecherwelt und ihren amtlichen Verfolgern* ist aus diesem psychischen Vorgang zu erklären« (Alexander und Staub, 1929, S. 116 f.).
In ihrem Anteil an der Aufrechterhaltung der systemnotwendigen Verdrängungen, in der Stabilisierung der Summe der individuellen Über-Ichs kann daher der eigentliche Nutzen der Strafjustiz für die Herrschaft erblickt werden. Dies ist eine überaus wichtige Überbau-Funktion, denn »Machtbeziehungen können, ja müssen sich in gewissem Maße verinnerlichen. Jede gegebene Machtordnung drängt danach, äußeren Druck durch die Herstellung innerer Konformitätsbereitschaft bei den Machtunterlegenen nicht nur zu ergänzen, sondern nach Möglichkeit auch zu ersetzen« (Hofmann, 1969, S. 30).
Würde die Rigidität der Über-Ichs der Massen ernstlich erschüttert, würden für diese Massen auch jene Anteile an überflüssiger Macht und Herrschaft erkennbar, die zu beseitigen durch kollektives Handeln möglich ist.

Jede Handlung, die sich gegen den Bestand einer bestehenden Ordnung richtet, wird von den Nutznießern dieser Gesellschaftsformation als verbrecherisch diffamiert werden. Wenn etwa Friedrich Ebert meinte: »Ich hasse die Revolution wie die Sünde!«, so drückt er damit genau die Tendenz aus, die den Revolutionär zum ›Verbrecher per definitionem‹ ernennt. Die Brutalität, mit der etwa Rosa Luxemburg, Karl Liebknecht, Lumumba, Che Guevara von den Schergen der Reaktion gemordet wurden, der völlig irrationale Haß, mit dem diese Revolutionäre noch lange nach ihrem Tode verfolgt wurden (und werden) gibt darüber beredtes Zeugnis. Ähnliches beweisen die Statistiken, die aufrechnen, wie etwa in der Weimarer Republik Links- und Rechts-Täter strafrechtlich verfolgt wurden (s. dazu Pross, 1957).

In der Tat ist zu allen Zeiten der Häuptlings-, Königs- oder Tyrannenmord als das schwerste Verbrechen definiert worden. Genauso sicher ist aber auch, daß gerade in ›Verbrechen‹ dieser Art sich Emanzipationsschritte der Menschheit offenbarten, was keinesfalls heißt, daß jedem Attentat auf einen Macht- und Würdenträger solche Qualität innewohnt. Immerhin: »Die klassische Darstellung des ersten Verbrechens hat Sigmund Freud gegeben. Sie geht aus von der ›Darwinschen Urhorde‹: Ein gewalttätiger, eifersüchtiger Vater, der alle Weibchen für sich behält und die heranwachsenden Söhne vertreibt, nichts weiter. Das Verbrechen selbst wird folgendermaßen geschildert: ›Eines Tages taten sich die ausgetriebenen Brüder zusammen, erschlugen den Vater und machten so der Vaterhorde ein Ende. Vereint brachten sie zustande, was dem einzelnen unmöglich geblieben wäre ... Der gewalttätige Urvater war gewiß das beneidete und gefürchtete Vorbild eines jeden aus der Brüderschar gewesen, nun setzten sie im Akte des Verzehrens die Identifizierung mit ihm durch, eigneten sich jeder ein Stück seiner Stärke an. Die Totenmahlzeit, vielleicht das erste Fest der Menschheit, wäre die Wiederholung und die Gedenkfeier dieser denkwürdigen und *verbrecherischen* Tat, mit welcher so vieles seinen Anfang nahm, die sozialen Organisationen, die sittlichen Einschränkungen und die Religion.‹

Der ursprüngliche politische Akt fällt also, wenn wir Freud Gehör schenken wollen, mit dem ursprünglichen Verbrechen zusammen. Zwischen Mord und Politik besteht ein alter, enger und dunkler Zusammenhang. Er ist in der Grundstruktur aller bisherigen Herrschaft aufbewahrt [...]« (Enzensberger, 1964, S. 11 und 13).

Dies gilt zumindest so lange, bis die ›Vorgeschichte der Menschheit‹ (Marx) beendet ist: »Die bürgerlichen Produktionsverhältnisse sind die letzte antagonistische Form des gesellschaftlichen Produktionsprozesses, antagonistisch nicht in dem Sinne von individuellem Antagonismus, sondern eines aus den Lebensbedingungen der Individuen hervorgewachsenen Antagonismus, *aber* die im Schoße der bürgerlichen Gesellschaft sich entwickelnden Produktivkräfte schaffen zugleich die materiellen Bedingungen zur Lösung dieses Antagonismus. Mit dieser Gesellschaftsformation schließt daher die Vorgeschichte der menschlichen Gesellschaft ab« (Marx/Engels, Ausgewählte Schriften, 1952, S. 339).

Da die großen Verbrechen unserer Zeit kollektive Dimensionen angenommen haben, zeigt sich in ihnen eben jener Antagonismus, von dem Marx spricht. Verbrechen in der landläufigen Bedeutung des Wortes können nicht abgeschafft werden, auch nicht erfolgreich bekämpft werden. Man kann sie nur überflüssig machen – durch politisches Handeln.

Weitere Literatur: Ahlheim u. a. 1971; Basaglia u. a. 1972; Bonstedt 1972; Kurzeja 1972; Moor 1972; Moser 1970; Reiwald 1973

Literatur

Abendroth, W.: Antagonistische Gesellschaft und politische Demokratie, Neuwied-Berlin 1967

Abholz, H. H.: Die Rolle des industriellen Arbeitsplatzes für die Ätiologie psychischer Erkrankung, in: *Das Argument 60*, 1970

Adorno, Th. W.: Die revidierte Psychoanalyse, in: Sociologica II, Frankfurter Beiträge zur Soziologie 10, Frankfurt 1962

Aebli, H.: The development of intelligence in the child, Minneapolis: Institute of child welfare 1951

ders.: Die geistige Entwicklung als Funktion von Anlage, Reifung, Umwelt und Erziehungsbedingungen, in: Roth, H. (Hg.), Begabung und Lernen, Stuttgart 1969

Ästhetik und Kommunikation. Individuelle Pathologie und Kapitalistische Gesellschaft, H. 15/16, 1974

Ahlheim u. a. (Autorenkollektiv): Gefesselte Jugend, Frankfurt/M. 1971

Alexander, F./Staub, H.: Der Verbrecher und seine Richter, Wien 1929

Altvater, E./Huisken, F. (Hg.): Materialien zur politischen Ökonomie des Ausbildungssektors, Erlangen 1971

Andrieux, A./Lignon, J.: L'ouvrier d'aujourdhui, Paris 1960

Autorenkollektiv: Zur Kritik der Bildungsökonomie, Berlin 1974

Bandura, A./Walters, R.: Adolescent aggression, New York 1959

dies.: Aggression, in: Stevenson, H. (ed.), Child psychology, Chicago 1963

Bandura, A. S. / Walters, R. H.: Social learning and personality development, New York 1965

Basaglia, F., u. a.: Die abweichende Mehrheit, Frankfurt/M. 1972

Beckenbach, N., u. a.: Klassenlage und Bewußtseinsformen der technisch-wissenschaftlichen Intelligenz, Frankfurt/M. 1973

Bateson, G./Jackson, D. D./Haley, G./Weakland, J. W.: Auf dem Weg zur Schizophrenie-Theorie, in: Bateson G., u. a.: Schizophrenie und Familie, Frankfurt/M. 1969

Bateson, G. / Jackson, D. D., u. a.: Schizophrenie und Familie, Frankfurt/M. 1969

Bayley, N./Schaefer, E.: Relationships between socioeconomic variables and the behavior of mothers toward young children, in: *J. Gnet. Psychol.* 96, 1960

de Beauvoir, S.: Das andere Geschlecht. Sitte und Sexus der Frau, Reinbek bei Hamburg 1968

Becker, W. C.: Consequences of different kinds of parental discipline, in: Hoffman, L. / Hoffman, M. (eds.),Review of child development research, Vol. I, New York 1964

Berger, P./Luckmann, T.: Die gesellschaftliche Konstruktion der Wirklichkeit, Stuttgart 1969

Bericht der Bundesregierung über die Situation der Frauen in Beruf, Familie und Gesellschaft, Drucksache V-909, Bonn 1966

Bericht zur Bildungspolitik der Bundesregierung vom 8. Juni 1970, Drucksache VI, 925 (Bildungsbericht 70)

Berndt, H.: Zur Soziogenese psychischer Erkrankungen, in: *Soziale Welt* 19, 1968
dies.: Kommune und Familie, in: *Kursbuch* 17, 1969
Bernfeld, S.: Sysiphus oder die Grenzen der Erziehung, Frankfurt/M. 1967
ders.: Antiautoritäre Erziehung und Psychoanalyse, Bd. 1, Darmstadt 1969
Bernstein, B.: Soziokulturelle Determinanten des Lernens, in: *Kölner Zeitschrift für Soziologie und Sozialpsychologie*, Sonderheft 4, 1959
ders.: Der Unfug mit der kompensatorischen Erziehung, in: *betrifft erziehung* 9, 1970
Bettelheim, B.: Liebe allein genügt nicht. Die Erziehung emotional gestörter Kinder, Stuttgart 1970
Bettelheim B.: So können sie nicht leben, Stuttgart 1973
b : e Tabu: Familienerziehung, Sozialschicht und Schulerfolg, Weinheim, Basel 1972
b : e Tabu: Wider die falsche Vorschulerziehung, Weinheim, Basel 1973
Biermann, G.: Kindeszüchtigung und Kindesmißhandlung, München 1969
Bittner, B.: Sprache und affektive Entwicklung, Stuttgart 1969
ders. (Hg.): Erziehung in früher Kindheit, München 1973
Bleuel, P.: Kinder in Deutschland, München 1971
Bolte, K. M.: Deutsche Gesellschaft im Wandel, Opladen 1966
Bolte, K. M., u. a.: Soziale Schichtung, Opladen 1966
Bönner, K.-H. (Hg.): Die Geschlechterrolle, München 1973
Bonstedt, Chr.: Organisatorische Verfestigung abweichenden Verhaltens, München 1972
Borowski, T.: Die Herrschaften werden zum Gas gebeten, 1946, in: 16 polnische Erzähler, Reinbek bei Hamburg 1962
Brandt, G. / Kootz, J. / Steppke, G.: Zur Frauenfrage im Kapitalismus, Frankfurt/M. 1973
Bräutigam, W. / Christian, P.: Psychosomatische Medizin, Stuttgart 1973
Brauneck, W. M.: Vorlesungsskripten ›Allgemeine Kriminologie‹, Gießen o. J. (um 1970)
Briese, V., u. a.: Grenzen kapitalistischer Bildungspolitik, Frankfurt/M. 1973
Bronfenbrenner, U.: Wandel der amerikanischen Kindererziehung, in: L. v. Friedeburg (Hg.), Jugend in der modernen Gesellschaft, Köln-Berlin 1965
ders.: Freudian theories of identification and their derivates, in: *Child development* 31, 1960
Broyelle, C.: Die Hälfte des Himmels, Frauenemanzipation und Kindererziehung in China, Berlin 1974
Brückner, P., u. a.: Entwurf für ein Forschungsprojekt ›Bildung, Sozialstatus und Intelligenz‹, unveröff. Man., Hannover (1968/1969)
Brumlik, M.: Der symbolische Interaktionismus und seine pädagogische Bedeutung, Frankfurt/M. 1973
Bub, B.: Familienstruktur und geschlechtsspezifische Sozialisationsvorgänge, unveröff. Diplomarbeit, Frankfurt/M. 1968
Caldwell, B. M.: The effects of infant care, in: Hoffman, L. / Hoffman, M. (eds.): Review of child development research, Vol. I, 1964

Cäsar, B.: Autoritätsausübung in der Familie, unveröff. Diplomarbeit, FU Berlin 1968
dies.: Autorität in der Familie, Reinbek 1972
Child, I. L., u. a.: Achievement themes as related to socialization practices, in: Atkinson, J. (ed.), Motives in fantasy, action and society, Princeton 1958
Claessens, D.: Familie und Wertsystem, Berlin 1962
ders.: Instinkt, Psyche, Geltung, Köln-Opladen 1968
Claessens, D./Neumann-Schönwetter, M.: Vorlesungsskript ›Theorie der Sozialisation‹, Paper 9, unveröff. Man., 1969
Clinard, M. B.: Sociology of deviant behavior, New York 1963
Cohen, A. K.: Abweichung und Kontrolle, München 1968
Collins, R. T.: in: Maisel, A. Q. (ed.), The health of people who work, New York 1960
Dahmer, H.: Psychoanalyse und historischer Materialismus, in: *Psyche* 24. März 1970
ders.: Libido und Gesellschaft, Frankfurt/M. 1973
ders. u. a.: Das Elend der Psychoanalyse – Kritik, Beispiel; Kursbuch 19, Frankfurt/M. 1973
Dave, R. H., The identification measurement of environmental process variables that are related to educational achievement, Diss. phil. Chicago 1963
Deppe, F., u. a.: Kritik der Mitbestimmung, Frankfurt/M. 1969
Deppe, H. Z.: Medizinsoziologische Bemerkungen zur Ökologie und Epidemiologie am Beispiel von schizophren Erkrankten, in: *Das Argument* 60, 1970
Deutscher Bildungsrat: Strukturplan für das Bildungswesen, Vorabdruck 1970
Devereux, E. C., jr./Bronfenbrenner, U./Suci, G. J.: Zum Verhalten der Eltern in den Vereinigten Staaten und in der Bundesrepublik, in: L. v. Friedeburg (Hg.), Jugend in der modernen Gesellschaft, Köln 1965
Dolci, D.: Banditen in Partenico, Freiburg 1962
Drever, J./Fröhlich, W. D.: dtv-Wörterbuch zur Psychologie, München 1969
du Bois Reymond, M.: Strategien kompensatorischer Erziehung, Frankfurt/M. 1971
Dührssen, H.: Psychogene Erkrankungen bei Kindern und Jugendlichen, Göttingen 1972
Eisenstadt, S. N.: Von Generation zu Generation. Altersgruppen und Sozialstruktur, München 1966
Eisermann, G.: Allgemeine oder reine Soziologie, in: Eisermann, G. (Hg.), Die Lehre von der Gesellschaft, Stuttgart 1958
Enzensberger, H. M.: Politik und Verbrechen, Frankfurt/M. 1964
Erikson, E.: Identität und Lebenszyklus, Frankfurt/M. 1966
Fend, H.: Sozialisation und Erziehung, Weinheim-Berlin-Basel 1969
Fenichel, O.: Hysterien und Zwangsneurosen, Darmstadt 1967
Frankfurter Rundschau vom 14. 11. 1968: ›Frauen stehlen und morden anders‹
Freud, A.: Das Ich und die Abwehrmechanismen, München o. J.
dies.: Wege und Irrwege der Kinderentwicklung, Frankfurt/M. 1968
Freud, S.: Gesammelte Werke, Imago Publishing Co., Ltd., London 1940, Fotomechanischer Nachdruck, S. Fischer Verlag, 18 Bde.

Fromm, E.: Autorität und Familie, Sozialpsychol. Teil, Paris 1936
ders.: Die Furcht vor der Freiheit, Zürich 1945
Fürstenberg, F.: Die Sozialstruktur der Bundesrepublik Deutschland, Köln-Opladen 1967
Gans, H. J.: The urban villagers, New York 1962
Geißler, A.: Probleme der Familie, in: *Probleme und Ergebnisse der Psychologie* 13/14, 1965
Gilgenmann, K.: Zur gesellschaftlichen Formbestimmtheit von Erziehung und Ausbildung, in Széll, G. (Hg.): Privilegierung und Nichtprivilegierung im Bildungssystem, München 1972
Gleiss, I., u. a.: Soziale Psychiatrie, Frankfurt/M. 1973
Glueck, S./Glueck, E.: Family environment and delinquency, London 1952
Goffman, E.: Asyle, Frankfurt/M. 1972
Gottschalch, W.: Soziales Lernen und politische Bildung, Frankfurt/M. 1969
ders.: Soziologie der politischen Bildung, Frankfurt/M. 1970
Gottschaldt, K.: Begabung und Vererbung. Phänogenetische Befunde zum Begabungsproblem, in: Roth, H. (Hg.), Begabung und Lernen, Stuttgart 1969
Grauer, G.: Familienerziehung, Sozialschicht und Schulerfolg I, in: *betrifft erziehung* 7, 1968
Habermas, J.: Protestbewegung und Hochschulreform, Frankfurt/M. 1968
ders.: Technik und Wissenschaft als Ideologie, in: ders., Technik und Wissenschaft als ›Ideologie‹ (Aufsatzsammlung), Frankfurt/M. 1968
ders.: Theorie der Sozialisation (Vorlesung), Frankfurt/M., SS 1968, Man.
Hack, L./Neuendorff, H.: Zur Vermittlung von gesellschaftlichem Sein und Bewußtsein, unveröff. Man., FU Berlin, WS 1969/70
Hack, L.: Klassenspezifische Erfahrungen und Verarbeitungsformen der gesellschaftlichen Realität als Grundlage für politisch relevantes und politisches Verhalten und Bewußtsein, unveröff. Man., FU Berlin, WS 1969/70
ders.: Zur sozialen Situation des nicht-gewerblichen Kleinbürgertums, unveröff. Man., FU Berlin 1970
Haensch, D.: Repressive Familienpolitik, Reinbek bei Hamburg 1970
Hager, F., u. a.: Soziologie und Linguistik, Stuttgart 1973
Heckhausen, H.: Leistungsmotivation, in: Handbuch der Psychologie, Bd. 2, 1965
ders.: Einflüsse der Erziehung auf die Motivationsgenese, in: Herrmann, Th. (Hg.), Psychologie der Erziehungsstile, Göttingen 1966
ders.: Förderung der Lernmotivierung und der intellektuellen Tüchtigkeiten, in: Roth, H. (Hg.), Begabung und Lernen, Stuttgart 1969
Heilbrun, A. B.: Sex-differences in identification, in: *J. gen. Psychol.* 106, 1965
Heinsohn, G.: Die Vergesellschaftung der Kleinkindererziehung unter dem Kapitalismus, unveröff. Diplomarbeit, FU Berlin 1970
Heinsohn, G. / Knieper, R.: Erziehungsreform in der Bundesrepublik, in: *Kritische Justiz*, H. 1, 1974
Herkommer, S.: Zum politischen Interesse und Bewußtsein der Arbeiter, in: *neue kritik* 28, 1965
Heller, H.: Staatslehre, Leiden 1934

Herzog, M.: Akkordarbeiterinnen bei AEG, Telefunken, in: *Kursbuch* 21, 1970
Höbbel, D.: Bewährung des statistischen Prognoseverfahrens im Jugendstrafrecht, Göttingen 1968
Hoernle E.: Grundfragen proletarischer Erziehung, Darmstadt 1969
Hoffman, L./Hoffman, M. (eds.): Review of child development research, Vol. I, New York 1964
Hoffman, M.: Power assertion by the parents and its impact on the child, in: *Child Dev.* 31, 1960
ders.: Childrearing practices and moral development, in *Child Dev.* 34, 1963
Hofmann, W.: Grundelemente der Wirtschaftsgesellschaft, Reinbek bei Hamburg 1969
Hollingshead, A. B. / Redlich, F. C.: Social class and mental illness, New York 1958
Höltershinken, D. (Hg.): Vorschulerziehung, Bd. 1, Freiburg 1971, Bd. 2, Freiburg 1973
Holzkamp, K.: Sinnliche Erkenntnis. Historischer Ursprung und gesellschaftliche Funktion der Wahrnehmung, Frankfurt/M. 1973
Holzer, D./Reder, R./Schuhler, J.: Frauenemanzipation in der Bundesrepublik, in *Kürbiskern* 1, 1971
Holzkamp, Chr.: Familienerziehung, Sozialschicht und Schulerfolg, IV, in: *betrifft erziehung* 2, 1969
ders.: Familienerziehung, Sozialschicht und Schulerfolg, V, in: *betrifft erziehung* 3, 1969
Horn, K.: Über den Zusammenhang zwischen Angst und politischer Apathie, in: Marcuse, H., u. a.: Aggression und Anpassung in der Industriegesellschaft, Frankfurt/M. 1968
ders.: Aspekte der Ich-Psychologie, in: *Psyche* 24, 1970
Huisken, F.: Zur Kritik der bürgerlichen Didaktik und Bildungsökonomie, München 1972
Huffschmid, J.: Die Politik des Kapitals, Frankfurt/M. 1969
Jantzen, W.: Rocker und andere, Wuppertal 1969
IMSF, Autorenkollektiv: Klassenstruktur und Sozialstruktur der BRD 1950–1970, Bd. I Frankfurt/M. 1973, Bd. II Frankfurt/M. 1974
Johnson, H. M.: Socialization, in: Bell, R. E. (ed.), The sociology of education, Homewood 1962
Johnson, M.: Sex role learning in the nuclear family, in: *Child Development* 34, 1963
Jones, E.: Das Leben und Werk von Sigmund Freud. Bd. 1, Bonn/Stuttgart 1960; gekürzte Fassung nach der dreibändigen Ausgabe: Frankfurt/M. 1969
Jung, H.: Zur Diskussion um den Inhalt des Begriffs ›Arbeiterklasse‹ und zu Strukturveränderungen in der westdeutschen Arbeiterklasse, in: *Das Argument*, 12, 1970
Kagan, J.: Acquisition and significance of sex typing and sex identity, in: Hoffman, L./Hoffman, M. (eds.), Review of child development research, Vol. I, New York 1964
ders.: Development studies in reflection and analysis, in: Kidd, A./Rivoire, J. (eds.), Conceptual development in children, New York 1965
Karras, H.: Die Grundgedanken der sozialistischen Pädagogik in Marx' Hauptwerk ›Das Kapital‹, Berlin 1958 (DDR)

Kemmler, L. / Heckhausen, H.: Mütteransichten über Erziehungsfragen, in: *Psychologische Rundschau* 2, 1959
Kemmler, L.: Erziehungshaltungen von Müttern vierzehnjähriger Jungen, in: *Psychologische Rundschau* 3, 1960
Kern,, H. / Schumann, M.: Industriearbeit und Arbeitsbewußtsein, Frankfurt/M. 1970
Kohut, H.: Narzißmus, Frankfurt/M. 1973
König, R.: Alte Probleme und neue Fragen in der Familiensoziologie, in: *Kölner Zeitschrift für Soziologie und Sozialpsychologie* 1, 1966
Kogon, E.: Der SS-Staat, Frankfurt/M. 1956
Kohn, M. L.: Social class and the exercise of parental authority, in: *American Sociological Review* 24, 1959
ders.: Social class and parental authority, in: *Amer. Sociol. Rev.* 24, 1959
ders.: Social class and parental values, in: *Amer. Sociol. Rev.* 64, 1959
ders.: Social class and parent-child relationship: An interpretation, in: *Amer. Sociol. Rev.* 63, 1963
Kornhauser, A.: Mental health of the industrial worker, New York 1965
Krais, B.: Familienorientierte Erziehung oder berufsbezogene Ausbildung. Zur Problematik der Mädchenbildung an Gymnasien, unveröff. Diplomarbeit, FU Berlin 1969
Krappmann, L.: Soziologische Dimension der Ich-Identität, Stuttgart 1971
Kuiper, P. C.: Die seelischen Krankheiten des Menschen, Berlin-Stuttgart 1968
Kurzeja, D.: Jugendkriminalität und Verwahrlosung, Gießen 1972
Lacan, J.: Schriften I, Olten 1973
Laing, R. D.: Das geteilte Selbst, Köln 1972
Laplanche, J. / Ponatalis, J. B.: Das Vokabular der Psychoanalyse, Frankfurt/M. 1972
LeShan, H.: Time orientation and social class, in: *J. Person. Soc. Psychol.* 1952
Lempert, W.: Leistungsprinzip und Emanzipation, Frankfurt/M. 1971
Lenz, F.: Wirtschaftssoziologie, in: Eisermann, G. (Hg.), Die Lehre von der Gesellschaft, Stuttgart 1958
Lidz, Th., u. a.: Die Familienumwelt des Schizophrenen, Sonderheft der *Psyche*, Stuttgart 1969
Lidz, Th.: Das menschliche Leben, Frankfurt/M. 1970
Liegele, L.: Geistige Bildung und soziale Erziehung als Schwerpunkte der Vorschulpädagogik in beiden deutschen Staaten, in: *Göttinger Ztschr. f. Erz. u. Ges.*, 13. Jg. H. 2 und 3 1973
Linnhoff, U.: Die neue Frauenbewegung USA–Europa seit 1968, Köln 1974
Littmann, E./Kasielke, E.: Zur Diagnostik elterlichen Erziehungsverhaltens, in: *Probleme und Ergebnisse der Psychologie*, Beiheft 2, 1970 (DDR)
Lombroso, C.: Crime: Its causes and remedies, Boston 1918
Loncke, H.: Das Überich – eine gefährliche Krankheit?, in: *Psyche* 24 1970
Lorenzer, A.: Freud und der Beginn einer psychoanalytischen Sozialpsychologie, in: *Psyche* 24, 1970
ders.: Sprachzerstörung und Rekonstruktion, Frankfurt/M. 1971

ders.: Zur Begründung einer materialistischen Sozialisationstheorie, Frankfurt/M. 1972
ders.: Über den Gegenstand der Psychoanalyse, Frankfurt/M. 1973
ders. u. a.: Psychoanalyse als Sozialwissenschaft, Frankfurt/M. 1971
Lukacz, G.: Die Zerstörung der Vernunft, Neuwied-Berlin 1962
Lynn, D. B.: Sex-role and parental identification, in: *Child Development* 33, 1962
Maccoby, E. E.: Sex differences in intellectual functioning, in: dies., The development of sex differences, Stanford 1966
Makarenko, A. S.: Der Weg ins Leben. Flaggen auf den Türmen, Berlin 1952
Marcuse, H.: Triebstruktur und Gesellschaft, Frankfurt/M. 1970
Marković, M.: Dialektik der Praxis, Frankfurt/M. 1968
Marx, Engels, Werke (MEW), Berlin (DDR)
Marx, K./Engels F.: Ausgewählte Schriften, Bd. 1, Berlin 1952
dies.: MEGA, 1. Abt., Bd. 3
Mayntz, R.: Kritische Bemerkungen zur funktionalistischen Schichtungstheorie, in: *Kölner Zeitschrift für Soziologie und Sozialpsychologie*, Sonderheft 5
McClelland, D.: Die Leistungsgesellschaft, Köln-Berlin-Stuttgart 1966
McKinley, D.: Social class and family life, Glencoe, Ill., 1964
Mead, M., Jugend und Sexualität in primitiven Gesellschaften, Bd. 3, München 1970
Merton, R. K.: Sozialstruktur und Anomie (1957), in: Sack, F. / König, R. (Hg.), Kriminalsoziologie, Frankfurt/M. 1968
Meyer, W.: Leistungsmotiv und Ursachenerklärung von Erfolg und Mißerfolg, Stuttgart 1973
Milhoffer, P.: Familie und Klasse, Frankfurt/M. 1973
Miller, D. R./Swanson, G. E.: Inner conflict and defense, New York 1960
Mills, C. W.: Menschen im Büro, Köln 1951
Mitscherlich, A.: Auf dem Weg zur vaterlosen Gesellschaft, München 1963
der.: Krankheit als Konflikt. Studien zur psychosomatischen Medizin I, Frankfurt/M. 1966
ders.: Aggression und Anpassung, in: Marcuse u. a., Aggression und Anpassung in der Industriegesellschaft, Frankfurt/M. 1968
Money, J.: Hermaphroditism, gender and precocity in hyperadrenocorticism, in: *Psycholog. Findings, Bull. Johns Hopk. Hosp.* 96:253, 1955
Money, J./Hampson, J. E./Hampson, J. L.: The evidence of human hermaphroditism, in: *Bull. Johns Hopk. Hosp.* 97:301, 1955
Montagu, M./Ashley, F.: Das Verbrechen unter dem Aspekt der Biologie, 1941, in: Sack, F./König, R. (Hg.), Kriminalsoziologie, Frankfurt/M. 1968
Moor, P.: Mörder ohne Grund?, in: *Der Monat* 3, 1968
ders.: Das Selbstporträt des Jürgen Bartsch, Frankfurt/M. 1972
Moser, T.: Jugendkriminalität und Gesellschaftsstruktur, Frankfurt/M. 1970
Mühle, G.: Definitionsprobleme der Begabungsforschung, in: Roth, H. (Hg.), Begabung und Lernen, Stuttgart 1969
Myers, J. K./Roberts, B. H.: Family and class dynamics in mental illness, New York 1959

Negt, O.: Soziologische Phantasie und exemplarisches Lernen, Frankfurt/M. 1968
Neumann-Schönwetter, M.: Psychosexuelle Entwicklung und Schizophrenie, Frankfurt/M. 1973
Niepold, W.: Sprache und soziale Schicht, Berlin 1973
Oevermann, U., u. a.: Projektvorschlag Elternhaus und Schule, unveröff. Man., Max-Planck-Gesellschaft, Berlin 1968
Oevermann, U.: Schichtenspezifische Formen des Sprachverhaltens und ihr Einfluß auf die kognitiven Prozesse, in: Roth, H. (Hg.), Begabung und Lernen, Stuttgart 1969
der.: Soziale Schichtung und Begabung, in: *Zeitschrift für Pädagogik*, Beiheft 6, Weinheim 1966
ders.: Sprache und soziale Herkunft, Frankfurt/M. 1972
Orban, P.: Sozialisation, Frankfurt/M. 1973
Ortmann, H.: Arbeiterfamilie und sozialer Aufstieg, München 1972
Osterland, M., u. a.: Materialien zur Lebens- und Arbeitssituation der Industriearbeiter in der BRD, Frankfurt/M. 1973
Otten, D.: Kapitalentwicklung und Qualifikationsentwicklung, Berlin 1973
Ottomeyer, K.: Soziales Verhalten und Ökonomie im Kapitalismus, Bremen 1973
Pädagogisches Zentrum Berlin (Hg.): Soziale Erfahrungen von Gesamtschülern, von G. Bühlow u. a., Berlin 1974
Parsons, T.: Sozialstruktur und Persönlichkeit, Frankfurt/M. 1968
Pawlow, I. P.: Ausgewählte Schriften, Berlin 1955
Piaget, J.: Die Psychologie der Intelligenz, Zürich 1947
Plato, H. v.: Die Einigung: Zur Sozialisationstheorie von Lorenzer, in: *Ästhetik u. Kommunikation*, 4. Jg. 1974, H. 15
Pressel, A.: Sozialisation, in: Gamm, H. J. (Hg.), Erziehung in der Klassengesellschaft, München 1970
Projekt Klassenanalyse (Autorenkollektiv am Inst. f. Soz. FUB): Materialien zur Klassenstruktur der BRD, Berlin 1973
Pross, H.: Die Zerstörung der deutschen Politik, Frankfurt/M. 1957
ders.: Gleichberechtigung im Beruf? Frankfurt/M. 1973
Rainwater, L.: And the poor get children, Chicago 1960
ders.: Marital sexuality in four cultures of proverty, in: *J. Marr. Fam.* 26, 1964
Raspe, J.: Zur Analyse einiger wichtiger Aspekte der Sozialisationsbedingungen proletarischer Kinder, unveröff. Diplomarbeit, FU Berlin 1970
Rattner, J.: Was ist Schizophrenie, Zürich/Stuttgart 1964
Reich, W.: Der Einbruch der Sexualmoral, Kopenhagen 1933
Reiwald, P.: Die Gesellschaft und ihre Verbrecher, Frankfurt/M. 1973
Richter, H. E.: Eltern, Kind, Neurose, Stuttgart 1963
Riesmann, D.: Die einsame Masse, Hamburg 1961
Ritter, H./Engel, W.: Genetik und Begabung, in: Roth, H. (Hg.), Begabung und Lernen, Stuttgart 1969
Rolff, H. G.: Sozialisation u. Auslese durch die Schule, Heidelberg 1969
ders.: Sozialisation und Auslese durch die Schule, überarb. Auflage, Heidelberg 1973
Ronge, V.: Restriktionen politischer Planung, Frankfurt/M. 1973
Rosen, B. C.: The achievement syndrome: A psycho-cultural dimension of social stratification, in: *Amer. Sociol. Rev.* 21, 1956

ders.: Family structure and achievement motivation, in: *Amer. Sociol. Rev.* 26, 1961
Rosenbaum H. (Hg.): Familie und Gesellschaftsstruktur, Frankfurt/M. 1974
Roth, H. (Hg.): Begabung und Lernen, Stuttgart 1969
ders.: Einleitung und Überblick, in: Roth, H. (Hg.), Begabung und Lernen, Stuttgart 1969
Roth, K. H./Kanzow, E.: Unwissen als Ohnmacht, Voltaire Handbuch 10, 11, 1971
Roy, K.: Parents' attitudes toward their children, in: J. Home Econ., 42, 1950 (n. Becker, W. C., 1964, in: Hoffmann, L./Hoffmann, M., Vol. I)
Rudolph, W.: Die amerikanische ›Cultural Anthropology‹ und das Wertsystem, Berlin 1959
Ruitenbeek, H. M. (ed.): Psychoanalysis and female sexuality, New Haven 1966
Sachse, E.: Automatisierung und Arbeitskraft, Berlin 1959 (DDR)
Sack, F.: Neue Perspektiven in der Kriminologie, 1968, in: Sack, F./König, R. (Hg.), Kriminalsoziologie 1968
Sanua, V. D.: Sociocultural factors in families of schizophrenics, in: *Psychiatry* 1961
Sartre, J.-P.: Determination und Freiheit, in: Moral und Gesellschaft, Frankfurt/M. 1968
Schaefer, E. S.: A Complex Model for Maternal behavoir, in: *J. Abn. Soc. Psychol.* 59, 1959
Schelsky, H.: Wandlungen der deutschen Familie in der Gegenwart, Stuttgart 1955
Scheuch, E. K.: Einleitung zu: Die Wiedertäufer der Wohlstandsgesellschaft, hg. v. dems., 1968
Schmidt, G. / Sigusch, V.: Arbeitersexualität, Neuwiedund Berlin 1971
Schmidt, H. D., u. a.: Frauenfeindlichkeit, München 1973
Schneider, P.: Die Frauen bei Bosch, in: *Kursbuch* 21, 1970
Schneider, K.: Motivation und Erfolgsrisiko, Göttingen 1973
Sewell, W. H.: Infant training and personality of the child, in: *Amer. J. Sociol.* 58, 1952
Sozialisation und kompensatorische Erziehung. Ein soziologisches Seminar an der FU Berlin, SS 1968 und WS 1968/69, Berlin 1969
Soziologische Exkurse. Frankfurter Beiträge zur Soziologie 4, Frankfurt/M. 1956
Spandauer Volksblatt, Berlin, 28. 11. 1970
Der Spiegel 5, 1971, Titelgeschichte: ›Spiegelreport über Arbeitnehmerinnen‹
Spiegelredaktion (Hg.): Unterprivilegiert, Neuwied-Berlin 1973
Spitz, R. A.: Die Entstehung der ersten Objektbeziehungen, Stuttgart 1957
ders.: Nein und Ja, Stuttgart 1960
ders.: Vom Säugling zum Kleinkind, Stuttgart 1967
ders.: Angeboren oder erworben, Amsterdam 1971
Steiner, A.: Die Revolte der Frauen, in: *Frankfurter Rundschau*, 23. 5. 1970
Stern 26, 1970: ›Die Heimat der Gewalt‹
Stern 27, 1970: ›Berufsreport‹
Sutherland, E. H./Cressy, D. R.: Principles of Criminology, Philadelphia 1966

Sutherland, E. H.: White-Collar-Kriminalität (1940). In: Sack, F. / König, R. (Hg.), Kriminalsoziologie, Frankfurt/M. 1968
Swanson, G. E.: Determinants of the Individuals Defense against Inner Conflict, in: Glidewell, J. D. (ed.): Parental Attitudes and Child Behavior, Springfield/Ill. 1961
Sykes, G. M./Matza, D.: Techniken der Neutralisierung: Eine Theorie der Delinquenz, (1957) in: Sack, F./König, R. (Hg.), Kriminalsoziologie, Frankfurt/M. 1968
Tjaden, K. H./Tjaden-Steinhauer, M.: Sozialstruktur des deutschen Kapitalismus, in: *Das Argument* 12, 1970
Veer, Alphen de: Success and Failure in Industry: A Psychomedical Study, The Netherland 1955
Vincze, Lazlo/Vincze, Flóra: Die Erziehung zum Vorurteil. Kritik an der Kinderpsychologie, Wien, Köln, Stuttgart, Zürich 1964
Vinnai, G.: Sozialpsychologie der Arbeiterklasse, Reinbek 1973
Virchow, Rudolf: Die Not im Spessart. Mitteilungen über die in Oberschlesien herrschende Typhus-Epidemie. Unveränderter Nachdruck, Darmstadt 1968
Wallace, A./Rabin, A.: Temporal Experience, in: *Psych. Bull.* 57, 1960
Watzlawick, P., u. a.: Merschliche Kommunikation, Bern-Stuttgart 1969
Wellendorf, F.: Schulische Sozialisation und Identität, Weinheim, Basel 1974
Wieser, St.: Isolation, Reinbek 1973
Wilkins, Leslie T.: Social Policy, Action and Research Study in Social Deviance, London 1967
Winterbottom, M. R.: The Relations of Need for Achievement to Learning Experience in Independence and Mastery, in: Atkinson, J. (ed.), Motives in Fantasy, Action and Society, Princeton 1958
Witkin, H. A., u. a.: Psychological Differentiation, New York 1962
Wörterbuch der Marxistisch-Leninistischen Soziologie, hg. v. Eichhorn, W., u. a., Berlin 1969, darin: Schicht, soziale
Wolf, R. M.: The Identification and Measurement of Environmental Process Variables related to Intelligence.
Yarrow, M. R.: Problems of Methods in Parent-Child Research, in: *Child Development* 34, 1963
Zimmer, J.: Curriculumsentwicklung im Vorschulbereich, Bd. 1 und 2, München 1973
Zinnecker, J.: Emanzipation der Frau und Schulausbildung, Weinheim, Basel 1972
Zulliger, Hans: Umgang mit dem kindlichen Gewissen, Stuttgart 1953

Bitte umblättern:

auf den nächsten Seiten informieren wir Sie über weitere interessante Fischer Taschenbücher.